中華人民共和国
1:23,300,000
0 200 400 600km
50°
80°
90°
100°
40°
30°
20°
ロ
モンゴル
カザフスタン
バルハシ湖
ビシュケク
キルギス
アルタイ
イーニン
ウルムチ
カシュガル
パーチュー
アクス
クチャ
タリム川
シャーチョー
新疆ウイグル自治区
ロブ湖
ホータン
安西
敦煌
玉門
青海湖
西寧
青海省
蘭州
甘粛
チャムド
金沙江
四川省
成都
雅安
楽山
瀘州
宜賓
長江
ラサ
ネパール
カトマンズ
ティンプー
ブータン
ブラマプトラ川
インド
バングラデシュ
ダッカ
大理
昆明
雲南省
安順
蒙自
メコン川
サルウィン川
ミャンマー
ベンガル湾
ネーピードー
ベトナ
ハノイ
ラオス
タイ
ビエンチャン

YAMAKAWA SELECTION

中国史 上

尾形 勇・岸本美緒 編

山川出版社

［カバー写真］
始皇帝陵の兵馬俑坑

『山川セレクション　中国史』への序文

本書は、一九九八年に出版された『新版 世界各国史三 中国史』のハンディ版である。幸い一九九八年の『中国史』は、長い中国の歴史を一冊にまとめた、手ごろで、かつ堅実な研究成果に基づく概説書として、多くの読者の方々に手に取っていただくことができた。本書はその内容をより広範な読者のお手元に届けるべく、「山川セレクション」として改めて刊行するものである。

原著の刊行された一九九八年から現在(二〇一九年)まで二〇年あまり、その間に中国も大きく変化した。本書では、第八章に新たな一節を設け、二十一世紀にはいって以降の動きについて補足をおこない、現代中国に関する統計的数値を新しいものに改めた。

この二〇年来の中国の変化は、日本人にとっても非常に印象深いものであろう。そのもっとも顕著な動向は、GDPが日本を抜いて世界第二位に躍進したことや、北京オリンピック(二〇〇八年)・上海万博(二〇一〇年)の開催にみられるような、中国の「大国化」の動きである。それにともない、中国政府は、一九九〇年代までの鄧小平《とうしょうへい》時代にとられていたような「韜光養晦《とうこうようかい》」(能力を隠して慎重な態度をとる)の対外政策にかえて、東シナ海・南シナ海の領土問題における強硬な態度や、アジア諸地域のみならずアフリカやヨーロッパにまでおよぶ「一帯一路」の経済圏構想など、積極的な対外政策を打ち出すようになってきている。この「一帯一路」（正式名称は「シルクロード経済ベルトと二十一世紀海上シルクロード」）という語には、かつての西域におけるシルクロードやインド洋への鄭和《ていわ》艦隊の派遣といった中華帝国の威光の回復、すなわち中国共産党のいう「中華民族の偉大なる復興」という「中国の夢」が反映されている。そこでは中国の歴史が、現代の課題との関係で、新たな意味を与えられているのである。

中国の経済的・政治的プレゼンスの増大と相表裏して、日本人の中国にたいする好感度も大きく変化した。内閣府の「外交に関する世論調査」によれば、一九八〇年代には、日本人のなかで「中国に親しみを感じる」人の割合はおおむね七〇パーセントを超えていたのにたいし、八九年の第二次天安門事件や、二〇〇五年、一二年の中国での反日デモなどをへてその割合が大逆転し、「中国に親しみを感じない」人の割合が、かつての二〇パーセント前後から急増して八〇パーセントにいたる事態となったのである。このことは、ある国にたいするイメージがいかに急速に変化しうるかを示す例としても興味深い。しかし、中国という国に住む人々の行動様式や考え方が一挙に変わったわけではないとすれば、短期的なイメージ変化に翻弄されず、長期の歴史的視野に立って中国をみる視点も必要ではなかろうか。

現代の課題を強調するために歴史が動員されることもある。一方で、目前の状況から一歩引いて冷静に変化の由来を考えるためのヒントを、歴史が提供することもある。歴史を考えることの効用はさまざまであるが、そのようなことを思いめぐらすために、本書がいささかでもお役に立てば幸いである。

二〇一九年四月

岸本美緒

まえがき

「一衣帯水」ということばがある。辞書を引くと、その初出は正史のひとつである『南史』。陳朝とのあいだは一筋の帯のような長江を挟むのみ、という隋・文帝の発言にみえる。それより幾星霜、いかにも巧妙な外交辞令というべき「あの不幸の時代」をへたのち、ようやく中国との国交が正常化される時期におよんで、このことばは両国の緊密な間柄を表現する用語として再生し、広く人口に膾炙《かいしゃ》されることになった。

史書をひもとくまでもなく、遥かなる「倭」の時代から、わが国の歴史は、中国との正しく一衣帯水の関係のもとで展開してきた。中華文明がもたらした影響力の強さは、われわれが今なお常用する「漢字」という一項をあげれば、ほとんど語りつくせる。さすがに「同文同種」とはいえないまでも、両国の一衣帯水の関係は、過去から現在へと連なり、さらには未来をも規定する宿命的なものといってよい。かくも中国は、われわれにとっては「重い」存在なのである。

とりわけ経済の面において、国家や地域をこえて世界が一体化しつつある現今にあって、「一国」を対象とした歴史叙述に如何ほどの意義があるのか——という問いにたいしては、こと中国にかんするかぎり、両国の永い歴史で培われた如上の「重さ」を、指摘しておかねばならない。同時に、国家や民族のあいだにおける政治的な軋轢《あつれき》・紛争・戦乱が、いまだに克服しえていないという世界の現状を、改めて直視する必要もあろう。

ところで、「世界各国史」のひとつとして鈴木俊編『中国史』が刊行されたのは、ようやく戦塵もおさまった一九五四年のことであった。五七年、「動きつつある新中国の新しい事実を加えて」改訂版がだされ、ついで六四年には、全面的な改訂増補がなされて「新版」が上梓された。その執筆陣は、関野雄、松本雅明、守屋美都雄、窪徳忠、青木富太郎、山根幸夫、神田信夫、市古宙三、小原正治という、いうなれば綺羅星のごとき大家ぞろいであって、その内容は詳密、「今」の眼をもってしても充分に示唆に富む。

ただ、同書が今を去ること三十余年の成果であってみれば、この間、まさに右の執筆者諸氏を中心とする先達の指導のもとでの学術上の進展があり、また新しく利用することが可能となった史料や情報も多くなってきている。さらに、かつては憧憬をもって語られた「新中国」という用語にしても、もはや廃語として捨てられるような政治情勢の変化すら起こっており、こうした面に限っていえば、名著たる『中国史』とても、「新生」をはかる必要のあることは否定できない。

この事情から、学界の第一線で活躍中の諸氏と語らって、あらたに編集を試みたのが本書である。当然のことながら本書の執筆者には、歴史をみる眼やアプローチの仕方においてそれぞれ差異がある。しかし「史実をもって語る」という基本的な態度に違いはないのであり、編者としては、禁欲的で無味乾燥な「客観的叙述」よりは、むしろ個性豊かで意欲的な叙述を諸氏にお願いし、ただ全体の構成において調和のとれた「通史」の面目をもつことを、自らの務めと心得たのみであった。この意味で編者は、執筆者相互の意思の疎通をはかる「触媒」の役目をはたしたにすぎないのであって、なんらかの不揃いな面でもあったとすれば、すべては編者の責任である。

一九九八年五月

尾形　勇
岸本美緒

目次

下巻目次

山川セレクション

中国史 上

序章　「中国」とは何か

「中国」というまとまり

ユーラシア大陸の東部、今日でいう華北平原や長江流域に生活する人々が、自らの住む土地を「中国」だと思い始めたのはいつごろからなのだろうか。「中国」という語の起源は、殷の卜辞にみえる「中商」(商は殷をさす)などの語にさかのぼるといわれている。古典文献では、『詩経』のなかで周代の厲《れい》王(前九世紀)を誇《そし》ったといわれる詩に「この中国を恵《め》でて以《もっ》て四方を綏《やす》んぜよ」とある句などが、古い例といえる。しかしここでいう「中国」と、われわれが「中国」という語で思い浮かべるあの広大な地理的空間とのあいだには大きな隔たりがあることは、いうまでもない。

「中国」というまとまりは、数千年にわたる人々の政治的・経済的・社会的な営みのなかで変動しながら形成されてきたものである。そして「中国」という観念は、人々が自らの過去をたえず解釈しながら構成・再構成してきたものであるという意味では、思想的な産物でもある。近代にいたり、列強の侵略にさらされた人々のあいだでは、「中国」という国家意識が高まり、領土的空間としても人

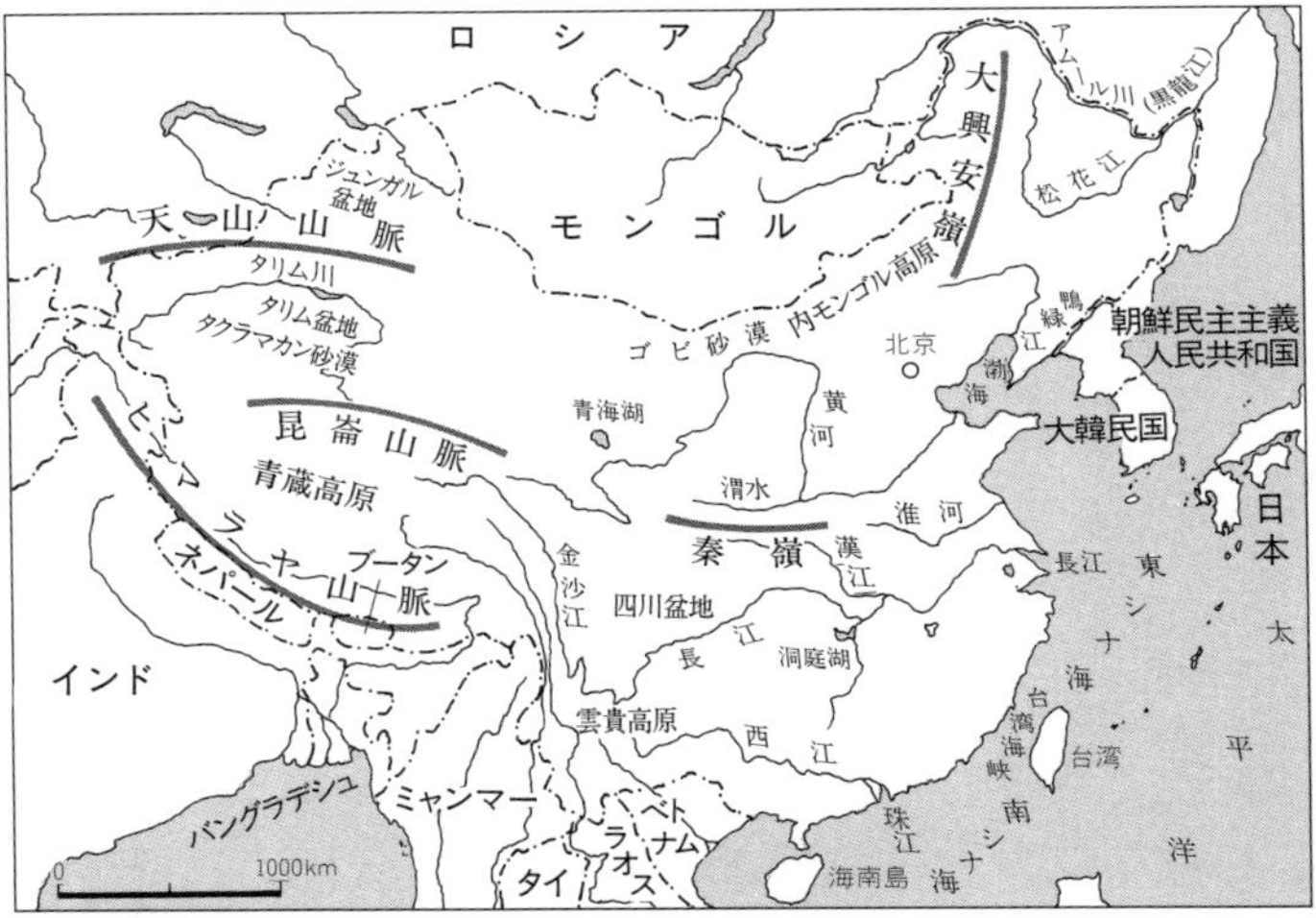

中国の地勢

間的集団としても、「中国」史上例をみないほどくっきりした輪郭をもつ「中国」像が形成された。

今日の「中国」の範囲が長期的な将来にわたって、政治的まとまりとしてそのまま存続するかどうかは、むろんわからない。あるべき「国」のまとまりを、違うかたちで構想する人たちもいるであろう。そのような人々からみれば、太古から現代までひとつの「中国」というものが存在し発展してきたかのようなかたちで「中国史」を描くということ自体が、危うい基盤のうえに立つものとして、批判の対象になるかもしれない。しかし、今日「中国」というまとまりが現存し、多くの人々に認められている以上、それを枠組みとしてその歴史を描いてみることも、十分に意味のあることだと思われる。

序章では、まずこの「中国」というまとまりについて、第一に地理的空間の面から、第二に人間集団の面から、そして第三に「中国」という意識の形成と発展の面から、最後に「中国」社会の特質とはなんなのかという観点から、簡単に解説してみよう。

地理的空間としての中国

本書で扱う「中国」とは、空間的にいえばだいたい今日の中華人民共和国の領土および台湾を含む地域である。中国の各王朝の支配領域は広狭さまざまであるが、中華人民共和国の現在の領土は、清朝中期の十八世紀、その版図が最大に達したときの領域をほぼ継承しているといえる。ただし、沿海州など東北の一部が十九世紀なかばにロシア領となったこと、外モンゴルが一九二〇年代に独立してモンゴル人民共和国(現モンゴル国)となったこと、一九四九年の中華人民共和国の成立以降、台湾に逃れた国民政府のもとで台湾が別個の道を歩んだことなど、清朝時代とは若干の変化がある。

中華人民共和国の国土の面積は九六〇万平方キロ(日本の約二五倍)、大陸部の南北は約三八〇〇キロ、東西約五〇〇〇キロで、ロシア、カナダについで世界で三番目の広さである。西から東に流れる二筋の大河、すなわち黄河と長江の流域が、中国の歴史のおもな舞台をかたちづくってきた。双方とも流れの源は案外近く、チベットに隣接する青海地方なのであるが、黄河のほうは北に向かい、北方の黄土地帯を大きく湾曲したのち東に向かって流れくだり、広大にして平坦な華北平原をとおって海に注ぐ。標高差の小ささと河水の含む砂泥のために、黄河はしばしば氾濫して河道を変えており、歴

黄土高原の風景

代政府にとって黄河の治水は大きな課題であった。一方、長江のほうは、比較的山がちな中国の南部を東流して、流域に肥沃な平野をつくりつつ、現在の上海付近で海に注ぐ。河口付近の三角洲(江南デルタ)は、明代・清代以降今日にいたるまで、中国経済の要となっている。

現在の中国の人口の大部分は、この二つの大河の流域(および広州付近の珠江《しゅこう》デルタ)に集中しているといってよい。別のいい方をすれば、中国は、二つの大河をそれぞれ中心として北と南、二つの部分に分れやすいということでもある。中国を地理的にいくつかの地方に分ける区分法のなかでもっとも代表的なのは、黄河と長江との中間を東西に流れる淮河《わいが》を境に南北に区分する方法であろう。降水量の差にも由来して、古来、このあたりが北部の畑作中心地帯と南部の稲作中心地域を区分する境目となっている。したがって、小麦・雑穀を主食とする北部と稲米を主食とする南部というように、食生活も異なる。中国人自身、「東方人」「西方人」などとはまず

江南の水田風景

いわないのにたいし、「私は北方人《ペイファンレン》です」とか「あの人は南《ナン》方人《ファンレン》だ」などといういい方はよく使い、南北の差を強く意識している。南北朝や金・南宋の時代など、二つの王朝が南北に並立していた時代もあるが、統一王朝においても、南北二つの地域のつながりをどのように維持するかは政府にとって大きな課題だったのであり、黄河流域と長江流域とを南北に結ぶ大運河は、その努力の代表的なあらわれということができる。

　さらに細かく分けるならば、アメリカの地理学者スキナーによる分け方が、今日歴史学の分野でもしばしば用いられている。これは、河川を中心とする交通運輸システムによる分け方で、それによれば中国は、華北・西北・長江上流・長江中流・長江下流・東南沿海（福建など）・嶺南（広東・広西など）・雲南《うんなん》貴州の八つの大地域（東北を加えて九つとすることもある）に分けられるという。それぞれの大地域の内部は、核となる都市を中心に河川交通で結びつけられ、ひとつの準自立的な経済システムをなしている。社会経済の変動のリズムは中国全体で一様なのではなく、それぞれの大地域である程度独自の動きをしている、というのである。中国史をみる場合には、中国全体を自明のようにひとつの単位としてみるのでなく、それぞれの地域の相対的独自性に注意を払う必要があろう。なんといっても中国は、四〇近い「国」を併せたヨーロッパ全体に匹敵する広い国土をもつ国なのである。

多民族国家としての中国

中華人民共和国の人口は約一三億九〇〇〇万人(二〇一七年)。周知のように、世界の人口の約五分の一を占める世界第一の人口数である。中華人民共和国の民族分類法によれば、中華人民共和国には、九一・五%(二〇一〇年の人口調査による)という圧倒的比重を占める「漢族」のほか、五五の少数民族の存在が認定されている。そもそも民族とはなにかというのはむずかしい問題で、民族を分ける厳密な客観的基準は存在しないというほうが正しいであろうが、中華人民共和国では、スターリンの定義にならって、「言語、地域、経済生活および文化の共通性のうちにあらわれる心理状態」の共通性をもって、民族の指標としている。しかしじっさいの分け方が、この定義に準拠しているわけでは必ずしもない。これらの民族のなかには、言語・宗教はもとより顔だちも漢族と異なる人々が多いウイグル族のような人々もいれば、顔だちはあまり変わらないが異なる言語・風習をもつ(もっていた)チワン族・ミャオ族など多数の少数民族、また漢語を話し外見も漢族と区別がつかない人が多いが、イスラム教を信じその戒律に従っているという点で異なる民族とみなされている回《かい》族のような人々もいる。現在の人口調査では、自分の属する民族を申告するとき、父方・母方いずれを選んでもよいので、自分を何族とみなすかということは、ある程度自分の判断によって変化するのである。

中華人民共和国は、そのなかに多数の民族を含んでいる。と同時に、これら諸民族は、近代の反帝国主義運動の過程をへて結びつき、「中華民族」というひとつの大きな民族をなしているというのが中華人民共和国政府の見解である。少数民族のなかには、かつて自立した国家を形成した経験のある、モンゴル族、チベット族、ウイグル族などが存在する。これらの民族につき、民族自決を認めたうえで連邦制の国家をつくろうというプランも、中華人民共和国成立前の共産党にはあったが、結局現在では、中華人民共和国のなかに内モンゴル自治区、チベット自治区、新疆《しんきょう》ウイグル自治区など省級の自治区を設定し、区域自治を認めるというかたちになっている。そのうちで、チベット、ウイグルなどでは自立した国家をつくろうとする動きもあって暴動や紛争も起きており、これが現代中国のかかえる少数民族問題の中心となっている。

「中華民族」はひとつの国家をつくるべきなのか、それとも民族自決の原則に則りそれぞれの民族がひとつの国家をつくるほうがよりよい秩序がつくれるのか——歴史を学んだからといって、これらの問題につき唯一の正しい解答がでるわけではない。むしろ、こうした問題に単純な答えはないのだ、ということに思いいたるであろう。今日「民族」といわれている集団は、けっして単純な境目で区切れるようなものでなく、複雑な歴史過程を通じて人々の共同意識をなすにいたった曖昧な形成物なのだ。そのような複雑さに気づくことが歴史を学ぶ効用なのであって、諸民族の形成と結合の歴史的過程を冷静な目で眺めてみることは、少数民族問題を考えるうえでの第一歩といえよう。

さて、「中国人」のほとんどを占めるといってもよい「漢族」とは、どのような民族なのだろうか。じつのところ、それを定義することはむずかしく、中華人民共和国でも、認定された少数民族以外の人々はみな漢族に属する、といった漠然たるとらえ方にとどまっている。そもそも漢族の共有するとされる中国文明というものが、それ自体当初から純粋な特質をもたない異種混合的なものだったとも考えられる。中国文明の発祥地と従来みなされてきたのは黄河流域であるが、中国文明は、必ずしも黄河流域から発して周囲へ広まっていったという一元的な起源をもつものではないようだ。黄河流域以外の地域においても、黄河文明の受容ではない独自の特色をもつ新石器文化が発展していたことが、考古学的に明らかになってきている。そうした諸文化の相互作用のなかで、いわば、諸文化の交差点・結節点として中国文明は生まれてきたのだと考えることもできる。漢代以後、「漢人」という名称が使われるようになったが、「漢人」とその文化は、もともとさまざまな地域の人々、さまざまな地域の文化の混合であったのだ。

それにもかかわらず、広大な地域に住む多数の人々が、古来ほかと区別して「漢人」と称されてきた。それでは、その「漢人」といわれる集団の根幹をなす指標はなんなのか。言語学者の橋本萬太郎によれば、漢民族とはわかりやすくいえば「漢字を識っている人びと、および漢字を識ろうと願っていた人びとの集団」であるという。それなら朝鮮や日本の知識人も漢民族なのか、という反論もあるかもしれないが、この定義の面白さはつぎのようなところにあるといえよう。第一に、話しことばの相違をこえて漢人相互を結びつけていたのは、たしかに漢字と漢字に担われた文化であるということである。今日でも、北方の話しことばをベースにした共通語（普通語《プートンホワ》）と福建や広東で話されていることとばとは大きく異なり、たんにイントネーションや部分的語彙の相違にとどまるものではなくて、漢族相互でも通じないのである。まして昔であれば、赴任した地方官が現地の人の話すことばを聞き取れないということは普通であった。それにもかかわらず、全国各地から官僚を登用し、また彼らを全国各地に派遣して、大規模な官僚機構を運営していくことができたのは、漢字に担われる文書行政や科挙のゆえであるといえよう。そして、漢字を読めない一般庶民もまた、漢字の読める官僚知識人こそ優れた人格をもつ統治の担い手であるとしてその権威を承認していたがゆえに、あの巨大な規模の社会がまがりなりにひとつの秩序のもとに統一されていたのだということができる。第二にこの定義は、「漢人」という集団が、血統よりもむしろ教養によって区分される集団であることを示している。周辺民族の出身者でも、漢字を学び漢文古典の素養を身につければ、「漢人」として認められることは可能だということである。こうした包容性は、後述する「中国」「中華」概念のひとつの側面をなすものといえよう。二十世紀の初めにいたり、列強の圧迫に直面した危機感のなかで、すべての漢族は黄帝の子孫だ、といった血統的な同胞意識が強調されるようになったが、それはむしろ近代の産物ということができるのである。

「中国」「中華」の観念

中国語で「国」というのは、そもそもどのような意味であろうか。日本語でも「おくにはどちらですか」などというときの「くに」と、「くにを相手に訴訟する」などというときの「くに」、さらに「私は日本のくにを愛する」などというときの「くに」は、それぞれ意味が異なるけれども、中国でも「国(國)」という語の使われ方はさまざまである。もともと「國」という字は、「戈《ほこ》」をもって四方の境界(囗)を守ることを意味するといわれるが、先秦時代には、諸侯の統治する範囲全体を「國」という場合もあれば、都のことを「國」という場合もあった。そうした語義の広さは秦漢の統一以後の長い帝政時代にも受け継がれていき、ある王朝の支配する領域全体をさす場合、漢の郡国制にみられるように皇帝が宗室や勲臣に与えた世襲の封地をさす場合、また首都をさす場合などさまざまであった。さらに一定の空間的領域をさすばかりでなく、王朝をさすこともあり、「易姓改号、これを亡国という」(顧炎武《こえんぶ》)などという場合がこれにあたる。

そのなかで「中国」というかたちで「国」の字が使われる場合、そこで考えられている「中国」の大きさはさまざまであれ、つねに「四方」あるいは「夷狄」との対比がそこに意識されていたといってよいであろう。冒頭で引いた「この中国を恵でて以て四方を綏んぜよ」(『詩経』)といった句もその例である。同じ詩にまた「この京師《けいし》を恵でて以て四国を綏んぜよ」ともいうので、ここでいう「中国」とは、都ないしその周辺の狭い領域をさすものだったといえるだろう。その後、都市国家ともいうべき小さな政治単位の林立状態からしだいに広い領土的なまとまりが形成されてくる春秋戦国時代を通じ、文化を共有する諸国が東西南北の「夷狄」との対比で「中国」として意識されるようになる。「徳を以て中国を柔《やす》んじ、刑を以て四夷を威《おど》す」(『春秋左氏伝』)とか「中国に莅《のぞ》みて四夷を撫《ぶ》せん」(『孟子』)などの例にみえるように、戦国時代の文献には、「中国」を上位において「四夷」と対比する常套的な用法があらわれる。そして、秦による統一をへた漢代にいたると、「匈奴《きょうど》は常に中国の患害たり」とか「天下に名山は八あり、而《しか》して三は蛮夷に在り、五は中国に在り」(いずれも『史記』)など、今日われわれが考える範囲に近い「中国」の用法が定着してくるのである。

この「中国」という観念がさし示すのは、興亡する個々の王朝をこえた時間的連続性と文化的共通性をもつ空間的範囲ないし人間集団である。「フランス」「日本」などの国名でわれわれが普通に思い浮かべる近代の国家や民族も、そうした連続性と文化的一体性を前提として考えられたまとまりだといえよう。その意味では、「中国」という観念は、近代的な民族国家観念に接続しやすい面もある。しかし、当時の「中国」という語は、「フランス」や「日本」のように特定の民族や国家をさす固有名詞というよりは、「世界の中央にある（われわれの）領域」といった、より漠然とした意味であった。中国の人々にとって「国の名前」（国号）とは、「大漢」「大唐」などの王朝名であって、「中国」ではなかった。ほかの地域の人々もこの地域を「中国」ないしそれを語源とする語で呼ぶことはあまりなく、たまたま接触した王朝の名に由来する語で呼ぶのが普通であった。「秦」に由来するといわれる「チン」系の呼び名（漢訳仏典中の「支那」、英語のチャイナなど）、「契丹」に由来する「キタイ」系の呼び名（ロシア語のキタイなど）、日本で使われてきた「唐」などがそれである。

伝統的な用法において、「中国」（あるいは「中華」「華夏」）とは、「夷狄」との対比における相対的な観念であったということができる。この対比は、「中華思想」「華夷思想」等の語でしばしば表現されるように、おうおうにして中国を高しとして夷狄を蔑視する差別意識を含んでいる。しかしその差別意識のあらわれ方は一様ではない。一面ではこの対比は、「華」と「夷」とを厳しく区別して「夷」を排除しようとする激しい排外思想としてあらわれることもある。たとえば明末清初の学者王夫之《おうふうし》は、満洲族の清朝の中国支配に激しく抵抗する文章を残しているが、彼によれば、中国と夷狄の別は君子と小人の別と同様、天によって定められたもので、けっして乱してはならないものであった。夷狄の王朝に仕える士大夫は、人間の基本的な倫理を失った唾棄《だき》すべき存在であった。こうした排除的な論理と反対に、そもそも夷狄でも中国的な礼を身につければ中国とみなしてよいとする、包容性のある論理も華夷思想のひとつの側面である。唐代の韓愈《かんゆ》によれば、「孔子が春秋をつくったとき、諸侯で夷狄の礼を用いる者はこれを夷狄とし、中国にはいる者はこれを中国としたのだ」という。むろん、中国が夷狄より優れているという差別的認識には変わりがないわけだが、この場合は排除的というよりはむしろ、王化によって積極的に夷狄を「中国化」していこうとする方向が前面にでているのである。

後者の論理は、非漢民族王朝自身によって積極的に利用された。清朝前期の雍正帝《ようせい》は、夷狄満洲民族の王朝たる清朝の支配の正当性を否定する一部の中国知識人の議論にたいし、『大義覚迷録《たいぎかくめいろく》』という書物をつくって論駁《ろんばく》したが、そのなかで大略つぎのように論じている。漢人でないという点でいえば、本朝はたしかに「夷狄」である。だが、それをいうなら、古《いにしえ》の聖王である舜も「東夷の人」であり、周の文王も「西夷の人」ではないか。本来「夷狄」と「中国」を分ける基準は、普遍的な道理を知っているかどうかである。歴代王朝が華夷の区別をおこなったのは、中外を統一する力がなかったために、天下を一家とみなすことができず、境界を区別して防衛を事とせざるをえなかったことによる。本朝のもとで、中国の版図は極大化し、聖明なる君主のもとで天下万民はその生活を楽しんでいる。どうしていまさら、中外、華夷といった区別をする必要があろうか、と。

ここで「夷狄」という語は二つの意味に使われていることが知られよう。漢民族でない(すなわち、言語・風習などが漢民族と違う)という意味と、普遍的な道理を知らない者という意味と。どちらが「夷狄」の正しい意味なのか、混乱しているようではあるが、むしろ、この多義性こそが――すなわち、

「華夷意識」のあわせもつ二面性こそが――、中国という巨大なまとまりの存在を可能にしてきたということに注目すべきである。一方で、自らを高しとみなして他を排除しようとする求心性と、他方で風俗・習慣の異なる人々をも普遍的(と彼らが考える)文明のなかに包含していこうとする包容性と。一般に、中国の力が伸長している時期は、包容性のある「王化」思想が表にでる傾向があるのにたいし、中国が周辺民族に圧迫されているときは、排外的な側面が強調されるといえるかもしれないが、いずれにせよ、こうした二面性あればこそ、さまざまな程度に異なった文化をもつ人々が、一方では文明の中心を指向し、他方では差異を許容しつつ共存していくことができたのであり、それが「中国」という巨大なまとまりを支えていたのである。

近代「中国」ナショナリズム

近代中国のナショナリズムは、こうした華夷的な世界観のある面を受け継ぎながら、それとの明確な断絶のうえに成立したものであったといえる。満洲族の清朝を倒して漢民族の国家を回復しようとする清末の「滅満興漢」の運動が、異民族排除の論理において、伝統的な華夷思想から多くの語彙や情緒を継承していたことは確かだろう。しかし、列強の圧迫のもとでさまざまな立場のせめぎあいのなかから形成されてきたあらたな「中国」意識は、前代とは大きく異なる質をもっていた。

第一に、「中国」がそのなかに位置づけられる「世界」にたいする認識の変化である。旧い「中国」

意識は、中国を中心としてその外側に文化の遅れた夷狄が存在する、という一元的な世界像を前提とするものであった。しかし十九世紀後半から二十世紀初めにかけて、中国知識人の世界像は、大きく変わっていったといえる。西洋の文明は中国に比べて必ずしも遅れたものではないこと、むしろ進んでいる面も多々あることが認められるようになった。それに劣らず重要なことは、世界というものが、ひとつの中心に周辺が服属するという一元的な構成をもつのでなく、むしろそれぞれ異なる文化をもつ多くの国々が争い合い、またはルール(国際法＝万国公法)を守って競争する、多元的な空間ととらえられるようになったことである。世界には主権をもつ多くの国家があり、「中国」はそのひとつにすぎない。しかしそのひとつとして、「中国」はほかからの侵略を排して存立していかなければならないし、そうでなくては滅びてしまう。「中国」が守られるべき価値をもつのは、ほかに比べて優れた文化をもっているからというわけではなく、それが歴史的に存続してきたひとつの国だというそのこと自体によるのである。このような認識は、「中国」と「他国」との境目をはっきりさせるという点で開放的な「王化」思想と区別されると同時に、中国の周辺にある勢力を「夷狄」として一段低い存在とみるのではなく対等な「他国」とみるという点では、排外的な華夷思想とも異なっていたといえる。

「イギリス」「フランス」などとならび立つひとつの「国」として中国をとらえようとする模索のなかで、「中国」という語もあらたな意味を自覚的に与えられていった。清末の改革思想家梁啓超《りょうけいちょう》は、中国の歴史をどのように呼ぶかという問題に関連して、大略つぎのようにいっている。「吾人がもっとも慚愧《ざんき》にたえないのは、わが国には国名がないということである。漢人、唐人などは王朝名にすぎないし、外国人のいう支那などは、われわれが自ら名づけた名ではない。王朝名でわが歴史を呼ぶのは国民を重んずるという趣旨に反する。支那などの名でわが歴史を呼ぶのは、名は主人に従うという公理に反する。中国・中華などの名にはたしかに自尊自大の気味があり、他国の批判を招くかもしれないが、三者(王朝名、外国からの呼び名、中国・中華)それぞれに欠点があるなかでは、やはり吾人の口頭の習慣にしたがって『中国史』と呼ぶことを選びたい。民族が各々その国を尊ぶのは世界の通義であり、これもわが同胞の精神を喚起するひとつの道であろう」(『飲冰室文集』巻六)と。こうした思想潮流のなかで、「中国」という語は、王朝交替をこえた連続性をもつひとつの国の名前として、明確な内容をともなう固有名詞と考えられるようになった。そして、続いて成立した中華民国、中華人民共和国の枠組みに規定されて、「中国」という語は、歴史上おおむね「夷狄」とみなされてきた周辺民族をも広範にその枠内に含むこととなったのである。

さて、「中国」と「他国」との境を明確化する動きは同時に、梁啓超のいう「いかにしてわが同胞の精神を喚起するか」という課題とも重なり合っていた。それは「中国」の内部からみれば、従来想定されていた社会的差別を否定し、国家を担う対等な「国民」をつくりださなければならないという課題であった。中国と夷狄の別を君子と小人の別とならぶものとみなす王夫之の議論を先にみたが、君子（道徳的能力の高い知識人）と小人（そうでない庶民）との別は、中国―夷狄の別とちょうど同様の論理をもって重なり合い、中国人の伝統的社会観の根幹をなしていたといえる。君子―小人の別も、中国―夷狄の別と同様、二つの側面をもっていた。一面では、「聖人学んでいたるべし」といったいい方にみられるように、民のうえに立つ君子・聖人にいたる道は、出身のいかんを問わず、原則的にあらゆる人間（ただし男性のみ）に開かれていると考えられていた。それが世界でも特異なほどの開放性をもつ科挙の制度を支えていた。しかしそれは、万人の平等を主張する議論とはまったく異なって、君子と小人との人間としての上下を認め、厳しい差別を支持するものであったのである。

梁啓超によれば、中国の弱さの根源はまさにそうした制度にあった。梁によれば、西洋で近年まで存在したような身分制度は、中国ではすでに秦の時代に一掃され、誰にでも出世のチャンスが開かれた。しかしそれゆえに、人々は自分個人の出世に汲々とし、自由平等を求めて制度自体を変えていこうとする意欲は失われた。中国の状態は、「無数の人々が梯子に群がって、各々が上段の人に最敬礼をしつつ下段の人を足蹴にしている状態」に譬えられる。官吏は上司にへつらい、庶民は官吏にへつらう。誰一人として他人のうえに位せず、誰一人として他人の下に位しない西洋の国民とはなんという違いであろうか。官吏の圧政に安んずることのできる民は同時に、異民族の圧政にも安んずることのできる民である。勢力ある者にへつらって恥じない「奴隷根性」こそ、国民が団結して異民族の圧政に立ち向かうことのできない、中国の弱さの根源なのだ、と。

近代中国のナショナリストたちの課題は、中国—夷狄、君子—小人といった、開放性と差別性をあわせもつ秩序観になじんできた人々の脳裏に、はっきりした枠をそなえた「中国」の形象を生み出し、それを支える気概をもつ団結した「国民」を創出することであった。中華民国も、中華人民共和国も、経済的・制度的な国家建設のみならず、そうした精神的国家統合の課題を受け継いできたということができる。

中国社会の特質

国家が存亡の危機にあるという切迫感から、近代中国の改革派たちは、概して中国の伝統的社会体制の欠陥を厳しく批判し、警鐘を鳴らそうとした。たしかに近代的ナショナリズムの観点からみれば、中国の伝統的社会体制は、それとうまく適合することのむずかしい性質をもっていたかもしれない。しかし、王朝の交代やさまざまな制度的変化はあれ、二〇〇〇年以上にわたって皇帝を頂点とする官僚政治体制が統治の基本骨格として存続し、あれだけの巨大な社会をある程度有効に秩序づけていたということは、やはり驚くべきことである。中国社会の特質は、人類の経験した社会秩序のあり方のひとつの十分に発展した類型として、正面から考察される必要があるのである。その安定性の秘密はなんなのであろうか。

ここでこの大問題を十分に論ずることはできないが、いくつかの点を取り上げて考えてみよう。第一に中国帝政時代の社会の、いわば柔構造的な性格をあげることができる。これは、たとえば日本の江戸時代と比べてみれば明らかである。福沢諭吉は江戸時代の「封建の門閥制度」を評して「中津（福沢の郷里）は封建制度でチャント物を箱の中に詰めたように秩序が立っていて、何百年経《た》っても一寸《ちょいと》も動かぬという有様、家老の家に生まれた者は家老になり、足軽の家に生まれた者は足軽になり、先祖代々、家老は家老、足軽は足軽、その間に挟まっている者も同様、何年経っても一寸も変化というものがない」（『福翁自伝』）と批判している。下級武士の家に生まれた福沢にとって「親の敵《かたき》」であったこうした身分的固定性は、中国では長い帝政時代を通じて非常に弱かった。むろん、六朝時代のいわゆる「貴族制」のように、有力な家柄の人々が高官を独占するということもあった。また能力が平等に試されるはずの科挙においても、やはり長年にわたる試験準備を支える経済力がなければなかなか合格はむずかしかったことも当然である。しかし概して、人の職業や社会的地位はその人の出自ではなく個人の能力において決められるべきだという考え方は、中国の人々の共通認識をなしていたといってよいであろう。同じ親から生まれた兄弟でも、その能力に応じてある者は官僚をめざし、ある者は農業を営み、ある者は商人になる――「家」に縛られないこうした開放性、自由さが、人々の才能を有効に利用する活力ある社会を支えていたと考えられる。

　しかし「家に縛られない自由さ」といえば、疑問に思われる読者もいるだろう。儒教の教えは、まさに「親に孝」といった家族主義的道徳で個人の自由を縛るものではなかったのか。五・四運動期の進歩的思想家が攻撃したのは、こうした家族道徳ではなかったのだろうか。この点を、中国社会の第二の特質として考えてみたい。この問題は少々複雑なので、そもそも中国で「家」というのはなんであるかという問題から考えてみる必要がある。

上述したように中国では、職業選択は比較的自由であり、代々家業を守っていくという観念はあまりなかった。また大家族で一緒に住むことは賞賛されてはいたが、じっさいには親が死ねば兄弟のあいだで財産を均分し家計を別にするのが普通で、一緒に暮らす家族の規模は、古来、五〜六人という小さなものであったようだ。そうだとすれば、血縁の絆は弱くすぐにばらばらになってしまいそうなものだが、それにもかかわらず男系の血縁意識は一般に非常に強く、十世代以上も前の祖先から分れた何百人もの人々が「宗族」として結集し、共同で祖先を祀ったり共同の財産を運営したりすることは、明清時代では珍しくなかった。

中国語で「家」という場合、じっさいに一緒に暮している小家族をさすことも多いが、このような広範囲な男系血縁関係も「家」ということばであらわす。この「家」の結合を支えているのは、子供は父親の「気」を受け継いでいるのだ、という観念である。その観念は、つぎのように説明できるだろう。父と子とは、入れ物としての身体は分れていても、そのなかに流れる「気」は同じものであり、「一体」なのだ。子が親に逆らうことは、体の一部が体に逆らうようなもので、あってはならないことである。「一体」なものが反目することは本来ありえないのである。

同じ幹からたくさんの枝が分れるように、また、同じ水源から幾筋もの流れが分れるように、人の数はふえていっても、そのなかに流れる「気」は変わらない。何世代をへても、そして暮す場所や職業は違っても、祖先を同じくする人々はみな、同じ「気」をもっているのであって、同類なのだ。それぞれの人間は、独立した「個人」というよりは、「気」という大きな生命の流れの一区間を担当して、それを親から受け継ぎ子孫に伝えていくべき存在である。

「家」の一体性、共同性は、実際に協同して働くといった行動の面にあるのではなく、人が生きているその生命のなかにすでに初めから存在している。このように考えれば、ある人が広い社会で自由な選択をおこなうことと「家」の絆は矛盾しないし、逆にいえば、人はどこにいようがなにをしようが、その「家」の絆から離れることはないのである。直接の一体感に支えられた「家」の絆は、競争的な社会で生きる人々にとって、頼るべき相互扶助の機会と精神的な安定感をもたらすものであった。

中国の人々の社会感覚のなかで、「家」は原点ともいうべき重要な位置を占めている。しかしそれはたんに実際の血縁関係が重要だったということではない。むしろ、このような一体感覚が、実際の血縁関係をこえて拡大し、さまざまなヴァリエーションを生み出していったところに中国社会の面白さがある。実際に祖先が同じかどうかはっきりしなくても、系譜をつないで同族と称してしまうこともあった。大事なのは血縁関係が事実かどうかというより、互いに血縁だと観念して結びつきをつくることなのだ。血をすすりあって義兄弟の契りを交わし、「今後は手足となって助け合おう」と誓い合うこともよくおこなわれた。資本を出し合って共同経営をする際の契約にも「一団和気」——すなわち自他が渾然一体となるような気の混じり合い——の精神がうたわれた。多種多様な絆が血縁になぞらえられながら結ばれ、人々の活動に必要な人間関係を提供したのである。また、「元首—股肱」になぞらえられる皇帝と臣下との一体的な関係、「父母—赤子」に譬えられる皇帝(や地方官)と民との関係、兄弟と呼び合う秘密結社員たちの関係等々、より大きな政治世界においても、そこに求められる共同感覚は血縁ないし「一体」の比喩に支えられていた。

前近代といえば福沢諭吉のいわゆる「箱」のような江戸時代の身分制社会が自然に思い浮かぶ日本人にとって、出自による職業規制をほとんどもたない中国社会はきわめて自由で開放的な脱身分制社会ともみえる。しかしそこで人々の活動を支えていたのは、個人の自立とは対極にあるような濃密な血縁的「一体」感覚であった。日本人の目からみて、こうした人間関係の緊密さもまた、中国社会の特質として非常に印象的なものである。この両者はあいまって、中国伝統社会の性格の重要部分を構成していたように思われる。

「散砂の如き」中国社会のまとまりのなさや、平等自尊の精神に欠ける「奴隷根性」など、近代中国の改革派による中国社会への自己批判は、いずれもこうした性格のある一面を鋭く突いている。しかしそうした性格は同時に、長年にわたる中国社会の活力のひとつの源であったことも疑いえない。強い人的ネットワークをいかして海外で活躍する華僑・華人の活動に、こうした中国社会の特質の反映を今なおみいだすことも可能であろう。

十九世紀末から二十世紀を通じて、中国は歴史上有数の大きな変動を経験した。しかし長い中国の歴史のなかでつちかわれてきた社会の性格やものの考え方が一挙に変化したわけではない。文化大革命後の改革開放の潮流のなかで、「現代化」の動きとともに、中国独特の発想法も改めてわれわれの目を引いているのである。中国の歴史は、たんに済んでしまった過去の出来事ではなく、今日の世界の仕組みを改めて見直し、新しい時代のあり方をさぐるわれわれの試みになんらかのヒントを与えてくれるかもしれない。現在の時点で中国の歴史を振り返る意味のひとつもそこにあろう。

なお、最後に時代区分の方法について簡単にふれておきたい。本書では、若干の例外を除き、ひとつないしいくつかの王朝をまとめて分担執筆するという王朝基準の区分方式をとった。この区分法は、厳密な学問的必然性に基づくというよりは、便宜的なものである。中国史の時代区分については戦後さかんに論争がおこなわれ、唐宋変革や明末清初の時代規定をめぐって意見の対立があったことはよく知られている。中国史を通観する本書のような試みにおいては、そうした時代区分の問題は避けてとおれないともいえる。しかし、本書ではあえて、古代・中世などの時代規定を表にだした構成はとらなかった。それぞれの執筆者の時代区分法はさまざまであり、その統一は無理をともなうということもあるけれども、より根本的には、過去の時代区分論の基底をなしてきた、西洋モデルから抽出された発展段階論をどのように評価すべきかという問題がある。過去の時代区分論が西洋モデルに強く規定されてきたことへの批判——そして、その批判にともなう時代区分論そのものの退潮傾向——も、今日の学界には存在するのである。本書では、とりあえず王朝基準で区分した、その担当部分のなかで、各執筆者がそれぞれの時代の意味について自らの考えるところを述べるであろう。それは、西洋基準の「中世」「近世」などの枠のなかに中国史を当てはめようとするものではなく、より柔軟な視野から中国独自の時代の流れを跡づけていこうとする試みとなろう。さまざまな時代区分法が、その間での実り豊かな対話を生み出していけるかどうかは、今後の課題である。

第一章　古代文明と邑制国家

1　中国文明の揺籃

中国古代の史料批判と考古学

中国にも、他の古代文明を育んだ地域と同様に、古い時代を語る史料が数多く残されている。中国歴代の学者たちは、それらを大事に使用して、古代を語ってきた。一般に議論される歴史的事実にもそれが反映されており、知らず知らず事実でないものまで事実と信じ込んでしまうことも少なくない。ところが、とりわけ戦国時代以前のことを記した史料は、じつはそのままでは使うことができないのである。

歴史的史料をどう使用したらよいかは、地域と時代を問わず歴史学を学ぶ者のイロハとして最初に教えられることであり、ここにこと改めて述べるまでのことでもない。こう思われる方も少なくなかろう。しかし、近年、中国古代の典籍もずいぶんと身近になり、かつては専門家すらたじろいだ『左伝』のような書物も、現代日本語で読めるようになっている。それらが、そのままでは事実にならないことをことわっておくことは、一般にたいすることとしても、今後ますます必要になるだろう。

中国の古い時代を語る史料は、戦国時代中期の前四世紀なかば以後に急速にかたちを整え、後世に継承された。ところが、春秋時代から戦国時代にかけては、中国史上未曾有の社会変動を経験しており、その変動のあとを受けて成立した史料が過去をさかのぼるため、事実とはかなり異なった内容も生じてくるのである。実際は戦国時代以後の認識にすぎない、ということもしばしばであり、江戸時代の夜空にヘリコプターが飛び交うような、ちぐはぐな歴史認識をえてしまいがちである。

中国古代史や古代思想史研究では、この種のあやまった認識をえないようにするため、史料批判の方法が厳しく検討されてきた。戦国時代以後の用語や考え方を中心に、古くさかのぼってはいけない内容をはぎとり、残った記述で古い時期の歴史は議論される。この種のはぎとり作業によって、残される記述は大変わずかになる。その欠を補い、はぎとり作業の是非を判断させるのが、考古学である。考古学の成果によって、新石器時代の状況は、以前に比較して格段にはっきりしてきた。この時代を受けて文字が出現する。この文字も考古遺物として提供される。そして、この考古学研究も、儒教経典や史書に見える誤まった内容を除いて進められる。

旧石器時代

考古発掘の成果によると、一八〇万年前からあとについて、中国に人類の足跡が議論されるようになる。山西省芮城《ぜいじょう》県の西侯度《せいこうど》遺跡からは、石製品や切ったり割ったりした痕跡のある鹿の角、焼いた骨などが発見された。一〇〇万年前をすぎた更新世中期には、藍田《らんでん》人が確認されている。陝西省藍田県の陳家窩《ちんかか》（九八万〜五三万年前）と公王嶺《こうおうれい》（一一五万〜六五万年前）から発見された。この藍田人にやや遅れた時期のものとして、北京人（七一万〜二三万年前）が発見されている。

おおよそ一八〇万〜一〇万年前として議論されている前期旧石器時代には、石器の製造について、具体的な方法を身につけ、火を用い、これを管理するようになった。続く中期旧石器時代の化石人としては、金牛山《きんぎゅうざん》人（遼寧省栄口）・大荔《だいれい》人（陝西省大荔）・許家窰《きょかよう》人（山西省陽高）・馬壩《ばは》人（広東省曲江）・長陽《ちょうよう》人（湖北省長陽）が知られる。さらに五万年前をすぎた後期旧石器時代になると、山頂洞《さんちょうどう》人（北京市西南）・柳江《りゅうこう》人（広西省柳江）・資陽《しよう》人（四川省資陽）が知られる。いずれも石器を使用して狩猟をおこなっていた。その文化遺存は中国各地から発見されており、この時期に中国各地に広範に人々が住み着いていたことを示している。

新石器時代

農業の発生は、狩猟採集に比較して安定的な生活をもたらした。中国において、農業が発生したの

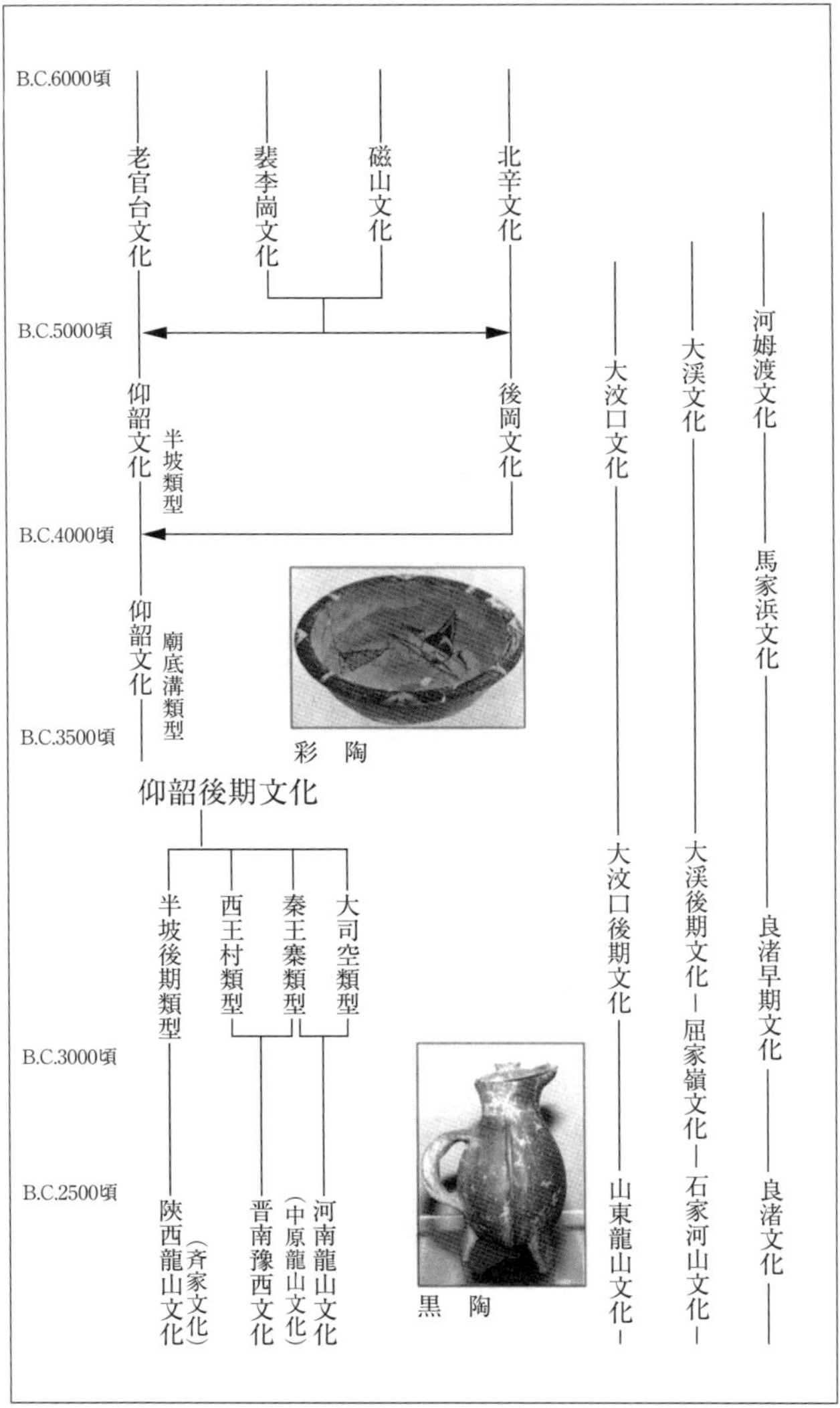
B.C.6000頃
B.C.5000頃
B.C.4000頃
B.C.3500頃
B.C.3000頃
B.C.2500頃
老官台文化
裴李崗文化
磁山文化
北辛文化
仰韶文化
半坡類型
後岡文化
仰韶文化
廟底溝類型
彩　陶
仰韶後期文化
半坡後期類型
西王村類型
秦王寨類型
大司空類型
陝西龍山文化
（斉家文化）
晋南豫西文化
河南龍山文化
（中原龍山文化）
黒　陶
大汶口文化
大汶口後期文化
山東龍山文化
大渓文化
大渓後期文化
屈家嶺文化
石家河山文化
河姆渡文化
馬家浜文化
良渚早期文化
良渚文化
考古文化の概要

は、広い意味における黄河流域と長江流域であり、紀元前六〇〇〇年紀をさらにさかのぼると考えられている。黄河流域ではアワ・キビなどの畑作、長江流域では稲作がおこなわれた。現在でも淮河《わいが》(淮水)をおおよその境界として、北の畑作地帯と南の稲作地帯に分けられる。この境界は気候変動によって南下または北上した。

新石器時代の諸文化は、前三五〇〇~前三〇〇〇年ころを境にして分けて論じられることが多い。それ以前で学史的に重要なのは、仰韶《ぎょうしょう》文化であるため、仰韶期として論じられることも多い。仰韶期を特徴づけるのは、彩陶であり、それに表現された人面魚身の絵などが注目を集めている。前三五〇〇~前三〇〇〇年ころ以後、前二〇〇〇年ころまでは、学史的に重要なのが龍山《りゅうざん》文化であるため、龍山期として議論することが多い。龍山文化を特徴づけるのは、黒色の薄い硬質土器、すなわち黒陶である。黒陶は彩陶よりも焼成温度が高い。龍山期は「銅石併用期」と称されることもある。「銅石併用期」は、青銅器よりも原始的な紅銅器が主流であった時期である。この時期に紅銅に遅れて青銅が出現し、前二〇〇〇年ころから紅銅器に比して青銅器が主流となる。前六世紀ころ鉄器が普及し始めるまでが青銅器時代になる。しかし、誤解を避けなければならないのは、青銅器時代にいたっても、一般に使用されていた農具・工具は石器だということである。

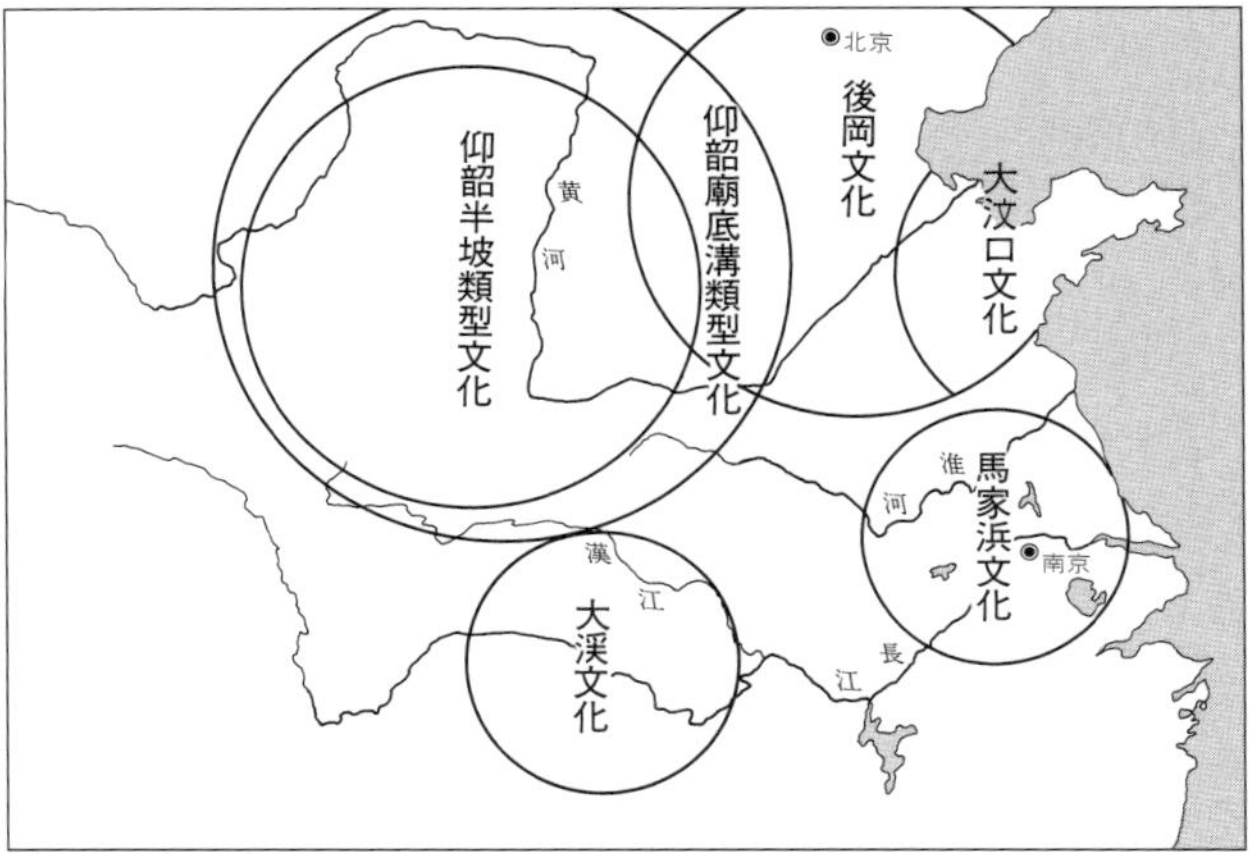

仰韶期の中国

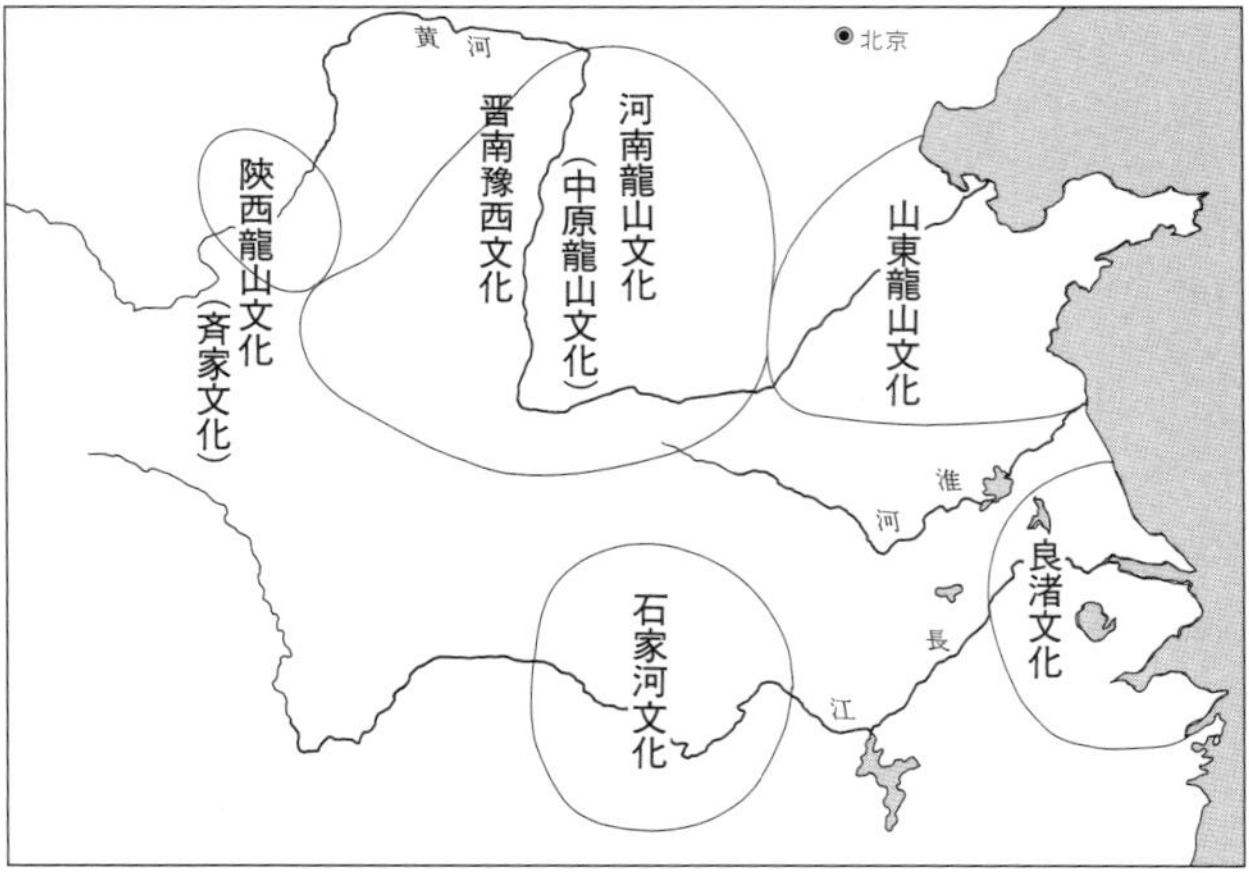

龍山期の中国

大集落を囲む城壁

前三五〇〇〜前三〇〇〇年ころを境にして前二〇〇〇年ころまでを分けておくのは、この時期、とくに前三〇〇〇年ころをこえてから、時代を画する要素が続々と出現し、社会的に大きな変化があらわれるからである。大集落を城壁が囲むようになり、銅器が出現し、大型墓葬・大型建築が大集落を特徴づけるようになり、符号は文字へと発展をとげた。

こうした大型墓葬・大型建築を有する集落が、他と隔絶した存在であることを示すものとして、城壁が機能するようになる。そもそも城壁は、集落を獣や外敵から防衛するために設けられたものである。古く仰韶文化において環濠(壕)によって囲まれる集落が出現しており、この環濠も同じ機能を有する。近年はその環濠と同じくらい古い時期に城壁が存在したことも報告されるようになった。

この種の城壁や環濠は比較的小規模な集落を囲んでいたが、問題の前三〇〇〇〜前二〇〇〇年ころの時期には、大規模な集落が出現し、城壁によって囲まれる区域が、他の集落に比較して特別の空間であることを意味するようになる。これらの城壁に囲まれた大集落においては、たとえば湖北省荊《けい》州《しゅう》市の陰湘城《いんしょうじょう》遺跡において報告されているように、宗教的儀式をおこなった区域が発見されていて、中心的役割の内容がこの宗教的儀式であったのではないかと考えられている。

浙江省余杭県の良渚遺跡における祭壇遺跡

陶器符号　仰韶期の陶器には，口縁部に符号が刻されたり書かれたりしている例がある。これらを総称して陶器符号という。陶器符号は普通，単一のものとして表現されるが，龍山期にはこの符号が文章をなすようになり，文字としての機能が認められる。けれども，今まで発見されている龍山期の文字は，直接漢字の祖先にはならない。漢字に発展する文字の発見が待たれている。

伝説の帝王と夏王朝

『史記』は伝説の帝王として、黄帝《こう》・顓頊《せんぎょく》・帝嚳《こく》・帝堯《ぎょう》・帝舜《しゅん》の五帝をあげている。唐代には、その上に三皇(庖犧《ほうぎ》・女媧《じょか》・神農《しんのう》)が架上されて『史記』に補入された。さかのぼって始皇帝のときには、同じ三皇でも天皇《てんこう》・地皇《ち》・泰皇《たい》の三皇が議論されていた。こうした伝説帝王の記事のあり方が具体的に示すように、これら帝王の事績は戦国時代からさらにさかのぼることができない。諸々のかがやかしい伝承は、戦国時代以来の理念の産物である。とくに、五帝の最後の(帝)堯・(帝)舜は、聖人の代表とされるようになった。堯が舜に天子の位を譲ったという物語は、徳望のある人物に天子の位が譲られる「禅譲」の理想を示すものとして、長く語り継がれることになった。

帝舜のあとを承けて成立したとされる夏王朝が実在したかどうかは、中国古代史上の大きな問題である。後述する殷王朝の実在は甲骨文の発見によって証明されている。いきおい夏王朝も実在するかの感をいだく人も多いに違いない。

ところが、夏王朝伝説は、戦国時代の王たちが、自分自身の正統性を主張するためにつくりだして利用したものである。彼らは歴史の法則を使って自らの正統性を明らかにしようとした。王朝の正統性は夏から殷、周へと受け継がれ、その周は衰えてふたたび夏王の世がおとずれる。その夏王こそがわれわれだ、ということであった。夏王朝について語る文献は、実質は戦国時代の王のあるべき姿についで語っているのがほとんどである。

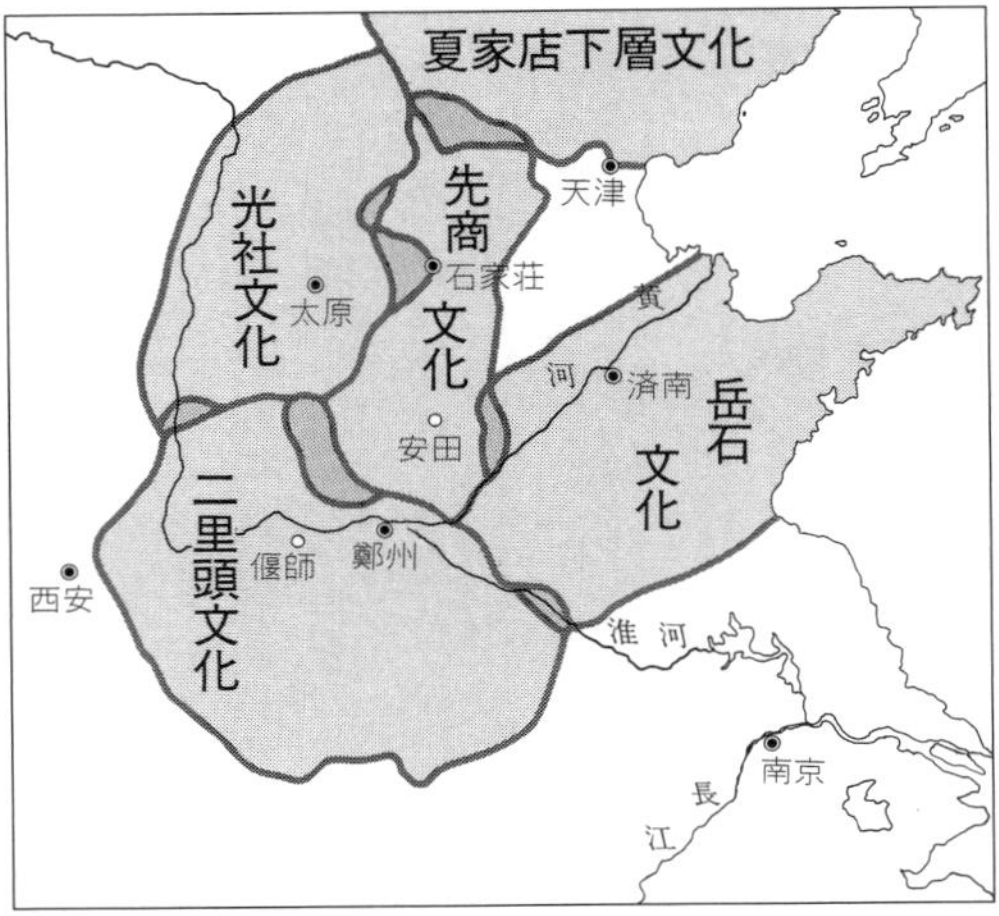

いわゆる「夏王朝」時期の諸文化の分布

「夏」は「華」に通じ、中華を意味する語でもある。後世の中華に受け継がれる概念が急速にかたちを整えてくるのも戦国時代のことであった。

戦国時代以後に付加された部分をはぎとって残されるのは、わずかである。しかし、夏王朝を開いたとされている禹《う》の伝説自体は、また夏王朝の子孫が姒《じ》姓の諸侯だという伝承は残される。これらと考古学の成果との接点を探る作業が続けられている。

殷王朝前期の都城

殷王朝に先行する王朝は、夏王朝と称されたかどうかすら不明だが、この殷に先行する王朝自体が存在したことは、考古学の成果が明らかにしてきている。

その先行王朝から殷王朝にかけての大都城として、河南省偃師《えんし》二里頭《にりとう》遺跡と同省鄭州二里崗《にりこう》遺跡が議論されている。両者は河南龍山文化と殷代後期の殷墟遺跡とに挟まれた時期の遺跡である。近年、偃師二里頭遺跡を「夏王朝」の一都城とし、偃師尸溝郷《しこうきょう》遺跡および鄭州二里崗遺跡を殷代前期の都城だとする説が有力視されている。殷の王都は、古本『竹書紀年《ちくしょきねん》』によれば、初代湯《とう》(唐・大乙《たいいつ》)から九代太戊《たいぼ》までは亳《はく》であり、十代仲丁《ちゅうてい》が囂《ごう》に遷都し、十二代河亶甲《かだんこう》が相《しょう》に遷都し、十五代帝開甲《かいこう》(沃《よく》甲《こう》)が「庇《ひ》」に遷都し、十七代南庚《なんこう》が奄《えん》に遷都し、十九代盤庚《ばんこう》が殷に遷都して三十代帝辛《しん》にいたる。上記の想定は、比較的長期にわたって都がおかれた亳を尸溝遺跡もしくは二里崗遺跡にあてるわけである。前者が亳であるという見解が、現状では有力視される。二里頭遺跡では、大小数十基の宮殿址とされる建築基壇が集中して発見されている。

二里頭遺跡を「夏王朝」のものとし、これに並行して、殷王朝の祖先にあたる王朝を考える説がある。この祖先にあたる王朝の時期を先商時期という。殷は、甲骨文において自らの国を「商」と称しているため、中国の学界では殷のかわりにこの「商」を用いている。

2 殷王朝

甲骨文の語る殷代祭祀

殷は、かつて伝説の王朝であった。その実在を証明したのは、甲骨文の発見であった。甲骨の「甲」

は亀の腹甲、「骨」は牛の肩胛骨《けんこうこつ》など獣骨のことであり、甲骨文は「亀甲獣骨文字」の略称である。この文字は殷代の同時代史料であり、その解読によって、『史記』の殷本紀に示された殷王朝の系図がほぼ正確に伝えられていたことが実証された。

発見されている甲骨文は、殷代後期に作成されたものである。殷代後期は、殷王のうち、湯王から数えて第十九代の盤庚から第三十代の帝辛までの治世をいう。先述の古本『竹書紀年』は、散逸して現存しない書物であるが、幸いにしてのちの注釈家がこれを引用してくれたので、殷王在位にかんする計算結果を知ることができる。盤庚が都を殷に遷してから殷が滅亡するまでの王の在位年を合計したものである。興味のもたれている数値なので、刻本により異同があるが、「二七三年」として話を進めてみよう。これは王の在位年を単純に加算したものである。殷の年代記から周の年代記に変わるとき、周の武王即位までは帝辛十一年として記された。また、戦国時代中期になるまで、一般に前君主が死去した年は、新君主の即位の後はすみやかに元年となった。これらは同じ年である。わが国の昭和六十四年と平成元年とが同じことを考えるとよい。このことと合算された殷王の合計代数十二代、および周武王十二年が殷滅亡の年(前一〇二三年)となることを知れば、計算上、前一二八三年が盤庚が殷に都した年ということになる。

また、甲骨文の祖先祭祀は、五つの祭祀と先王およびその妃の祭祀との組み合わせによって、連日祭祀をおこなってひとめぐりするのに約一年を要した。この祭祀大系と暦の関係を探ることによって、帝乙《いつ》・帝辛にかんして祭祀が実際におこなわれた年代が推定できる。帝乙の在位年が前一〇六五～前一〇四四年、帝辛の在位年が前一〇四四～前一〇二三年となる。祭祀記事の残され具合から、この方法はこれら二王にしか使えない。

甲骨文において祭祀の対象とされているものは、先王とその后などのほか、(1)自然現象を支配するものないしは自然物を神格化した自然神、(2)殷室の遠祖とみなされている高祖神、(3)先臣を神格とする先臣神の三者があった。上帝には、自然を支配する力と人事に禍福をくだす力があり、前者の力は、雨を降らせたり、穀物の実りを授けたりした。また後者の力は、戦争結果に幸いをもたらしたり、王に災いをもたらしたりした。

殷王と諸侯

殷王が直接統治していたのは、一般のイメージとは異なり、半径二〇キロをこえない程度の、ごく限られた地域であった。同様の規模を直接支配する族集団が諸侯としてこの殷王と政治関係を結んでいたのであった。殷の統治域内には、服属する族集団に土地を与えて人員を常駐させ、これを監視して支配を強化した。そうした他の族集団の土地には、王が直接出向いて田猟(軍事演習をかねた狩猟で、獲物は祭祀に用いられた)をおこない、その儀礼をとおして霊的威圧を加え続けた。殷王の権威は、こうして霊的に強化されたのであった。

こうした直接的支配域、すなわち殷の畿内とは別に、それからはみだした遠方に向けても、軍事拠点や物資流通の中継地（「湯沐の邑」と称する）が形成されていた。こうした拠点や中継地をとおして、比較的広い範囲にわたって支配力をおよぼすことができた。そうした遠方にも、軍事的威嚇とともに、儀礼をとおして霊的圧力をかけ、支配を維持したのであった。

こうした王を頂点とする支配の構造は、周王朝にかんしても同様であった。周の封建制として研究されるのは、こうした周の王と諸侯がつくりだす実際の構造である。歴代の学者が描いてきた周代封建制は、これと違って戦国以後の認識に基づきいくつかの大国を覇者として諸侯に位置づける架空のものであった。研究によって明らかにされてきたその構造が変化するのは、春秋中期以後、いくつかの大国の畿内の外に、しだいに県が設置されてそれが面的に広がり、畿内の外を官僚によって統治するようになってからのことである。この変化は「封建から郡県へ」という外貌を表現する用語によって、戦国中期以来の架空の考え方を継承する歴代の学者のあいだでも議論されてきた。しかし現在、その内容は実像を追求する研究によって深く掘り下げられ、説明されるのである。

殷の滅亡

すでに述べたように、甲骨文は、殷の祭祀をとおして社会のあり方や国家構造を検討する史料になった。しかし、こと殷の滅亡にかんしては、記述上の決め手を欠いている。

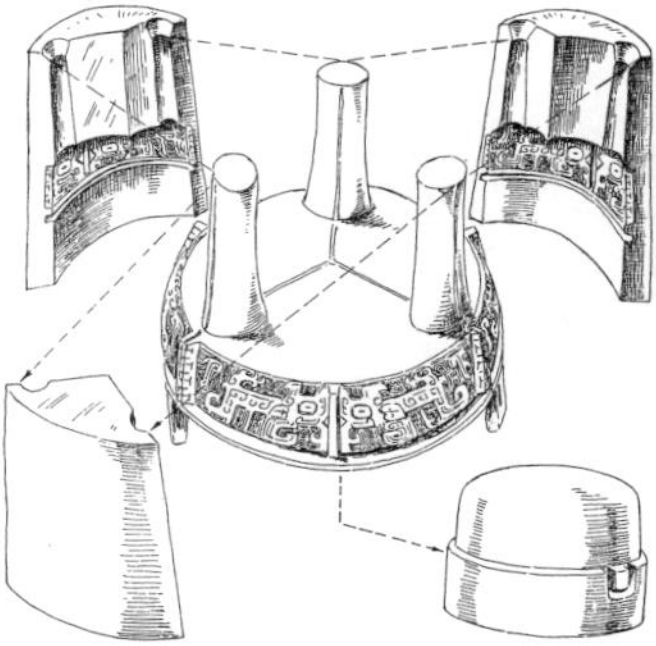

外范分割法による青銅器の鋳造　陶土で内范(うちがた)といくつもに分割した外范(そとがた)とをつくる。両者のあいだに隙間をつくっておいて，ここに溶かした銅を注ぎ込む。最後に范を砕いて製品を取り出す。殷周期の中国で完成された，独特の技法である。

殷代の青銅器　殷代後期は中国青銅器文化が最高のレヴェルに達したとも評される。西周期以降も，青銅器はおおいにつくられたが，その技術を駆使して困難な形象をつくりあげたという意味では，安陽に都をおいた殷代後期を頂点とする。

ところが、幸いなことに、その決め手は伝存の文献史料に残されている。これらを注意深く検討してみると、古本『竹書紀年』を引用した注釈のなかに、周の克殷の年(周が殷を滅ぼした年)から周の幽王にいたる西周歴代の王の在位年を合算したものがある。これに西周の青銅器銘文にみえる暦の記述や、これも伝存の史料である『逸周書』・『尚書』(後世の偽作とされる部分を除く)の関連する暦の記述などを関連づけて検討してみると、前一〇二四年(『史記』周本紀によれば当時の暦で十二月戊午の日)に、武王が率いる周の軍は最終的殷討伐の象徴として盟《めい》津《しん》というところから黄河を渡っており、牧野《ぼくや》の戦いに勝利をおさめ、さらに殷を滅ぼしている。最後の殷王紂《ちゅう》(帝辛)が炎に身を投じ、殷が滅んだのは前一〇二三年のことである。

3　西周王朝

周族の興起

殷が長期にわたり、甲骨文をもって祭祀の記録を残していたころ、陝西省を本拠とする周は、文字とは無縁の世界にあった。殷との政治関係をもって、その諸侯となることにより、文字文化に接することになったのである。

殷と周の政治関係を語る史料は、一般に零細であるが、第二十二代の殷王武丁《ぶてい》のときの甲骨文には、「周侯」に言及した記載があり、古公以前にすでに殷王朝との交渉が始まっていたことを示している。古本『竹書紀年』に残された記録によると、殷王第二十七代の武乙の三十四年に、周の季歴《きれき》が来朝している。季歴は、戎や狄と記される族集団を征伐し、第二十八代の太丁《たいてい》(文武丁)の四年には周の牧師となった。これは牧畜の官だと解釈されている。太丁が季歴を殺害したという記録を境にして、周と殷の関係は険悪となり、周が殷を伐ったという記録が続く。『史記』周本紀によると、季歴を継いだ西伯《せいはく》(のちの文王)は、羑里《ゆうり》において殷王帝辛(紂王)のために捕えられ、美女・奇物・善馬を贈って許されたという。「殷王帝辛の暴政を嘆いたためだ」という道徳的な記述もあるが、これは周の祖先を顕彰するための後世のつくり話である。

さて、季歴の父は古公という。周本紀によれば、この古公のときに岐下すなわち岐山の麓のいわゆる周原(陝西省岐山県)に遷り、戎狄の風を廃し、城郭・宮室を築いたという。

周公旦

周の武王が死去したのち、周王朝を支えたのは周公旦であった。『史記』などには、周公旦は武王の弟だと記されている。しかし、周公が弟だというのはじつは擬制的な関係を示すものである。

甲骨文の祭祀と王名の検討によると、殷王朝の支配氏族は、ときにその数がやや不足する場合もあったものの、理念的には一〇個に整序されるべき族組織をもっていた。彼らは甲・乙・丙・丁・戊・己・庚・辛・壬・癸の十干を冠する一〇個の太陽が毎日ひとつずつ交替で天上にあらわれるという神話を有していた。それらは十干それぞれの日に、すなわち甲の日には甲の太陽が、乙の日には乙の太陽があらわれた。王の名は出身の族名たる十干を付され、これに嫁した妃も同様であった。

周王朝においても、複数の族組織が王族を形成していた。周公はその意味における族集団のひとつを率いる存在であった。周公は、代々洛邑《らくゆう》(洛陽《らくよう》)を統治した。春秋時代にあっても、何人かの周公の名が確認でき、戦国時代におよんでいる。周王が即位するにあたって、その正統性を確認する役割があったと推測される。この役割は、後世になって戦国時代の王の正統主張に利用された。戦国的な説明が加わって大変人間くさくなり、周公が王の「徳の存在」を確認する、とみなされるようになった。こうした後世の周公評価が現在に継承されているから、注意が必要である。

金文銘を活用して検討すると、武王の死去したのち、幼くして王になった成王《せい》が即位するまでのあいだ、周公が政治を司っていた(摂政)時期がある。その時期にも独自の年代が存在した。この時期を受け、正月をもって成王が即位する。周公は、族組織の要求に従って、幼い王を補佐したのであり、その役割ゆえに、自らが王とはならず、改めて成王を即位させたのであった(前一〇〇九年)。

周の礼と青銅器

『左伝』などの典籍のなかに、「周礼」という記述がみられ、「周公の徳、周がもって王たるゆえんがわかる」(『左伝』昭公二年)といった表現で語られる。この場合、『左伝』のなかでも、戦国時代の挿入である会話部分の記述である。それは、戦国時代において解釈をほどこした周礼であって本来のものではない。

典籍中には『周礼《しゅらい》』という書物もある。後代性が顕著であり、成書年代は漢代にくだるという説もあるほどである。音楽理論などを検討してみると、地域性の豊かな史料を寄せ集めたものであり、戦国時代中期以後に、現存の体裁がほぼ整ったことがわかる。これら戦国時代以後の史料を取り除いてみると、典籍にいう「周礼」は、具体性がなくなってしまうのである。

後代の解釈でない、本来の礼とはなにかを考えるには、考古学の成果が必要である。「周がもって王たるゆえんがわかる」のが礼であるとすると、それは、青銅器銘文に示された周王と諸侯の関係について、語ることができる。戦国以後の議論に安易によりかかることなく、慎重に解釈作業が進められている。

周王の権威について述べておこう。周王を特別の存在として扱う意識は、周が洛邑の周辺を支配するにすぎなくなった戦国時代においても強固に生き残っていた。この権威を乗りこえることがいかに難事業であったかは、下記の例が具体的に示している。すなわち魏・趙・韓は前四五一年(従来は前四五三年とする)に晋を実質的に三分したのちも、晋公とそのうえにある周王を奉る姿勢を示した。前四〇三年には周王から正式に認められるという手続きを踏んで諸侯となっている。魏は前三五一年に夏王と称したものの、それだけではすまなかった。前三四二年に周王から文武の胙《そ》という特別の祭肉をたまわったり、前三三四年に改元したりするなど、周王から権威が委譲されたことを顕示している。周にかわる王となるには、必要なことであった。かくも気の長い手続きが必要なほど、周王の権威は強固であったのである。

周王の権威を高めた理由としては、以下の点が考えられる。

(1) 周を支えた諸侯が、周の一族を中心としていたこと。

(2) 王都鎬京《こうけい》(西安)や別都洛邑(洛陽)の周辺に諸侯が出仕するための土地を与え、これに宗教的儀式を執りおこなったこと。これによって、殷王朝の場合と同じく、出仕してくる諸侯やその使節にたいし、霊的な威圧を加えた。

(3) 一族の団結をはかるため、泰山や周公廟などの祭りを活用したこと。

これらに加え、特記しておくべきなのが、銘文を鋳込んだ青銅器を活用したことである。銘文を青銅器に鋳込む技術は、西周時代にあっては周王朝の独占下におかれ、諸侯がこれをまねることはむずかしかった。

晋侯蘇鐘(西周後期〜春秋初期)

青銅器銘文には、諸侯の側から周王との関わりを称える文面がしたためられており、この文面を国に帰って確認することが、諸侯自らの権威構築に役立てられた。一方、周王の側からすれば、その青銅器を諸侯の祖先祭祀に使用させることで、その祭祀に霊的威圧を加えたのであり、これによって周王の権威を霊的に認めさせたのである。この青銅器銘文を紐帯とする関係が、のちに「礼」というかたちにまとめられるのであって、戦国以後に問題にされる礼とは次元を異にする世界が広がる。戦国時代以後に文献に示された周の礼は、当時の権力者となった戦国諸王それぞれが自らを正統化するために、架空の周王朝の礼を論じたものである。

共和時期

戦国時代の諸王が自己の正統化のうえで注目したのは、周公と成王だけではなかった。周公・成王の関係に類似するものとして、共和時期(前八四一〜前八二七年)も称えられる。共和時期は、暴虐の君主厲《れい》王を追放したあと、召公と周公が若き宣王を補佐した時代だと『史記』は伝える。

ところが、金文銘から知りうる共和の実態はこれとは異なっている。同じ伝存文献でも、古本『竹書紀年』にそって理解できるものであった。古本『竹書紀年』を引用した注釈のなかには、共伯和が王位をおかした、と述べているものがある。暴虐の君主である厲王を追放し、共伯和が権力を握ったのであり、しかも自らが王となることはなく、宣王の成人を待って即位させたのであった。そのやり方は、いにしえの周公旦にそっくりである。共伯和が王にならなかったことは、彼が王として即位する立場にはなかったこと、周王朝を構成する族集団の承認をえたのが、宣王の即位だったことを意味する。

後代になると、共和時期は召公と周公が徳をもっておさめた時代だとされるようになった。「共和国」という訳語にも用いられた「共和」はこの説話にちなむ言葉である。しかし、それは戦国時代の史料である古本『竹書紀年』とすらおおいに相違し、さらに後代にくだって形成された架空の物語に基づくのである。

4　春秋戦国時代

周の東遷

周王朝の時代は、その都が鎬京(西安)にあった時代と洛邑(洛陽)に遷ってから秦始皇帝統一までの時代とに分けられる。前者を西周時代、後者を東周時代と称し、後者はさらに、年代記『春秋』および『左伝』によって主たる事実と年代が提供される春秋時代と、それ以後である戦国時代とに分けられる。厳密にいえば、戦国時代前・中・後三期のうち後期のなかばである前二六四年に、周王朝は秦によって滅ぼされ、前二五五年に余民をかかえて存続していた周公の国も滅ぼされるので、東周時代は周が滅亡したのちまでをも含むことになる。

洛邑に遷った、と記される事件は、「周の東遷」として議論される。ところが、この「東遷」という表現では、事実の一面しか反映されないことがわかってきた。『史記』の周本紀には、西周の滅亡と「東遷」について以下のように記されている。

幽王は褒姒《ほうじ》という夫人を寵愛した。褒姒が子の伯服《はくふく》を生むと、幽王は太子を廃しようとした。

太子の母は申侯(申国君主)の娘で、第一夫人の地位にあったが、褒姒を改めてこの地位にすえ、その子伯服を太子にしようとしたのである。

幽王は虢石父《かくせきほ》を卿(大臣)にして政事にあたらせた。虢石父はへつらうのがうまく利を好んだため人望がなかった。申侯は怒って繒国《そうこく》や西夷《せいい》・西戎《せいじゅう》とともに幽王を攻めた。申侯らは幽王を驪山《りざん》の麓で殺し、褒姒をとりこにし、周の宝物をことごとく奪って引き上げた。

諸侯は申侯に従って幽王のもとの太子である宜臼《ぎきゅう》を立てた。これが平王である。平王は即位すると東のかた洛邑(洛陽)に遷都して戎寇を避けた。

以上の話が、おおむね史実とされ、後世に継承された。ところが、金文銘や古本『竹書紀年』によって知られる史実はつぎのようなものである。

周を支えてきた諸侯の内紛から、前七七二年、首都鎬京において幽王と太子白盤(伯服)を殺すという事件に発展し、鎬京において虢が中心となって携王(と洛陽勢力が呼んだ王)を擁立した。一方、申を中心とする勢力は、平王を太子として擁立し、前七七〇年にいたって都を洛邑に定め、平王を即位させた。この混乱のさなか、玁狁《けんいん》と呼ばれる人々が西周の故地に侵入し、秦も勢力を伸ばしてきた。

携王と平王とが東西に並立する情況はこうして生まれた。上述した西周時代、東周時代という場合の西周・東周とは別に、「東遷」時期に携王を擁立する西周と、平王を擁立する東周との対立がある。用語が同じでまぎらわしいので注意したい。ちなみに、秦が周を滅ぼした(前二六四年)ころも周は分

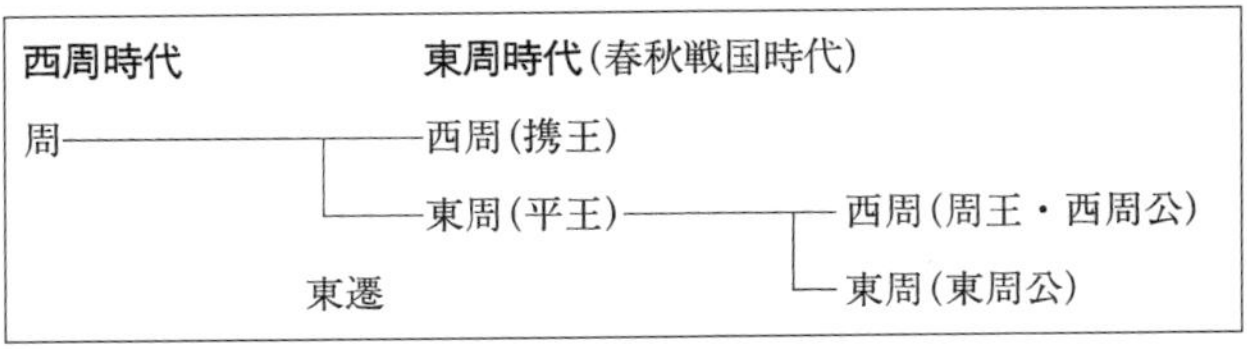

周王朝

裂しており、西周・東周と呼ばれている。これもまぎらわしい。周王都とは別に西周公のおさめる都城と東周公のおさめる都城があった。このうち、周王と西周公についてまとめて西周、東周公についてのみ東周と呼ぶ。この分裂は、戦国時代の王が、自己の正統性を主張するうえで周公の権威を利用しようとしたため引き起こされ、固定化されたものである。

さて、青銅器『虢李氏組盤』や『虢李氏伯盤』の銘文等によれば、周の東西分裂の当初、西周携王を支えていた虢の一族が、途中で東周方に寝返り、これが直接的に響いて西周が滅ぼされている。また、周の分裂に際し、玁狁と称されている人々が北方から侵入してきており、東周側の作成した青銅器にその討伐の記録が残されている。東周側、西周側それぞれが、自らの立場で相手を蔑視しており、これに玁狁がからんでいた。東周側は西周・秦をも含めて玁狁とさげすんでいた。

西周の故地は、やがて主要部分を秦がおさえることになった。秦は、甘粛の西垂《せいすい》を故地とし、東に勢力を伸ばしてきた。西周宣王のとき、前八二三年には宣王の命によって「戎」を伐ち、君主である秦仲《しんちゅう》が戦死している。そのため子の荘公《そうこう》が即位して兵七〇〇〇を率い、「戎」を破っている（『竹書紀年』）。前七八〇年に荘公が死去して襄公《じょうこう》が即位すると、豊王の妻に女子を差し出している（『史記』秦本紀）。豊はかつて西周の都のあった地で、豊王とは西周幽王のことである。前七七九年、「戎」が犬丘を囲んだ際、秦がこれを伐っている。秦は周とよしみを通じつつ、「戎」とたびたび戦火を交えている。金文にみえる玁狁を「戎」と表現しているのである。

楚の北進と中原の覇者

「東遷」後、周は往時の勢力を維持することができなくなった。周王朝と連合し、これを支えていた諸侯にも、より自立的な動きが目立つようになる。

周にかわって諸侯をまとめる者もでてきた。かつて殷が諸侯をまとめ、これに周がかわったように、まとめ役の諸侯が中心となって秩序維持にあたる。ところが、この種のまとめ役の諸侯には限界があった。周王を特別の存在として扱う意識がその限界を形成していたのであり、彼らに周になりかわって王と称することを許さなかったのである。

春秋時代になってまとめ役となった諸侯は、かたちのうえで周王をかつぎ、その下にあって威令を発した。彼らを戦国時代の思想家たちは「覇者」と呼んでいる。『孟子』は「覇（道）」と「王（道）」を対照させて論じた。これは、天子として「理念的に」天下に君臨するのであれば王道の実践を問題にすればよいものの、国家が実際に支配をおよぼすのは天下のごく一部にすぎず、覇道を取り上げればこの限られた地域しか議論できない、という戦国時代の現実を背景にしている。天下の一部とはいえ領域化に成功した戦国時代の諸王の権威が、理念的には天下にあまねくゆきわたることを示すため、春秋時代の周王とまとめ役の諸侯を引き合いにだし、後者を覇者として覇道の限界を語らせ、それら覇者と異なって戦国時代の王が周王の権威を引き継ぐことを明らかにしようとしたのである。戦国時代の思想家たちの覇者にかんする扱いは、それぞれの立場を反映して一様ではないが、その限界性を示す点では一致している。

戦国時代の思想家たちが注目した覇者は、一様に諸侯のまとめ役であった。斉の桓《かん》公、晋の文公、楚の荘《そう》王、呉王闔閭《こうりょ》、呉王夫差《ふさ》、越王勾践《こうせん》などが問題にされた。彼らは、中原の覇者と長江中下流域の王とに大きく二分される。中原諸国と長江流域諸国の対抗関係を軸として当時の国際関係は推移した。長江流域諸国の王を覇者のうちにいれるのは、彼らが王と称していたことについて非の裁定をくだし、結局は覇者にすぎないのだとする戦国時代の中原の王の意向を示すのである。楚や呉・越としては、自らが覇者だと思っていたのではない。彼らはあくまで周王に対抗する王であった。戦国時代の評価が後世に語り継がれていることを忘れてはならない。

中原の覇者としては、斉の桓公がまず議論される。斉は山東省に勢力を張った強国である。前七一〇年、鄭と蔡の君主が会したが、これについて『左伝』では「はじめて楚に脅威を感じたためである」といっている。前六五八年、ついに楚が鄭を侵略した。これにたいし、斉の桓公は諸侯を集め、その翌年には楚を敗退させることに成功した。前六五一年には、桓公は諸侯と葵丘《ききゅう》に会盟した。

斉の桓公の死後、斉は国内に内紛が生じて力を失った。これを継いで中原をまとめようとしたのは宋の襄公であった。宋は殷の子孫が周初に封建された国である。ところが、宋の襄公は、楚を迎え討って大敗を喫し、その際の傷がもとで死去してしまった。

これを受けたのが晋の文公であった。晋は山西省に本拠をおき、河南方面に勢力を伸ばしてきた国である。晋の文公は前六三四年に南陽の地をおさえて中原への足がかりをえ、前六三二年には諸侯を率い、城濮《じょうぼく》において楚を大破した。その帰途、践土に周王を招き、諸侯と会盟している。

前五九七年、楚が鄭を囲み、それを救おうとした晋と戦った（邲《ひつ》の戦い）。楚は湖北に拠点を構え、北は河南、南は湖南に勢力を伸ばした国である。邲の戦いにおいて、楚の荘王は晋を大破し、中原の覇者をもしのぐ存在となった。それまでにあっても、楚のもとにはかつての周の諸侯がつぎつぎにつき従ってきていたが、このときの勝利によって、楚は周にかわって諸侯に君臨する王であることを内外に誇示したことになる。中原の覇者と異なって、周王をかつぎだすことはなかった。

呉・越の争覇

呉は長江流域を拠点とし、越はその南に位置した国である。いずれも王と称し、自らが最高位に位置することを誇示した。これら長江流域の諸王と中原の覇者とが織りなす対抗関係を軸として、歴史は推移していく。楚・呉・越および斉・晋・宋・秦のうち、いずれの国が覇権を握るか、それにともなって同盟離反がどのように繰り返されるか、情勢は刻一刻と変化した。

前六世紀にはいると、呉王寿望の名が史料に登場する。呉が楚とならんで中原への脅威となってきた。前五〇六年、呉の軍を主力とし、蔡・唐がこれに加わって楚を攻め、楚の首都である郢《えい》を陥落させるにいたった。楚の窮地は秦によって救われたが、以後しばらく楚は表舞台から遠ざかることとなった。

今度は呉が中原の主たる脅威となった。そうなるとすぐに、諸国の関係が変化してくる。西では、秦が楚を助けたのであるが、東では、呉の南にあった越が、呉軍が楚に繰り出している隙をついて攻撃をしかけている。呉はこれ以後、越の動静に神経をとがらせる必要が生じた。

前四九四～前四七三年は呉王夫差と越王勾践の争覇の時期である。世に臥薪嘗胆《がしんしょうたん》の故事を生んでいる。『史記』呉世家(呉太伯世家《たいはくせいか》)と越世家にこの故事が記されていて有名になった。前四九六年、呉王闔閭は越王允常《いんじょう》が死去したと聞いて越を攻めたが負傷し、その傷がもとで死去した。いまわのきわに王子夫差は復讐を誓った。呉王となった夫差はそれから三年目の前四九四年、越王勾践を大破した。越王勾践は会稽山にたてこもり、大夫種《たいふしょう》を使者として差し向け、和を講じさせた。呉王はこれを許そうとしたが、呉の臣である伍子胥《ごししょ》は呉王を諫《いさ》めた。越王を生かすことは、将来に禍根を残すというのである。このとき、大夫種の策謀が功を奏して太宰嚭《たいさいひ》が呉王を説得し、和議に応じさせた。越王勾践は、その後、薪に臥して身を苦しめ、飲食するときは常に胆を嘗《な》めて復讐を誓った(臥薪嘗胆)。この質素な生活ぶりを伝え聞いた伍子胥は呉王夫差を諌め、越王をあなどってはならぬとたびたび意見したが、聞き入れてもらえなかった。それどころか、太宰嚭の讒言《ざんげん》を聞き入れ、伍子胥を自殺させた。

前四八二年に呉王は北上して黄池において諸侯と会盟し、晋の定公と長を争った。ところがこの隙をついて、越が呉に攻め入った。呉王は帰国して越と講和した。越は前四七八年に呉を笠沢《りゅうたく》に大破し、翌年には呉を囲んだ。前四七三年には、呉を滅ぼしている。越王勾践は呉王を浙江の地に移そうとしたが、夫差はこれをことわり、自殺した。以上の説話は、越王勾践について「臥薪嘗胆」を語るだけであり、『史記』もその説を承けている。ところが、後代になると臥薪と嘗胆を分けて説明するようになった。『十八史略』では、「臥薪」を呉王夫差、「嘗胆」を越王勾践の事績としている。

呉が滅びた一因となっているのが、運河の掘削事業である。前四八六年に呉が運河である邗江《かんこう》を掘り、淮河と長江を連結している。翌年呉軍はこれを利用して海から斉を討伐している。この運河が淮河と長江を連結したことの経済効果は絶大であった。淮河からは支流によって中原へと進むことができる。呉はこれ以降、中原と物資のやりとりを水運によっておこなうことができるようになった。しかし、経済効果がもたらした至福とはうらはらに、その工事を進めた呉は久しからずして滅亡に追い込まれており、その工事の過酷さがしのばれる。

前四七三年に越が呉を滅ぼしたのち、越王勾践は中原に軍を進め、後世覇者に数えられるにいたった。彼を継いだ歴代越王の治世においても、越が楚や北方に脅威を与える存在であった。

前四世紀なかばには、魏が夏王と称し、その野望をつぶした斉が王を称して改元するにいたるなど、新興の権力者があいついで正統を主張し始めた。このとき、越もこの動きに参画している。

斉・魏の動きに対抗して、越は長江下流域の本拠から北進してきた。これにたいし、斉は楚の脅威を説き、主たる敵は斉ではないとして楚に越軍の矛先を向けさせることに成功する。前三二九年、楚の威王はこれを迎え討ち、越を大破して越王無彊を殺し、さらに斉・魏の連合軍を徐州に大破した。斉はそこで、趙・燕に使者を送って和睦し、楚に対抗せざるをえなくなった。彼らが楚の動きに呼応して斉を攻めていたからである。越はこのときを境に覇権争いから脱落し、本拠も楚に攻められ、山東の南の付け根にある瑯邪《ろうや》に遷都して斉の庇護を受けた。斉の側では、この越を庇護することで、越の故地における反乱を誘発し、楚を牽制することになる。越は、戦国中期以後のあらたな動きには対応しきれなかったのであるが、戦国前期までは、長江下流域にあって、強大さを誇っていたのである。

斉の田氏と晋の魏・趙・韓三氏

斉の田《でん》氏や晋の魏・趙・韓三氏の政界進出の過程を略述しておこう。これらの氏族の進出によって示される「下克上」が、春秋戦国時代をイメージするうえで、大きな役割を担ってきたからである。教科書でしばしば取り上げられる戦国時代の始まりは、前四五三年や前四〇三年である。前者は実質的に晋の魏・趙・韓三氏が晋を三分した年代、後者は三氏が周から正式に諸侯と認められた年代とされてきた。なお前者の年代は、前四五一年と修正する必要があり、後者は修正の必要がないことがわかっている(ただし前後に配されてきた記事は、かなりの程度移動する)。

戦国貨幣　上段の左三つは布銭，右は円銭。布銭は主として中原の韓・魏・趙三国，円銭は陝西の秦国で用いられた。下は刀銭。主として河北の燕国や山東の斉国で用いられた。各国の貨幣は重量をもって価値がきまった。西周時代の重量単位が継承され、それを分割した数値をもって戦国時代の貨幣がつくられている。国ごとに分割の仕方、つまり単位重量名称が異なっているので、一見ばらばらにみえるが、基準重量は共通する。それぞれの国の重量単位は9(天の数)の倍数の18、6(地の数)の倍数の30、8(人の数)の倍数16などくりあがりの数値に法則性があった。貨幣もそれらに沿って大小複数のものがつくられたが、国どうしお互いに見た目で判断して交換できるよう工夫されていた。だから、実質上貨幣は統一されているような状況が生まれていた。各国貨幣の相違は国ごとの閉鎖性を形にしつつ、実際は天下の物流を支えていた。

まず斉の田氏を取り上げよう。田氏は陳の厲公の子孫である。前六七二年、陳厲公の子の完《かん》が斉に逃れ、斉に仕えた。釐子乞《きしきつ》のとき、鮑《ほう》氏とともに悼公陽生《とうこうようせい》を擁立するまでになった。このとき、斉国君主から分かれた有力氏族であった国氏と高氏の宗主が魯に出奔している。両氏の勢力自体がそがれたわけではなかったが、以後伝統的な勢力にまじって、新興勢力の田氏が枢要の役割を演ずるにいたった。

前四八五年、呉と魯・邾《ちゅ》・郯《たん》が斉を攻めているさなか、悼公は殺された。『史記』は鮑氏のしわざとする。悼公を継いで即位した簡公《かんこう》は田氏に対抗するため、闞止《かんし》を登用して執政にした。田成子《せいし》と闞止の対立は前四八一年に田成子の勝利に終わり、闞止、ついで簡公といずれも逃亡先で殺されてしまう。

以後田氏の立場は確固たるものとなったらしいが、この時期一般のこととして、史料はほとんど残されていない。『竹書紀年』によって、田氏の系譜と卒年をたどることはできる。『竹書紀年』にみえる悼子は、『史記』では存在しないことになっている。威王・宣王における代次の誤解が架空の年代をつくりだしたため、その分がだぶついてしまって、悼子一代を抹殺してしまったのである。

斉において田氏が勢力を伸ばし始めたころ、晋においては六卿がつぶしあいを始めていた。前四九七年、趙氏に内紛が勃発した。傍系の趙午《ちょうご》は邯鄲《かんたん》を領有していたのだが、宗主としての立場を保とうとする趙簡子《かんし》が趙午の自立的な行動を許さず、これを殺したことに始まる。午の子趙稷が邯鄲によって離反し、これに范《はん》・中行《ちゅうこう》両氏が荷担した。趙簡子は本拠の晋陽に逃れてたてこもった。知氏・韓氏・魏氏は、范氏の一族である范皋夷《こうい》を援助しつつ范氏・中行氏を除こうとし、これが成功して范氏・中行氏は朝歌《ちょうか》に逃れた。韓氏・魏氏の要請で趙簡子は政権に復帰することができた。翌年には趙簡子は知文子《ちぶんし》と盟を交わしてその立場を安定させた。晋軍は朝歌を攻めたが陥落させることができなかった。前四九四年には斉・魯・衛・中山(鮮虞)が范氏・中行氏を救援した。晋国の趙氏の内紛に始まった抗争は、ここにいたって、斉など他国をも巻き込むことになった。

范・中行氏を支援する衛では、前四九三年に霊公が他界した。趙簡子はこの期を逃さなかった。自己の影響力を伸ばす目的で、衛太子にあとを継がせるべく進軍し、太子を戚《せき》においている。一方、斉は范氏を援助し、鄭に穀物を運搬させたので、趙簡子はこれを阻止し、晋軍と鄭軍との戦いとなった。前四九二年には斉と衛は衛太子を戚に攻めたが、趙簡子は范氏・中行氏の拠点である朝歌を包囲した。范氏・中行氏は趙稷のよる邯鄲に逃れた。このさなか范皋夷は趙簡子の手で殺される。前四九一年には、斉の田釐子らが范氏を救援して五鹿《ごろく》を囲んだ。しかし、趙簡子は邯鄲を包囲してこれを降伏させた。中行文子は中山に逃れ、趙稷は臨《りん》に逃げた。斉の弦施《げんし》が趙稷のもとにいき、同じく国夏《こくか》は晋に攻め込み、中山の人とともに中行文子を柏人《はくじん》に送り込んだ。前四九〇年には、晋軍は柏人を包囲し、中行文子と范昭子は斉に逃げた。ここに范氏・中行氏は、晋の中央政界から姿を消すことになった。田釐子が鮑氏とともに斉の悼公を擁立するにいたった上述の事件は、その翌年、前四八九年のことである。

范・中行氏が国外に逃れたのち、もっとも強勢を示したのは知氏であった。前四五三年、知氏は趙氏を滅ぼすべく、魏・韓両氏とともに趙氏を晋陽の本拠に囲んだ。河を決壊させて水攻めにし、そのため都城内の趙氏は飢餓に陥った。しかし、このとき趙氏の手のものが魏・韓両氏を説得し、趙氏がもし亡べばつぎは魏・韓両氏の番だと述べた。ここに前四五一年(従来は前四五三年)、魏・韓両氏は寝返って知氏を攻め、趙氏とともにこれを滅ぼすにいたった。魏・趙・韓三氏が実質的に晋を三分することになる、その象徴的事件であるため、これを戦国時代の始まりとして扱うことも少なくない。

魏・趙・韓三氏は、前四〇三年には周から正式に封建された。ここに名実ともに三氏は晋を三分した。それゆえ、この三氏を「三晋」と呼ぶこともある。

さて、晋が三分されたのちも、晋の公室は存続した。名目のみの存在とはいえ諸侯である。この事情は斉の場合も同様であった。田氏は前三九三年に名目と化した斉の康公《こう》を海上に遷し、一城をもって養った。前三八八年、田侯和《でんこうか》(太公)《(わ)》は魏の助力をえて周から正式に封建されているが、その後も斉の公室は存続したのである。『史記』の三晋や田氏を扱う部分(世家)には、そののち晋・斉の公室は無に等しくなったように記されている。ところが、史料を丹念に集めてみると、『史記』には晋公室のその後の消息を示す記録も残されている。また、『竹書紀年』の記事をこれに加えて検討してみると、晋・斉両公室は三晋・田氏が王を称する前夜まで存続している。

彼ら三晋・田氏が成り上がって政権の中枢を占めるにいたるにも、またそのうえに存在する諸侯を完全に除くにいたるにも、多くの時を要している。すでに族的秩序のうえに成立していた国家はあまた滅ぼされ、領域国家が成立している時期である。しかし、なお族的秩序を重んじる社会においてつちかわれた君主の血統は、奉るに値したのである。社会的にそれを要請するところがあった。下克上の限界がここにある。

中国思想の胎動

族的秩序の崩壊は、都市における人の移動というかたちで顕在化した。この種の人の移動は、周が殷を滅ぼした際や、周平王が洛邑で即位した際の混乱期などにも引き起こされているが、その移動は時期的に限られており、永続性がなかった。殷や周のまわりには、各地の族集団が出先機関をおいていたが、このような状況は、一部の大都市に限られた。ところが、春秋時代前六～前五世紀以後の都市に居住する人の移動は頻繁となり、都市社会の族的秩序は急速に弛緩崩壊してくるのである。この動きは、県制の進展に並行して進行した。複数あった有力国の「畿内」のほかに、臣僚派遣の県が増加し、それまでの軍事拠点が点と点を結んだ線として延ばされていったのと異なって、相互に面的なつながりをもって展開されるようになる。

楚の従属国であった許《きょ》の場合を例にとれば、前五七六年に許から葉《よう》へ、前五三三年に葉から城父《じょうほ》へ、前五三三〜前五二九年のあいだに城父から荊《けい》へ、前五二九年に荊から葉へ、前五二四年に葉から白羽《はくう》(析《せき》)へ、前五〇六年に白羽から容城《ようじょう》へ、といった具合で、たびたび遷徙《せんし》している。これは当初こそ許の意向があったものの、以後はおおむね楚の意向によるものである。これらの都市のうち、葉は楚の県になっていたものである。このことは、県が後代の官僚派遣の県と異なって、なお都市における族的秩序を温存していたことを示す。一方、その県と同じ新しい統治原理による支配は、許という国にもおよぼされている。古い秩序と新しい動きが共存しているのである。

こうした都市における人の移動がもたらした新しい秩序のもとにおいて、孔子の思想や墨子の思想が出現してきた。『論語』は、孔子の死後、弟子たちやその後継者がまとめた言行録に、さらにのちの継承者たちが整理を加えて成った書物だと考えられている。最終的に現在の体裁になるのは漢代までくだる可能性も指摘されている。

孔子の曾祖父は、宋人孔防叔《ぼうしゅく》であり、乱を避けて魯に亡命した。魯の孔子はこれから始まる。『論語』のなかからは、人間的な孔子像が抽出できる。孔子が五十歳のとき、陽虎《ようこ》・公山不狃《こうざんふじゅう》というともに出自不明の者たちが、魯国で反乱を起こした。とくに後者は魯の伝統を誇る一族ではないらしい。ところが、孔子が彼のもとにいって仕えようという話が『論語』中にみえる。歴代の注釈家も眉をひそめ、この話は虚構だという者すらあった。しかしながら、すでに述べたように、春秋末の都市では、人の移動が頻繁であった。孔子自身が亡命者の曾孫であり、そうした当時の都市の息吹を感じて育ったのである。「仕える」ことは自明ではなく、自己と相手の判断の結果であった。伝統的君主である魯公にたいする忠誠ではなく、自己を認めてくれることのほうを優先している。その意味で新興勢力を代表する考えである。

しかし一方では、先祖である宋の孔子は宋君主の血筋で、宋国の要職を占めた名門である。宋は殷の末裔が封建された国でもある。自らのなかに伝統の血脈が波打っていた。彼が任用されるのも、その血脈に無関係ではない。当時の都市の現実に合わせ、伝統文化をどのように継承活用するか、それが彼の眼目とするところとなったであろう。その意味から、群小の都市や国家が大国のもとに吸収され、郡県制という制度的にかっちりした体制によって支配されるにいたったのち、政治はどうあるべきかを語った彼の継承者たちとは、なお異なる現実に生きていたのである。

この現実にそって理解できる人間的孔子像とは別に、のちに拡大展開されることになる聖人としての孔子像がある。後世に長く影響をもたらしたのは、むしろこの聖人孔子のほうである。人間的な孔子その人自身に、聖人化の芽が内包されていたはずだが、その芽を伸ばして幹にまで仕上げたのは、弟子たちであった。その孔子像を無視することはできない。

墨子の思想も、春秋末以来の都市の息吹のなかから出現した。その言説をまとめたとされる『墨子』も、『論語』と同じく墨子の死後に弟子たちがまとめた言行録に、さらにのちの継承者たちが整理を加えて成った書物である。戦国中期以後に用いられた「天下」といった表現が目につき、書物自体は後代性が強い。すでに大国と小国の優劣がはっきりしているなかで、『墨子』は小国の立場を擁護する。そのため平和主義を標榜した。

領域国家が成長し、やがては統一国家秦が出現し、一度その体制が崩壊したのち、漢にいたって全国を中央の官僚のもとに一元化するという時代の趨勢にあって、小国の立場を擁護する主張は、しだいに見捨てられることになった。しかし、『墨子』において論じられた「尚賢」という思想は、天子を賢人が補佐するという戦国中期以後の天子観に合致し、多くの信奉者をえていた。『墨子』の思想には、工人の地位向上を主張するところもある。都市にあって、前代以来の族的秩序を温存しつつ技術を伝えてきた工人が、都市の人間として発言権をえるという発想には、戦国時代における貨幣の出現・普及がもたらす族的秩序の弛緩・崩壊が深くかかわる。

諸子百家

戦国時代には、さまざまな思想が花咲いた。思想家を子と表現し、子がたくさんいて、さまざまな説を唱えた、ということで諸子百家という。孔子の後継者である儒家、墨子の後継者である墨家のほか、道家・法家・陰陽家・兵家・名家・雑家・縦横家・農家・小説家等とまとめられる。

諸子百家の思想を伝える書物は、すでに述べた『論語』や『墨子』と同様、新旧入り交じった内容の記載をまとめていることが少なくない。したがって、諸子の活躍時期と、諸書の成書時期とは区別しておく必要がある。

後漢のときに成った『漢書《かんじょ》』芸文志の説は、もともと前漢末の劉向《りゅうきょう》・劉歆《きん》父子が作成した宮中の蔵書目録『七略』に基づくが、漢代までの諸子を「十家者流」、それらがさらに分けられて合計「諸子百八十九家」とまとめている。「十家者流」は、儒家(司徒の官)・道家(史官)・陰陽家(羲和の官)・法家(理官)・名家(礼官)・墨家(清廟の守)・縦横家(行人の官)・雑家(議官)・農家(農稷《のうしょく》の官)・小説家(稗官)となっている。

儒家を「司徒の官」というのは、司徒が相国・丞相(宰相)の別名であり、官吏をすべる官であったことに基づく。官僚のことを論ずるという意味である。道家を「史官」というのは、史官が天文をことし、天地自然の理に習熟することに基づく。道家は天地自然の理を説いた。陰陽家を「羲和の官」というのは、羲和が太陽の御者だという伝説に基づく。太陽に代表される天の秩序を体現するという意味である。陰陽五行をもって天地の理を知らんとした彼らをこれで表現した。法家を「理官」というのは、理とはすじみちで、正す、裁くという意味があることに基づく。裁きを司るということである。名家を「礼官」というのは、礼を司るには文章を考ずる必要があることに基づく。名目と実際との関係を論じた彼らをこれで表現した。墨家を「清廟の守」というのは、清廟が清明な徳のある者を祭祀することに基づく。(架空の議論ではあったが、それを信じつつ)周代が虚偽虚飾に満ちているのを憤ったことにちなむ。清明な徳のある者とは周の始祖文王をいい、虚偽虚飾はそのときはまだなかったという認識を示す。縦横家を「行人の官」というのは、行人が賓客の礼を司ることに基づく。自らが遊説し、かつそうした説客を操った彼らをこれで表現する。雑家を「議官」というのは、議官が諫議(諫《いさ》め議する)の官であることにちなむ。諸々の説を取捨してまとめあげた彼らをこれで表現する。農家を「農稷の官」というのは、農稷が農業を司ることに基づく(稷は穀物の神)。小説家を「稗官」というのは、稗官が正史にもれた物語を司ったことによる。稗は細米、巷間のことをいやしんでいう。巷間の雑事を伝えた彼らをこれで表現した。

いずれもさまざまな視点から、官僚制度を前提として説明している。諸子の言説のゆきつくところが、官僚をすべる王や天子がいかなる存在であるかを論ずる点にある、と見抜いたうえでの説明である。近代になって、「諸子が王官からでる」という説は誤りだとされるようになったが、前漢末の議論は、起源に視点をあてたのではなく、本質を述べようとしたものにすぎない。

人を上人・中人・下人に分けて、諸子の語りかける対象を論じた場合もある。後漢の王充《おうじゅう》は、孟子は中人以上を述べ、荀子は中人以下を述べた、といっている。これにそって述べれば、道家は上人のみを語り、法家は中人以下を管理しようとした(徹底すれば上人までいく)、ということになる。こうした人および天地の秩序構造を理解することが、支配者としての王・天子に要請され、その要請にこたえることが王・天子の理念的地位を約束したのである。そのため、諸子はおおむね王・天子を特別に位置づける。

天子としての王は特別の例外であったため、さまざまな思想を保護することができた。儒家は賢人君子を説き、王を別格として補佐したから、好き勝手がいえた。道家は、実践(支配)を法家にゆだねつつ、王に逆らわないことを前提にして天地の理を述べたから、現実離れした言説をもってしても、政治的に活躍の場を与えられた。

ただし、墨家は、王・天子にたいして冷淡なところがあったため、「先生のお言葉はもっともですが、賤民には実行できましても、天下の大王であるわが君には不適当なので採用しかねます」などとあしらわれた話がある(『墨子』貴義篇)。

孔子の後継者として、上述した戦国時代の孟子、荀子がある。孟子は仁を重んじ、性は善だと説いた。荀子は礼を重んじ、性は悪だと説いた。荀子の学説は、法家の韓非子《かんぴし》に継承されている。

法家は支配のための実践を重んじた。改革運動家(変法家)としては、魏・楚に仕えた呉起《ごき》、韓に仕えた申不害《しんふがい》、秦に仕えた商鞅《しょうおう》などが名高い。

以上、まとめるとこうなる。戦国時代に官僚制が整備される過程で原始的墨家ができあがり、やがてこれは二つに分れて仁を重視する儒家と道を重視する道家ができた。これらを形にするさまざまな考え方が諸子の著作を生み、のちに諸子百家として議論された。

第二章　皇帝支配の成立

1　邑制国家の崩壊――戦国から秦へ

戦国の七雄

新しい体制の出現には「産みの苦しみ」がともなう。来たるべき体制が斬新であればあるほど、その苦しみは大きい。春秋戦国時代は、中国史上でも屈指の難産の時代ともいえるのであり、これを経過して誕生したのが、以降二〇〇〇余年にわたって、清朝を倒した辛亥革命にいたるまで、まがりなりにも存続した皇帝支配の政治体制であった。ちなみに、この時期に比肩する一大変動の時代は、中国の前近代では、のちの唐末～五代、明末～清初の両期をあげることができよう。

前章でみてきた殷から周への時代は、国家史の立場から整理すれば、「邑制国家」の時代であった。この段階の国家は、邑が邑を、氏族が氏族を従える体制であり、いいかえれば、邑(都市)と邑とが

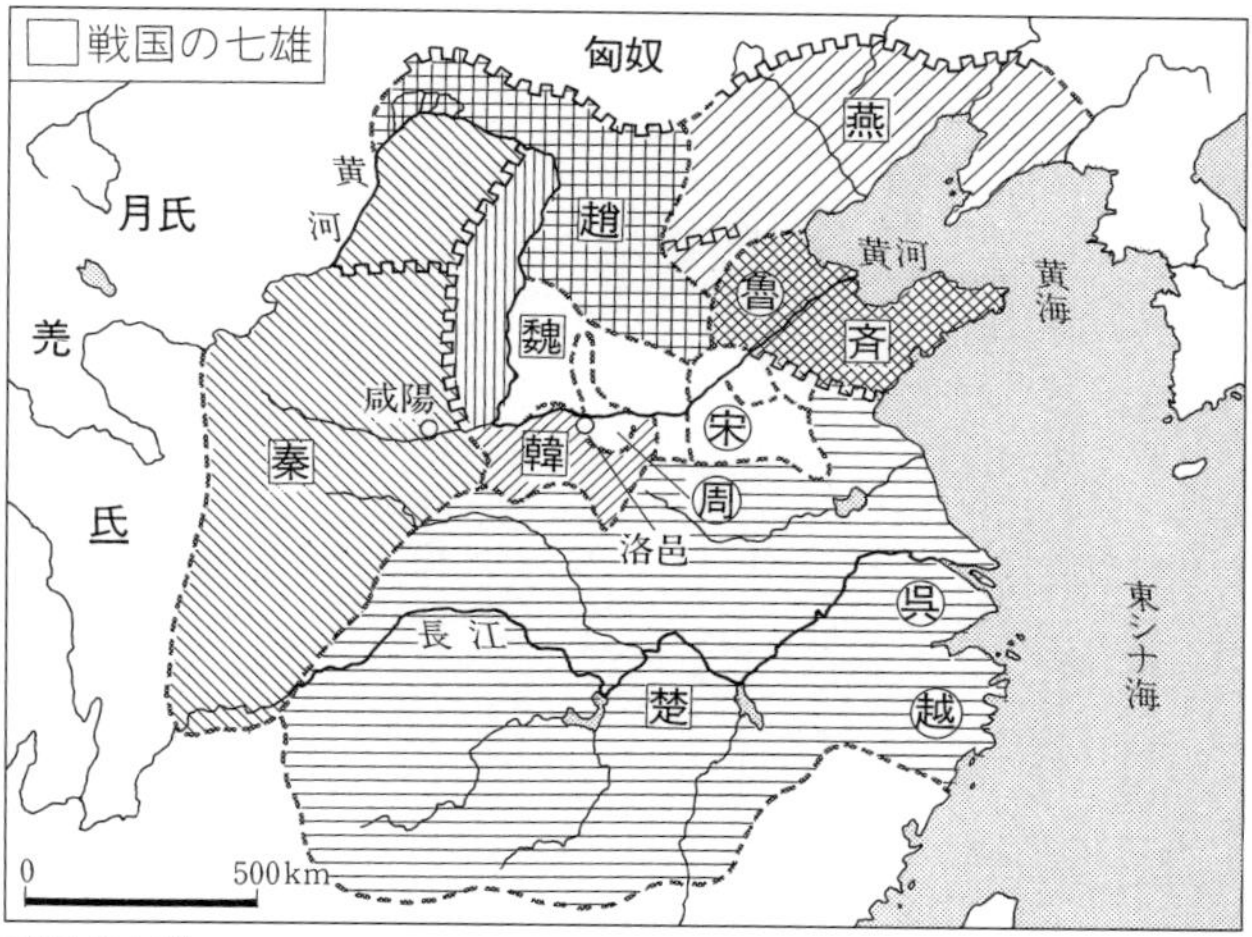

戦国の七雄

「点と線」で比較的ゆるやかに結ばれた連合組織であった。周、つまり「姫《き》」という姓を掲げて結束する有力な同一氏族の邑群は、より新しい政治体制としての「封建制」を採用して、この組織を強化した。すなわち周は、姫族の本宗の代表者が「王（天子）」となって首都の周辺をその直轄地とし、同族（同姓）の有力な族長や異姓の功臣を各地域に送り込んで諸侯とし、それぞれに世襲される領土を与えた。その一方、秦や楚のように、あらたに周に服属した異姓の邑群の首長を「諸侯」に封じることで、一応の領域支配を確保した。

周王はその直轄地で、諸侯はそれぞれの領域内で、配下の族長を卿《けい》・大夫《たいふ》・士の身分をもって諸邑の支配をまかせた。つまり周の「封建制」とは、氏族制と邑制とを組み合わせて、層を重ねて封土（采邑）を分かち与える政治組織であり、その秩序は、氏族制に基づく血縁的な絆(宗法)をもって、いわば本家と分家というようなかたちで保たれていた。したがって、その血縁的な絆が、時代の推移とともに必然的に弛緩してくると、諸侯たちはもとより、その配下にあった卿・大夫層の者が、それぞれ自立の道を歩み始めるのは自然のなりゆきであって、ここに一見ゆるぎなき「封建制」の体制も崩壊へと向かうことになった。

「周王朝が健在であったときには一八〇〇もあった」(『漢書』地理志)と記される諸国は、春秋時代には一〇〇余国になり、相克を繰り返しながら、戦国初期には十数カ国にまで統合された。すでに、この後も「王」を称していた列国の諸侯たちは、古い殻を脱ぎ捨てることにつとめ、それに成功した韓・魏・趙・燕・斉・楚・秦の七国が生き残った。「戦国の七雄」である。

変動する社会

すでに春秋時代から、鉄製のスキサキが木製の農具の刃先として使用され始め、戦国時代にはいると、中国の各地からさまざまの鉄器やその鋳型が続々と出土しているとおり、鉄を使った農具が華北一帯に普及した。同時に、人力で引くカラスキも開発され(犂耕《りこう》)、中国全域に一気に広まったわけではないが、一部の地域では、犂を牛に引かせて能率をあげる技術(牛耕)も開発された。これによって、より広く、深く、そして速く大地を耕すことができるようになり、とりわけ黄土の堆積する華北地域では、農業生産がおおいに高まった。

鉄製の道具は手工業の発達をうながし、製品を交換する場では、従来の身分制の枠を破って登場した商人層が活躍を開始した。これに応じて、のちの秦帝国の半両銭に代表される環銭をはじめとして、斉・燕ではナイフ形の刀貨《とうか》、趙・魏ではシャベルのかたちをとる布貨《ふか》、楚では蟻鼻銭《ぎびせん》などの各種の銅銭がつくられて普及した。商工業の発展は都市の発展をうながすことになり、「七雄」の首都などは市場(市肆)や工坊を設置する経済都市としてあらたな発展をとげた。その代表が斉の国都臨淄《りんし》であり、人口はおよそ三〇万、考古学の調査によれば、各面が四～五キロの大城壁に囲まれる大都市であった。この都市に限らず、当時の宮殿区は、都城の西南の部分におかれ、この配置構造は、後代の漢の長安城にまで受け継がれた。

農業技術の向上は、多くの人々が共同して耕作する「族」単位の経営の仕方にかわって、族の基底部を構成していた各「家」が、個々に農業に従事することを可能にした。ここに生まれた家族単位の小規模経営の農民たちを、学術用語として「小農民」と呼ぶ。各地の戦国君主は、「族と邑」という枠を打破して、小農民の「家」と、その構成員の一人ひとりを直接に支配する体制(個別人身支配)の実現をめざした。国ごとに戸籍が整備されたのもこの時代であり、それまで卿・大夫層とは区別されていた庶民層は、「家」ごとに再編成されて戸籍に登載されることになった。

この戸籍登載を契機として実現したと推定されるのが、宗族の埒外におかれて、生産に従事するばかりであった「庶民」が、堂々と「姓氏」を称することができるようになったことである。そもそも周の「封建制」は当時の「姓氏制」と表裏一体の関係にある。ここで「姓」とは、先祖の種族ないし部族名に起源し、永代不変なかたちで継承される血統的な出自の表示であり、「氏」とは、封建された領土(采邑)名やそこでの職掌などにまつわる氏族表示であって、「庶民」には縁のなかった身分表示であった。ちなみに、現代中国の「姓」は、それぞれ「家」の別を表示する機能をもつ「家姓」であり、その種類は雑多で多様ではあるが、「張・王・李・趙」に代表される一部の姓種を称する人々が圧倒的に多いことに気づく。このような庶民の姓が一気に登場するのは、戦国時代以降の現象である。

たとえばこのように、古来「刑は大夫を上らず、礼は庶民に下らず」(『礼記《らいき》』)として庶民を差別していた氏族制的な身分制は、しだいに揺るぎ始めた。これにともない、家柄ではなく個人の能力によって採用され、功績に応じて累増する俸給によって生活をおくる官僚や専門の軍士たちの新しい階層が出現し、富国強兵につとめる列国の君主のために手足となって活動することになった。

王道から覇道へ

崩壊した「宗法」の秩序にかわるものとして、列国で試みられたのは信賞必罰を旨とする「法」の制定であり、その役目を担ったのが、前章でみた「諸子百家」のうちの法家であった。彼らによる政治改革は「変法」と総称され、春秋末期の魏の文侯が、李悝《りかい》を採用して成文法『経法』を制定したのが、その嚆矢《こうし》である。同時代の楚でも、戦国初期の悼《とう》王が呉起《ごき》を用いて「君主の子は三代でその爵禄を奪う」などの新法を定めて、旧勢力の弱体化をはかったが、呉起の失脚によって改革は徹底できなかった。

他国に比して変法に成功したのが、法家の商鞅《しょうおう》を抜擢した秦であった。初め秦の孝《こう》公(在位前三六一〜前三三八)に面接した商鞅は、堯・舜の偉業(帝道)を述べて関心をえられず、つぎに周の文王・武王の政治(王道)を勧めていれられず、最後に現実的な富国の道(覇道)を説いて、ついに宰相として採用された。二次におよぶ「商鞅の変法」は、相互監視によって村落の秩序を保つ什伍《じゅうご》・連座の法、農耕地を区画して配分する阡陌《せんぱく》の制、戦功に応じて爵を賜与し恩典を与える軍功爵の制度、家族を小家族に再編する分異の法……など多岐にわたり、また度量衡の統一、都市(県邑)を君主直属のものとして配置する郡県制などにもおよんだ。商鞅の新法は、代々の秦王に受け継がれ、さらに具体的で詳細な法令として成長する。一九七五年、湖北省雲夢《うんぼう》県の古墓から出土した戦国末から始皇帝の時代にかけての法律文書(雲夢秦簡)からは、国家の支配が、いかに当時の人々の生活のすみずみまで浸透していたかを知ることができる。

鉄製の道具は、大規模な治水灌漑の事業を促進した。列国の君主は、競い合って農耕地の開拓につとめた。魏は国都の大梁《たいりょう》(河南省開封《かいほう》市付近)付近で黄河の水を引いて農耕地を開き、ついで鄴《ぎょう》(河北省臨漳《りんしょう》県の西南)の一帯を灌漑して、この地を良田に変えた。秦では、昭王(昭襄王、在位前三〇六〜前二五一)の晩年に、蜀郡の郡守の李冰《りひょう》が四川盆地に注ぐ岷江《びんこう》の治水に成功し、堰堤(都江堰)を築いて

「沃野千里」の水田を開発した。戦国末期には、韓から雇い入れた鄭国《ていこく》の指導によって、諸川をつなぐ灌漑用の水路(鄭国渠《きょ》)が開削され、渭水北岸の黄土台地が、四万余頃《けい》(約一二万七〇〇〇ヘクタール)の田畑に変貌した。

列国君主の主導のもとであらたに開拓された農耕地は、学術上「第二次農地」と呼ばれるが、その第二次農地には、多数の君主直属の邑(初県・新県)が設置され、そこに移住(徙民《しみん》)させられた何十万という農民には、国家から農具や耕牛が支給された。君主によって耕作地を確保でき、生活を保障された農民たちは、生産にも戦闘にも邁進することになり、ここに戦国君主の志向する専制支配の基礎条件が整った。商鞅の事績を著した『商君書』には、「農戦」ということばがみられる。農民皆兵の意味である。

戦国の君主は、一方で領域内において従来は共有地とされていた山林藪沢の専有をはかった。このような大地は、材木のほか、金銀銅鉄などの鉱石、また禽獣などの宝庫であり、その独占化は、着々と専制支配の色を濃くしていた戦国君主のその権力を物理的に支えた。

諸国統一戦争

戦国時代という名称は、一説では『戦国策』にちなむ。この史書には、蘇秦《そしん》や張儀《ちょうぎ》などの縦横家による権謀術策が満ちているが、「七雄」の相克は、血で血を洗う直接的な戦争が主体であった。鍛鉄による鉄製武器の普及は、「戦国」の様相をさらに強めたにちがいない。考古学の成果によれば、鉄の矢尻（鏃）をつけた機械仕掛けの弓（弩《ど》・弩機）、皮革を綴りあわせた精巧な鎧、さらには鉄片を用いる鎧が出現したのは、戦国中期のことである。

戦術もまた変わった。前三〇七年、北方騎馬民族の戦法を導入して「胡服騎射」を採用したという趙の武霊王《ぶれいおう》の故事は、騎馬戦の道が拓かれたことの証左である。墨子の「兼愛・不戦」の思想を祖述していた一派（墨子集団）は、共同体の保全のためには戦争も厭わない——という自衛精神を自己運動させて、戦争請負集団として活躍することになり、投石機や攻城櫓などを発明した。貴族の乗る数百、数千の馬車がぶつかる戦車戦は、歩兵戦にその主役を譲り、「農戦」を達成した秦が、この面での優位を占めた。

秦が積極的に対外戦争を推進したのは、昭王の時代からである。昭王は、三晋（趙・魏・韓）に攻勢をかける一方、南に転じて巴蜀の地（陝西省南部から四川省）に侵攻して蜀郡をおき、ついで長江流域の北部に進出して、この地域を黔中《けんちゅう》郡とした。さらに祖の国都郢《えい》（湖北省江陵県の北郊）を陥落させ、南郡として統治した。このように秦は、獲得した地域を「郡」に再編し、所属の個々の県邑を含めて、いずれにも中央から官僚を送り込んで君主の直轄地とする方策を、他の諸国に比べて徹底して実施した。

邑制国家の体制が、「邑」という「点」を結ぶ、いささか目のあらいネットワークであったとすれば、この時代にいたって、秦をはじめとする列国が志向したのは、すでに「面」の支配、つまり領域国家の樹立であった。秦の攻勢はとどまることを知らず、前二六〇年には、長平の戦いで趙に大打撃を与え、荘王(荘襄王、在位前二五〇または前二四九〜前二四七)の代には、洛陽付近で名目のみ保っていた周を滅ぼして、ついに「中原」の地を手中にいれた。荘王を継いだのが十三歳の太子政(秦王政)であり(在位前二四六〜前二一〇)、これが領域国家を全土に広めた始皇帝である。

秦王政は、その実父であるという噂もあった呂不韋《りょふい》を、ついで法家の李斯《りし》を採用し、先王の偉業を受け継ぐかたちで、内政改革を推進するとともに、各方面に出兵した。そして前二三五年から前二二二年にかけて、燕・趙・魏・韓・楚……とつぎつぎに諸国を滅亡させ、秦王の二十六(前二二一)年には、残る大国の斉を滅ぼし、ここに統一戦争を完了した。

境外の諸民族

中華文明を生み出し育てた黄河中流域の人々は、この地域を「中原・中国」また「中華・中夏・華夏」などと自称して、周辺の民族や部族にたいしては、彼らは中華の高度な文明や文化を享受しえていないものとして、強い優越性をいだき、そのことをもって自らの求心力とした。周王朝の結束にしても、封建制の秩序の外にある諸族を、このような理念で差別することではかられていた。春秋時代、塞外の民族の攻撃を受けて周の王権が危うくなったおりに「尊王攘夷」が叫ばれたのも、この現れである。もっとも「尊王」のスローガンは、覇者への糾弾をも意味したが、ともあれ、このような意識が、のちのちまで中国の位置を規定し、あるいは制約する「中華思想」の原型となる。これを「華夷思想」ともいうのは、「外」の諸民族を「夷狄《いてき》」と総称したことによる。

邯鄲の趙王城(叢台)遺跡

戦国の時代、「中国」の北方一帯の草原は、「東胡」として一括される諸民族の天下であった。いずれも剽悍《ひょうかん》なる遊牧騎馬民族であり、とりわけ「匈奴《きょうど》」は、趙・魏・秦などの北方の戦国諸国にとっては、油断のならない存在であり、相互に軋轢と衝突を繰り返した。北方の諸国がそれぞれ長城を築いたのは、その対策のためであり、のちに秦帝国は、これらの長城を修築し連鎖させて「万里の長城」を構築することになる。

燕の北辺、今の内蒙古自治区東部から遼寧省にかけての地帯には、農業・狩猟・漁猟をこととし、牧畜で生活する「穢貊《わいばく》(穢貃)」があったが、やがて比較的早く「中国」に同化した。西方の半遊牧・半牧畜の民「氐羌《ていきょう》」にたいして、秦は前二七二年までに武力で制圧して隴西《ろうせい》郡・北郡をおいた。そもそも秦は、かつて自らが夷狄視されていたためか、華夷思想が夷狄は夷狄として区別しながらも、その独自の存在は認めたのにたいして、境外の諸民族を武力で征服して、その地域(臣邦・属邦)を可能なかぎり郡県化し、その民を婚姻などをとおして血縁的に「秦化」させるという政策を実行した。

巴蜀の地は、殷(商)周時代から中原文化の影響下にあったが、永らく独自の祭祀儀礼が保持され、独特な青銅器文化を育んでいた。しかし前述のとおり、秦の攻勢の前に、ついには領域支配を受け入れることになった。長江河口部とその中下流域の南方には「越」があり、一部は春秋時代の大国のひとつとして活躍したが、湿潤すぎるこの一帯は、多くの人口を養うだけの生産力がなく、「未開の地」の「百越」は、「南蛮」として疎外されたままで、しだいに「中国」に取り込まれることになった。

2 始皇帝の登場——秦帝国の成立と滅亡

統一国家の成立

前七七〇年、夷狄のひとつ犬戎の攻撃を受けた周は、首都を関中から中原の洛陽に遷した。このときに、犬戎なみにみられていた西方のある部族が周を助勢した。姓を「嬴《えい》」という部族であり、これが秦国の始祖である。もともと渭水(渭河)の中流域の岐山の付近で家畜の飼養を業としていたが、春秋時代の混乱の時期に乗じて、中原に優れた軍馬と兵士を供給してしだいに勢力を興した。やがて周から諸侯として「秦」邑に封じられ「秦嬴」と号することを許され、前七世紀に平陽（陝西省宝鶏市の東）から雍《よう》（同鳳翔県）に国都を遷した。この都は、戦国時代に櫟陽《やくよう》（同富平県の東南）に遷るまで、二八〇年の命脈を保った。この雍の都城遺跡は、一九五八年以来、正式に発掘調査され、殷の大墓に匹敵するような巨大な竪穴式の墓（秦公大墓）も発見されている。

こうした辺境の「夷狄の国」であったことがむしろ幸いして、秦では、古法や因習（礼教）にとらわれない思いきった内政改革が実施できた。前述のとおり、孝公の庇護をえた商鞅は「周の文王や武王は、時に応じて法を立て、事に面して礼を制定したのであり、昔の礼法と違っていてもかまわぬ」（『商君書』更法）と主張して変法を強行したが、今や天下を統一した秦王政は、この変法の精神を祖述しつつ、新秩序の樹立を企てた。

六国《りっこく》を併合した秦王が最初に提起した政策は、この天下一統の事態にみあった自らの称号を定めることであった。すでに「天子」や「王」はふさわしくなく、「煌々たる帝王」を意味するとされる「皇帝」の号を創始した。なお「始皇帝」とは、諡《おくりな》にかわる死後の称号であって、以下便宜上、彼を始皇帝、次代の皇帝を「二世皇帝」と記す。

中央集権の専制国家

始皇帝（在位前二二一～前二一〇）は、中央集権の体制を確立するために、法家の李斯の建言を採用しながら、矢継ぎばやの指令をだした。まず「郡県制」が全土に施行された。数県から数十県を束ねるのが「郡」であり、全土を三六郡(のちに四十数郡)に分け、各郡に守(行政官)・尉(軍事官)・監(監察官)の三長官を、各県には行政官の令(小県は長)と武官の尉をおいて統治にあたらせた。中央の官制も整えられ、左右の丞相を最高の行政官として、御史大夫《ぎょしたいふ》がこれを補佐し、その下に広汎かつ緻密な官僚組織が構成された。中央から郡県に派遣される官僚は、地元との癒着を避けるために、各自の本籍地とは別の地方に配属され、一定期間をへると配置転換され、まさに皇帝の手足として位置づけられた。

行政事務が全国化するにともない、文字は簡便な隷書体(秦隷)に統一された。また車軌(ゲージ)を統一することで交通・運輸の便がはかられ、首都から効率よく四方に達する軍用道路(直道)も建設された。秦の武官は、太尉を頂点として組織されたが、この官は常置ではなく、中央・地方の要所におかれた大規模な軍団を動員できるのは、皇帝一人であった。始皇帝陵の東側で発見された「秦兵馬《へいば》俑《よう》」(陝西省臨潼《りんとう》県)は、皇帝直属の精鋭軍団の姿を彷彿とさせる。

民は男女を問わず十五歳(一説では十七歳)で戸籍に登載され、申告して所有を認められた田畑(自実田)の面積に応じて田租が課せられた。男子は、当然のように徭役《ようえき》や兵役の義務を負ったが、このほか、漢代ではもっとも負担の重かった「民の一人ひとりが銅銭で納める人頭税」も、すでに秦代にあったとみてよい。税制の施行にあたっては、全国的な規模において度量衡が単一化され、銅銭もまた半両銭に統一された。商鞅の変法のときにみられた軍功爵は、民も功績を重ねれば累進でき、それ相応の恩典や特権に浴することができる爵制として発展し、漢代の「二十等爵制」(八七頁参照)に受け継がれた。

咸陽の都

前三五〇年、商鞅の第二次変法の進行中に、国都が渭水の北側の丘陵地帯に遷された。咸陽《かんよう》の都である。始皇帝は、威令を天下に示すために、この国都の大改革をおこない、天下の富豪一二万戸を移住させた。その後も宮殿の造営が続き、渭水の南側には阿房宮《あぼうきゅう》の大殿が建造された。この国都の遺跡は、渭水の流れの変更により、今ではほとんど破壊されており、ただ阿房宮前殿の巨大な基壇の遺構が、西安市の西郊に残るのみである。

始皇帝はまた、自らの陵(寿陵)を終南山の一角である驪山《りざん》のふもとに造営し、豪奢な地下宮殿を構築した。これが、西安市の東郊に巨大な墳丘として威容を残す始皇帝陵であり、一九七四年以来の発掘調査によって、幾重にも城壁をめぐらし、祭祀の宮殿や官署を配置した詳細な陵園の構造が明らかになっている。なお陵側で発見された銅製の馬車の精巧な模型は、始皇帝が冥界で使用するためのものと推定されている。

長城の修復を含めて、始皇帝の敢行した一連の土木事業は、北へ南へのたび重なる出兵とあわせて、

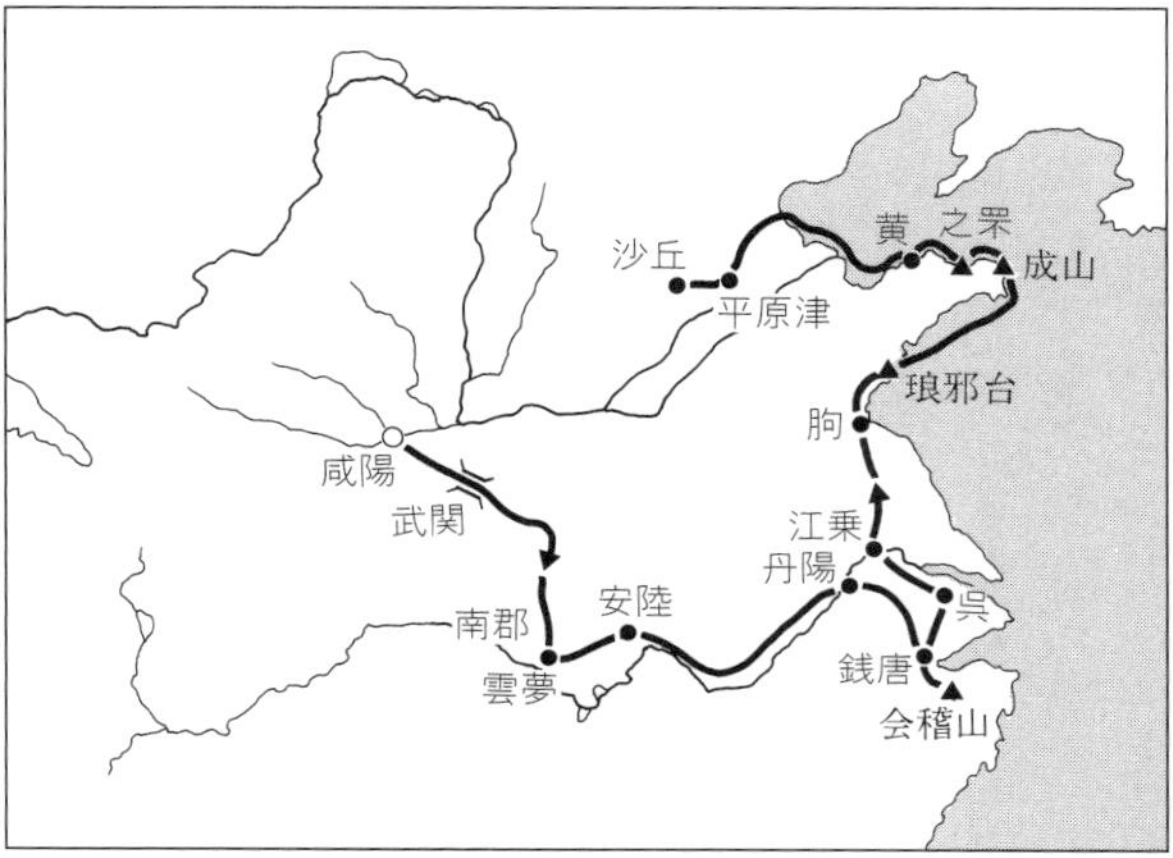

始皇帝の最後の巡行路

人民を酷使することになり、秦帝国滅亡の重大な一因となった。ちなみに、秦の総人口を約二〇〇〇万とすれば、その一割の人々が、常時、徭役や兵役に駆り出されていたという計算もある。

晩年の始皇帝は、巫術を弄する諸生(方士)の言を信じて、船団を仕立てて東海に不老不死の仙薬を求めさせた。徐市《じょふつ》(徐福《ふく》)が日本に渡ったという伝説の起源である。政治を批判する者はこれを弾圧した。始皇帝を非難した儒家に限らぬ多数の諸生を咸陽で穴埋め(坑)にし、さらに秦の年代記(『秦記』)や医薬・卜筮《ぼくぜい》・植樹(農業技術書)の類の書籍を除いて、儒家の系統の書物(詩・書)などを集めて焼かせた。これらの言論・思想の統制や弾圧は、儒家が市民権をえた漢代にはいって「焚書坑儒《ふんしょこうじゅ》」として非難された。

始皇帝は、即位の翌年から前後五回にわたって天下を巡行し、各地に自己の顕彰碑を建てて皇帝の威令の喧伝をおこなったが、その五回目の巡行の途上、かつて趙の離宮(沙丘宮)のあった平台(河北省)で病死した。随行していた宦官の趙高《ちょうこう》は、丞相の李斯と謀って遺詔を偽造し、長子の扶蘇《ふそ》や対匈奴戦線で活躍した将軍の蒙恬《もうてん》らを死に追いやり、末子の胡亥《こがい》を皇帝に擁立した。この二世皇帝(在位前二一〇〜前二〇七)は、親族や臣下の反対派を滅ぼして政権の確立をねらった。しかし、各種雑多な法律によって兵役や徭役を強制され、また生活を縛られていた人々の忍耐はすでに限度にきており、始皇帝による急激な帝国建設にともなう矛盾が一気に爆発して、各地で反乱が呼び覚まされる事態になった。

秦末の動乱

二世皇帝の元(前二〇九)年七月、彭城(江蘇省徐州市)の南方の大沢郷《だいたくきょう》で、兵卒の陳勝《ちんしょう》と呉広《ごこう》が挙兵し、かつて楚の国都がおかれた陳(河南省淮陽県)で自立して国号を「大なる楚」を意味する「張楚」とした。同年の九月に、彭城の北の沛《はい》県で、農家に生まれて治安維持の末端の警吏(泗水亭長《しすいていちょう》)であった劉邦《りゅうほう》が、県の下級官吏の蕭何《しょうか》、周勃《しゅうぼつ》、樊噲《はんかい》などの任侠の徒と結んで蜂起し、県令を殺して沛公に推された。

同じころ、江南の会稽郡の呉県(江蘇省蘇州市)では、楚の将軍の血を引く項羽《こうう》が、その叔父の項梁《りょう》に従って郡守を殺し、反旗をひるがえした。陳王の陳勝を中心とする張楚国は、内紛が続いたうえに秦群の反撃にあって壊滅したが、項梁や項羽に率いられた反乱軍は、北上するにつれて勢力を拡大し、やがて劉邦その他の武装集団をあわせ、ついで亡国・楚の末裔を立てて楚王(楚懐王)に戴き、楚軍と称して秦軍と対峙した。この間、二世皇帝を諫めた李斯は刑死にあい、帝国の動揺はさらに激しくなった。

項梁が戦死したのちに頭角をあらわした項羽は、上将軍の地位につき、楚軍の事実上の盟主となって咸陽をめざした。動乱の責任を問われた趙高は、宮廷クーデタを起こして二世皇帝を自殺させ、その兄の子という子嬰《しえい》(公子嬰)を三世皇帝ならぬ「秦王」としてこれを担いだ。しかし子嬰は趙高一族を屠り、前二〇六年、先に関中平野に達した劉邦軍に降伏し、ここに秦帝国は名実ともに滅亡した。咸陽にはいった劉邦軍は、蕭何の機転で府蔵から法令・戸籍・地図など統治に必要なものを押収したのみで掠奪を抑制し、簡略な「法三章」を発布して宣撫したので、民間の秩序をあずかる長老たち(父老)の支持をえることができた。遅れて到着した項羽は、「鴻門の会」で劉邦を配下に従え、咸陽を焼き、帝陵を暴き、掠奪をほしいままにした。

項羽は東方の楚国に帰還すると、懐王を皇帝(義帝)に祭り上げ、功績をあげた将軍たち一八人を王に封じ、自らは彭城周辺の九郡を領土とする西楚覇王となった。劉邦は僻地に追いやられ、南鄭(陝西省漢中市)を都とする巴・蜀・漢中三郡を封土とする漢王となった(前二〇六年)。つぎの王朝の「漢」は、この漢王に由来し、史書ではこの年を「漢の元年」と記す。その翌年、項羽は義帝を暗殺したので、名分をえた劉邦は漢中から脱出し、ここに項羽と劉邦の二大巨頭が対決することになった。この

「楚漢戦争」は足掛け四年で劉邦の勝利に帰し、項羽は四面楚歌のもと、垓下《がいか》の戦いで最後をとげた。同年(前二〇二年)、劉邦は諸王の推挙によって皇帝の座についた(高祖、在位前二〇二～前一九五)。

3　漢帝国の成立と発展——前漢の時代

「天子」と「皇帝」

楚漢戦争をへて樹立された漢帝国は、その行政制度のほとんどを秦から受け継いだ。しかし、権力の集中化を急ぎすぎたために短命に終わった秦の例に鑑みて、前代の「封建制」の利点をいかす手直しをおこなった。

第一に、秦が創案した「皇帝」に加えて、伝統的な「天子」の称号を復活させた。つまり漢の皇帝は、あるときは「皇帝」として、あるときは「天子」として臨むことになった。このことにともなう諸制度は、前・後漢期をとおしてしだいに整備され、のちの時代に一部が改訂されたこともあったが、その基本は、皇帝制度が存続した清朝にまで継承された。

二つの称号にかんする漢代の諸制度のうち、まず皇帝の地位と権力を象徴する玉璽についていえば、「皇帝行璽」「皇帝之璽」「皇帝信璽」「天子行璽」「天子之璽」「天子信璽」の六個があり、前三者は一般行政の場合に、あとの三者は、外交関係と天地の鬼神を祭る場合に用いられた。この使い分けの法則を、祭祀の際の皇帝の自称形式の事例から復元すると、「皇帝」は祖霊を祭る宗廟祭祀の際に称され、「天子」は天地を祭る「郊祀」で称されている。この区分に対応して、皇帝の即位儀礼は、諸王百官が推挙して「皇帝」の位につく儀式と、天帝を祭り、改めて天命をえて「天子」となる儀式との二種類、二段階でおこなわれた。つまり漢代(およびそれ以降)の皇帝の地位は、天界の帝王と地上の人々双方の支持によって成立するものであり、天帝と同じ地位を誇示していた秦の「皇帝」に比べると、かなり自己規制的なかたちになっている。この性格の変更によって、皇帝権力はむしろ現実的なものとなり、中国社会に根をおろしていったとみてよい。

郡県制から郡国制へ

「封建制」の再利用の第二は、秦の郡県制の土台のうえに、皇帝の一族や創業の功臣たちに封土を分かち与える文字どおりの「封建」を実施したことである。これを「郡国制」といい、これまた現実にみあった政体として、のちの時代に受け継がれた。漢の封建領土には二種類あり、ひとつが、郡単位の領域を占める王国(諸侯王国)、ひとつが県を封建される侯国である。

漢の五(前二〇二)年、項羽が封じた一八王のうち、劉邦を推挙した韓信《かんしん》ら七王の地位が、改めて諸侯王として安堵され、漢帝国を守る藩屛《はんぺい》とされた。この劉氏一族でない「異姓諸侯王」の領域は、当時の漢の版図の東半分を占める勢いであったので、まもなく劉氏政権によって淘汰され、生き残った異姓諸侯王は、五代続いた長沙《ちょうさ》王国(湖南省一帯)のみとなった。これにかわって劉氏の親族が「同姓諸侯王」として各地に封建された。各王国には、当初は丞相(のちの相)以下の中央官制と同様の官署が設けられ、王都には宮殿が建ちならぶ権勢を誇った。一九七〇年代に湖南省長沙市で発見された古墓、すなわち、女性の湿屍その他、江南の色彩の濃厚な文物や貴重な書物(帛書)などが出土した三つの漢墓(馬王堆《ばおうたい》漢墓)は、長沙王国に仕えていた国相の利氏一族の墓である。

一方、蕭何や曹参《そうさん》など、劉邦が蜂起して以来の「譜代の功臣」には、諸侯王に次ぐ「徹侯《てっこう》」(のちに列侯)の爵位が与えられ、領域の大小は戸数でランクづけされた。皇子たちの列侯も加えると、侯国の数は一〇〇にのぼった。もともと漢帝国は軍事政権の色彩が強く、従軍した兵士を含む創業の功臣たちとその子孫には特待の制度があったので、彼らは「解放後の特権階級」を構成することになった。

二十等爵制と民間秩序

漢代においては、爵位をもつ者は諸侯王や列侯のみではなかった。営々として農業に勤しむ普通の庶民もまた、爵位を有した。この二十等爵(天子・諸侯王をいれれば爵位は二十二等)の構成は別表のとおりであり、下から八番目の公乗までの爵位が庶民のもてる「民爵」である。この爵制は、すでに述べた商鞅の変法にみられる「軍功爵」に由来するが、漢王朝の成立によって後述する「休息」の時代

公士	民爵	第1級
上造		第2級
簪《しん》裊《じょう》		第3級
不更		第4級
大夫		第5級
官大夫		第6級
公大夫		第7級
公乗		第8級
五大夫	官爵	第9級
左庶長		第10級
右庶長		第11級
左更		第12級
中更		第13級
右更		第14級
少上造		第15級
大上造		第16級
駟車庶長		第17級
大庶長		第18級
関内侯		第19級
列侯		第20級
諸侯王		(第21級)
天子		(第22級)

漢代の二十等爵制

にはいると、あらたに軍功をあげる機会も激減した。そういう時代背景のもとに、漢初の民爵は、皇帝の即位や改元のような国家の慶事の際に、詔勅が発せられて民に一〜二級の爵位が賜与されることになり、こういう受爵の機会は、前・後漢とおして約二〇〇回あった。爵位をもっていると、手持ちの爵位を何級か返上すれば刑罰をまぬがれることができる、などの恩典があった。

当時の地方行政の末端では、「県(一部に邑)―郷―里」という系統で人々は組織され秩序づけられており、里には「里正」がおかれ、有徳・有能者に委嘱される「三老」とともに、租税・徭役の徴収などの末端の行政事務を取り仕切っていた。この系統とは別に、県下の治安は警察機構の「亭」ではかられ、かつて高祖劉邦がそうであった亭長は、力役に従う者の護送の任務をも負っていた。さらに交通・駅伝の面は「郵」によって維持されていた。これらの行政機構については、最近、江蘇省連雲港市の近郊で発見された「尹湾《いんわん》漢簡」によって明快となってきている。民爵の授与の際には、民が右に述べた「里」ごとに酒宴を開くことが許され、里の成人女性には国から牛肉と酒が支給され、その宴会では、爵位の多い者が上席に座ることをとおして、国家の介入に基づく民間の序列が編成された。こうして、漢代の庶民は女性を含むかたちで、天子を頂点とする国家を構成する成員として位置づけられた。しかし、このような国家的な民爵秩序は、政治が安定し、皇帝の権威が保たれていてはじめて成立し機能するものであったので、漢帝国の崩壊後には、しだいに形骸化し、やがて姿を消すことになった。

長安の都

漢王朝初代の皇帝(高祖)となった劉邦は、咸陽の南(西安市の北郊三キロ)に長安城を築き、ここを首都に定めた。全長二六キロの城壁をめぐらし、周囲に一二の門をおき、未央宮などの宮殿を造営した。宮殿区をつぎつぎに建て増した構造であったので、後代の隋唐長安城のような整然とした姿をとっていない。また、この首都の人口は五〇万程度と推定されているが、それらの人々の居住区もはっきりしない。ただ現在も、基壇が残る未央宮前殿を中心に発掘調査が進められており、官衙の所在地を含む全体構造がしだいに明らかにされつつある。

秦末の動乱によって、農地は荒廃し、人々の生活は破壊された。よって漢朝初期の政治は、兵士を故郷に帰らせて元来の生業につかせる「休息」におかれた。秦の暴政を支えた法令は大幅に削減されたが、「法三章」では国家の秩序は維持できないので、高祖は蕭何に命じて「九章律」を制定させた。高祖が病死したあとを継いだ恵帝(在位前一九五〜前一八八)は、生来柔弱であり、実権は生母の呂后《りょこう》に移った。恵帝が二十三歳で没すると、呂后は、出自も定かでない二帝を立て、呂氏一族を王侯に取り立てた。政権が呂氏に移ることを恐れた高祖の周勃らの功臣たちは、呂后の没後にその一族を誅滅し、高祖の子の一人の代王をむかえて皇帝とした。これが文帝である(在位前一八〇〜前一五七)。

恵帝・呂后の時代には、宮廷では陰惨な政権争いが起こったが、政治は安定しており、罪人は少なく、人々は農業につとめ、衣食ともに充実した(『史記』呂后本紀)。文帝もまた「休息」の政治を継承し、苛酷な身体刑(肉刑)を廃止するなどの善政につとめた。しかし文帝は、傍系よりはいったこともあって、諸侯王を掣肘することが困難であり、わずかに諸侯王や列侯から毎年黄金を献上させる酎金律を発布するにとどまった。また匈奴にたいしては和親政策をとるのみであり、民生の安定にも成功しなかった。

貨幣を勝手に鋳造するなど、ほとんど独立国と化していた王国にたいして、積極的に勢力の削減をはかったのが、次代の景帝である(在位前一五七〜前一四一)。景帝は法家系の能吏、御史大夫の晁錯《ちょうそ》を採用して諸侯王の抑制策を開始した。これにたいして、文帝の従兄にあたる呉王濞《ひ》が反感を強め、前一五四年、楚王戊《じゅ》ら六王を誘って反乱を起こした。景帝は、晁錯を犠牲にする懐柔策を弄したが成功せず、武力によって鎮圧することになった。この結果、呉王は殺され、楚王らも自殺し、この「呉楚七国の乱」も三カ月で終息した。王国の長吏は、中央から派遣される官僚に置き換えられ、貨幣の鋳造権も中央に回収された。

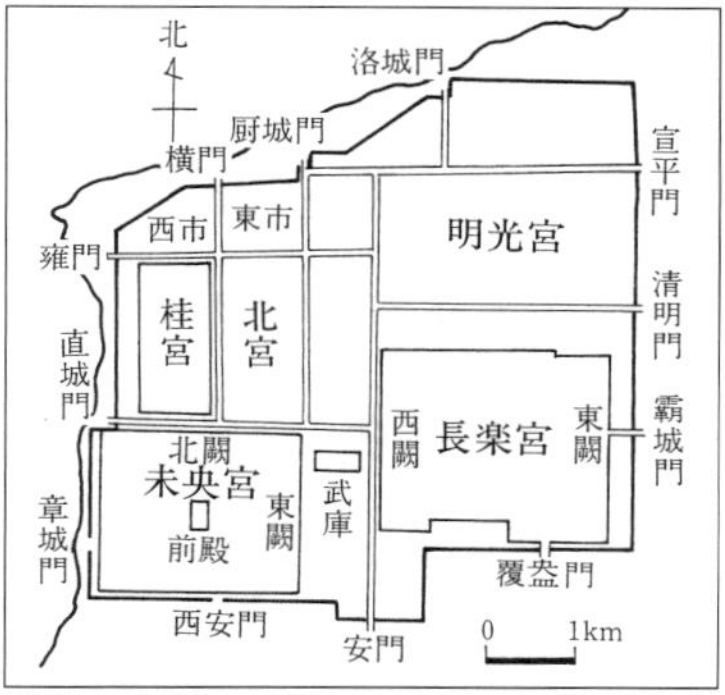

前漢・長安城の平面図

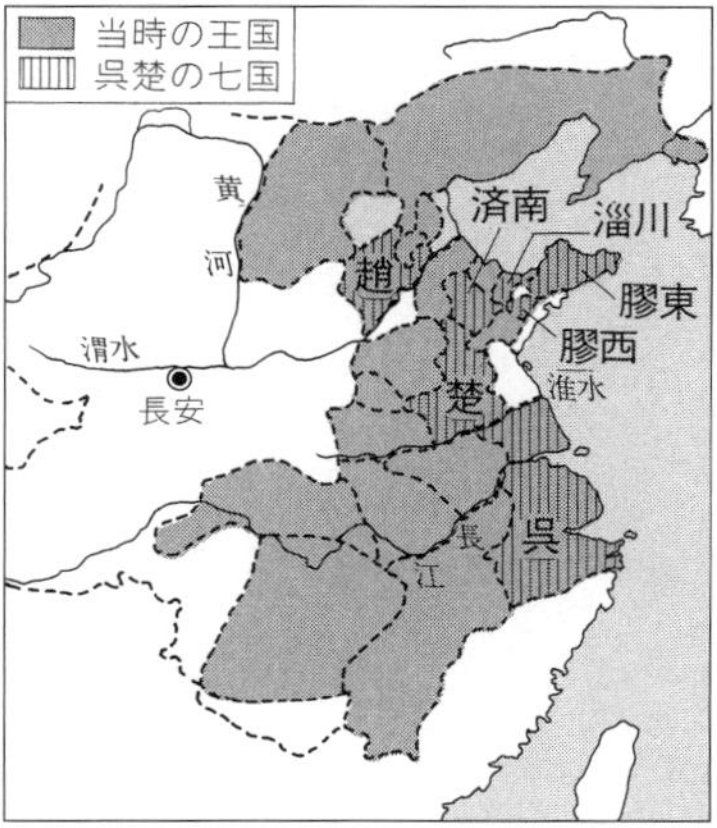

呉楚七国の乱

武帝の治世

専制主義の皇帝支配が確立したのは、武帝（在位前一四一～前八七）が在位した五四年のあいだである。武帝はまず、王国抑圧策を強め、諸王の封土を子弟に分割して世襲させ（推恩の令）、酎金律を厳格に適用する政策をおこない、中央集権体制を確立した。ついで中央の常備軍（南北軍）を整備し、一方、賢良・方正・孝廉などとして、地方の有能・有徳の人士を抜擢して皇帝の周辺に配置するという新しい人材登用の道（郷挙里選）を拓いた。また首都圏（京畿七郡）以外の郡国を一三の州に分け、各州に刺史《しし》（部刺史《しし》）を派遣して地方官への監察を強化した。また武帝は、黄河の治水や灌漑による耕地の開拓にも熱心であり、関中平野では、渭水の南北に漕渠・白渠などの灌漑用水が開削され、それぞれ万余頃《けい》、数千頃という田畑が造成された。ここで一頃とは一〇〇畝、すなわち五人程度の小農民の一家がようやく生活できる程度の耕地面積（約四・七ヘクタール）である。こうして国家の手によって開発された農耕地（前述の第二次農地）には、さまざまな事情で生活が立ちゆかなくなった民が移り住んだ。

武帝の積極的な対外政策は、匈奴の侵攻をおさえるという防衛目的もあったが、それ以上に、国内に満ちていた困窮した農民たちの生活を安定させるために、新しい農耕地を開拓する必要に迫られたという理由があった。匈奴にたいしては、衛青《えいせい》や霍去病《かくきょへい》らに命じて大規模な軍事進攻をおこない、領有した地域には徴兵された兵士を改めて送り、田卒（屯田卒）や河渠卒が農耕地を造成し、戍卒が烽塁を連ねた陣地で開拓地の防衛にあたった。やがて一帯には新しい県城が築かれ、内地から何十万、何百万の人々が移住していった。こうした国家の政策(徙民実辺策《しみん》)によって、とりわけ漢の北方、西北の地が開発され、河西四郡(武威・酒泉・張掖《ちょうえき》・敦煌)等々の諸郡が新設された。希代の歴史書『史記』を残した司馬遷《しばせん》が、前九八年、捕虜となった将軍の李陵《りりょう》を弁護したために宮刑という屈辱を受けたのは、この武帝による匈奴戦争の最盛期のことである。

匈奴対策の一環として武帝はまた、その後背地にある大月氏との同盟を目的として張騫《ちょうけん》を派遣した。張騫は本来の目的は達成できなかったが、一三年間にわたる巡遊によって、大宛(フェルガナ)・大夏(バクトリア)・烏孫《うそん》等々の西方諸国についての貴重な情報を中国にもたらした。さらに武帝は、硬軟両用の戦術を用いて南越・閩越《びん》・西南夷等の南方の諸民族を服属させ、現在のベトナムの地の交趾《こうし》・九真におよぶ九郡をおき、朝鮮半島では、衛氏の領地を奪って四郡(楽浪・真番・臨屯・玄菟《げんと》)を設置した。こうして辺境地帯を植民地とすることで、漢の版図は一気に拡大した。

右のような発展を支えたのは、力役と兵役を負担する庶民たちであった。力役とは、成年の男女(十五歳から五十六歳)が、毎年一カ月の割合で各地の土木事業に従事する義務であり、二十三歳から五十六歳までの男子には兵役の義務があり、生涯で一年のあいだは、首都の防衛や辺境の守りにつく義務があった。もっとも特権階級は、銭を代納(更賦)することでこれらの義務をまぬがれることもできた。

漢代の財政と社会

前漢時代の財政の特色は、大司農という中央官署が国家の収支を握る「国家財政」とは別に、皇帝の「内帑金《ないどきん》」をもって運営される「帝室財政」という機構があったことである。後者を扱う役所が少府であり、長安城内は未央宮の近くがその所在地である。武帝の時代には、治水・灌漑の発展によって新造地からの収入がふえたことにともなって、水衡都尉が少府とならんで帝室財政を扱うことになった。国家財政のおもな収入は租税であった。このうち穀物を現物で供出する「田租」は、収穫量の一五分の一から三〇分の一程度であり、不作の際には免除されることもあった。これに比べて、国家財政の主軸をなし、それだけに人々にとって負担が大きかったのは銭納の各種人頭税であり、成年の男女は算賦(口賦)として一年当り一二〇銭を納め、未成年の者は二〇銭程度の口(口銭)を納め、後者は少府の収入とされた。このほかに一種の財産税などの税目もあった。少府のおもな収入源は、公田、すなわち戦国以来、帝王が独占化した山林藪沢から上がる租税と商人に課せられる市租、また諸侯王や列侯からの献金などがあった。武帝が開始した塩と鉄の専売による収益もまた少府に納められたが、この収入はやがて国家財政に移管され、それにかわって「五銖銭」の鋳造を通じての収入が少府にはいることになった。

支出の面をみると、国家財政からは文武の官吏の俸給と官僚機構の維持費、各種の土木工事の費用、祭祀費、外征にともなう軍事費の一部等々であり、一方、膨大な収入をえていた帝室財政では、贅沢な宮廷の管理・維持費、そして王侯に皇帝から任意に与えられる報奨金がまかなわれ、国の軍事費の相当部分もまた、皇帝の恩恵として支出された。

こうして漢帝国では、年額五〇億銭以上の収入があるという巨大財政の仕組みが達成されたが、皇帝周辺の奢侈は権力の集中とともにきわまり、さらに武帝の外征における積極策は漢初以来の貯蓄をつぶす勢いになった。ここで財政の危機を救うために案出されたのが、生活の必需品である塩と鉄を国家の専売(一時は酒も専売)とする武帝の政策であり、その実施に応じて、地方の各産地には塩官と鉄官がおかれ、製造と販売を独占することになった。ついで武帝が採用した政策は、物資の流通過程に国家が直接介入するという均輸法と平準法である。すなわち前者は、国家が地方の特産物を強制的に買い上げ、不足の地に転売することで差益をえる手法であり、後者は、国家が物資を安価なおりに買い上げて備蓄し、高価となると放出するという物価安定の政策であった。

これらの一連の政策をとおして、国家は財源の確保につとめたものの、財政の逼迫の傾向を断つことはできなかった。加えて、経済の伸長は物資の流通を促進したものの、一面では大商人の跋扈をうながし、各地の豪族は小農民を小作人として経営(仮作)する大土地所有者となって、国家の支配理念と対立する存在になった。武帝は、これら大商人や豪族を弾圧・抑圧する政策をおこなったが、武帝期以降は、皇帝権が相対的に弱まったことで、その政策の徹底は困難となっていった。さらに均輸・平準の法は、商人と利を争うものと非難され、鉄官のつくる農器は高価で粗悪であって、農民を苦しめることになった。

　武帝の没後の前八一年、「民の疾苦するところを問う」として宮中で諮問会議が開催されたが、このとき民間の代表としての官選の有識者(賢良・文学)が、経済官僚の御史大夫・桑弘羊《そうこうよう》を相手にして鋭く批判したのも、右の諸点であった。この会議の模様を対話体で記した桓寛《かんかん》の『塩鉄論』には、当時の経済の歪みや社会の矛盾が詳しく記録されているが、政治思想の側面からみれば、この論争は、武帝の経済政策を支えた体制派が法家思想、一方の豪族層の意見を代弁したといえる民間側の代表の意見が儒家系統のものとして、そこに両思想、二つの路線の対立が認められる。

政治思想の展開

　秦末の動乱が終息すると、人々はこもごも安寧と「無為」を求めた。よって「休息」の時代は、道家思想が政治に反映したことが認められるが、漢の支配体制が秦の郡県制を受け継いだものであってみれば、その政治を支えた政治思想の基本は法家のそれであったといえる。漢初に儒家が復活したのは、高祖が採用した叔孫通《しゅくそんとう》の例にみられるように、宮中や宗廟の儀礼を整え、国家安寧の姿を天下に喧伝するためであった。そもそも儒家思想には、元来「天帝」にも比すべき「皇帝」の出現をむかえる用意がなかった。よって、儒家が体制を動かすだけの効用を示すものとして完全なる復活をはたすためには、皇帝の存在を認めることを前提として、自らの思想の発展を達成することが必要であった。

武帝の茂陵　漢代の陵墓は，原則として四角錐台形の人工の墳丘である。

景帝から武帝の時代の儒家、董仲舒《とうちゅうじょ》は、春秋学を修めることで、その発展の一歩を印した。とくに彼の説く災異説は、自然現象が政治批判の表れとして、皇帝の恣意を制御する役をはたすことになり、後代に継承された。董仲舒による、新しい儒家思想は、武帝に認められることになり、彼の建言によって五経博士が設置され、儒家思想が正統化され、さらに儒教がこの段階で国教となった——といわれる。しかし後漢の儒家、班固《はんこ》の『漢書』が説明するこの事情については、史料として問題があり、そのまま史実として認めるのには問題が多い。近年の学説では、儒教が体制化(国教化)されたと評価できる時代は、より後代(たとえば武帝の三代後の元帝期、ないしは「新」朝の王莽期)におかれる傾向となっている。

しかし当時の国家は、小農民のそれを含めた「家」が基礎となって構築されており、その「家々」内部の秩序(「斉家・治家・寧家」)にあずかる思想としては、「孝」を説く儒家思想がもっともふさわしく有効なものであった。時として苛酷に堕する厳しい法家路線に反発して、とりわけて地方の豪族に歓迎されたのは儒家思想のほうであった。かくて儒家の思想は、都の特権階級から民間の有識者、とりわけ「治家」が必要とされる地方の豪族層が学ぶべき「実用的な教養」に上昇し、時代がくだるとともに、体制側にも無視しえない地位を占めることになっていく。

ただし「孝」で秩序が保たれる「家」は、あくまでも「私」の位置を占めるものであって、「公権」としての国家とは区別される存在であったことには留意すべきである。すなわち、「家」がそのまま拡大して「国家」となったわけではないのであり、「家」という「私」の世界から「出身」して「公」の世界にはいった君(皇帝)と臣とが、その次元で「忠」という徳目で君臣関係を結ぶところで実現される「一君万臣」の構築物——が「国家」であったと理解できる。ちなみに、当時「天下一家」という文言があるが、その「一家」は、「劉氏一族」の私物ではなく、漢帝国の代名詞が「漢家」であったとおり、すべての「私家」が止揚されたところで成立する「漢という姓の一家」であった。

武帝の死とその後

武帝の晩年には、社会矛盾が一気に高まり、各地で数千、数百の農民が暴動を起こし、役所を襲う事態となった。前九一年、のちに冤罪とわかった皇太子(衛太子または戻《れい》太子)の反乱事件(巫蠱《ふこ》の乱)が勃発し、長安の都は死者数万という戦場となった。衛太子が自殺して乱が平定されると、またもや匈奴戦線に大軍を送ったが、思わしい成果をあげることはできなかった。ここにいたって、桑弘羊が提言した亀茲《きじ》の輪台(新疆ウイグル自治区庫車《クチャ》付近)での屯田計画も中止して、遅まきながら人々の「休息」へと施政の方向を転換したが、すべてはあとの祭りであった。この直後に武帝は、幼少の皇子を皇太子とし、霍光《かくこう》・上官桀《じょうかんけつ》・桑弘羊などに後事を託して長安城で病没し、弗陵《ふつりょう》(昭帝)が即位した(在位前八七~前七四)。渭水の北側の台地には、前漢皇帝の諸陵が東西にならぶ。西端にある巨大な四角錐台の墳丘が武帝陵(茂陵)であり、東側には霍去病・衛青らの将軍の陪冢があり、付近には匈奴を踏まえる軍馬の石像などが、匈奴戦の記念碑として配置されている。

昭帝の時代には、国家の疲弊に鑑みて租税や賦税が軽減され、ふたたび「休息」の政治がおこなわれたが、政治の実権は大司馬・大将軍の霍光の手中にはいった。そこで、ともに遺詔を受けた桑弘羊や上官傑らとの反目が生じた。霍光は、前八〇年、昭帝の兄にあたる燕王旦《たん》の反乱を誘発させて、桑弘羊らのライバルを倒し、専権を確立した。後嗣のないままに死去した昭帝のあとには、武帝の孫の昌邑王《しょうゆうおう》が立てられたが、まもなく廃され、民間で秘かに養育されていた衛太子の孫(武帝の曾孫)が擁立された。宣帝である(在位前七四~前四九)。この功績によって霍光は人臣をきわめる位に登り、娘を皇后として外戚の地位をも手にいれた。しかし、彼の死の直後、宣帝の意向にそって霍氏一族はことごとく誅殺され、皇帝権が回復した。

宣帝は、民間にあったときに遊侠の徒と交わり、下情に通じた皇帝であり、豪族の成長とそれに対応する小農民の没落という時代の趨勢に抗しつつ、専制支配の再興をめざした。外征においても武帝の積極策を再現し、西域三六国を西域都護の支配下におさめ、烏孫と結んで匈奴を攻めた。この結果、匈奴は東西に分裂し、前五一年には、東の呼韓邪単于《こかんやぜんう》が服属することになった。しかし宣帝も晩年になると、自ら浪費の多い生活に溺れることになり、外戚や宦官が反目しながら跋扈するという宮廷の腐敗が進行した。

次代の元帝(在位前四九～前三三)は、儒家の思想を好んで「徳治主義」の政治を提唱した。地方に宗廟(郡国廟)を造営することには熱心であったが、政治は優柔不断といわれ、外戚・宦官の政治介入をおさえることができなかった。元帝の子が立った成帝(在位前三三～前七)の時代は、「州牧《ぼく》」と改称された刺史の監察制度を強化して、地方を中央につなぎとめることが努力され、賦税を軽減するなど民力の回復がはかられた。宮廷では宦官の勢力を抑制したが、かえって外戚の専横を呼び起こし、とくに皇后王氏の一族は、酒色にふける成帝にかわって政権を壟断し、前漢の滅亡につながる王莽の政権「簒奪」を導くことになった。

『漢書』地理志は、漢の極盛期には郡国の数は一〇三、県・邑は一三一四、侯国は二四一、その人口は五九五九万四九七八人、墾田は八二七万五三六頃……と記す。この五〇〇〇万台という人口は、清朝後期を除き、歴代の統一王朝の場合とそれほどの遜色はない。このような隆盛の姿は、以上に述べた武帝期までにつちかわれたものであり、その後の時代、そして後漢朝一代は、この遺産のいわば

「食いつぶし」として展開していくのである。

4　漢朝の再興——新と後漢

符命革命

成帝期より漢帝国は斜陽の時代にはいる。高官や大商人たちは、蓄財を土地の購入に費やし、多くの奴婢をかかえての大規模な農地経営者としてさらに権勢を強め、地方では反乱が頻発するようになった。これにたいして国家は、たびたび土地所有の制限(限田)や奴婢の所有制限の法令をだしたが、この動きをとめることはできなかった。

成帝の時代、朝廷では外戚の王氏が実権を握り、一族を代表する王鳳《おうほう》は、成帝の即位と同時に皇后の兄の地位をもって大司馬大将軍となり、その異母弟五人も列侯に序せられた。正嫡の後嗣のないまま成帝が没して哀帝が即位すると(在位前七～前一)、王氏は凋落したが、哀帝は急逝して九歳の平帝が位につくにおよんで(在位前一～後五)、元后(元帝の皇后)が皇帝を後見(臨朝)し、大司馬に復帰した王莽が「安漢公」の号をもって国政を総覧することになった。娘を平帝の皇后として外戚になると、位は諸侯王の上、かつ殊礼をもって遇されるという地位についた。このときに加号された「宰衡」と

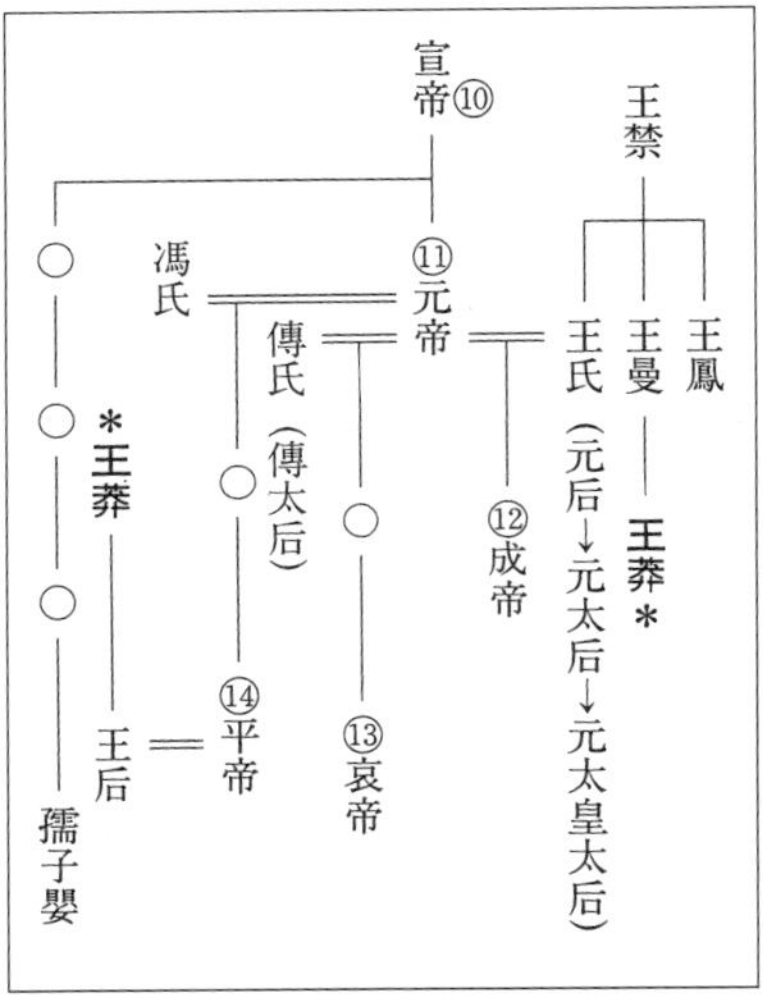

王氏系図

は、周代に成王を助けた周公旦の「太宰」と、殷初の名臣の伊尹《いいん》の号「阿衡」を組み合わせたものである。つぎに王莽は、平帝を毒殺し、遠縁の皇子孺子嬰《じゅしえい》を捜し出して皇太子に立てた。

しかし実権の掌握のみでは、漢にかわって皇帝となることは困難であり、ここで王莽が採用したのが、天命の移り替りがなんらかの姿を借り表現されるという「符命」の思想であった。この時点で王莽は、井戸からでた白石に「告ぐ、安漢公莽、皇帝たれと」の朱色の文言があらわれたという地方官の報告をえて、群臣の上奏に従うというかたちで「仮皇帝」となり、長安の南郊で上帝を祭り、居摂元年と改元して「摂皇帝」と号した(後六年)。翌々年には、周公の例にならって孺子嬰が成人となれば位を返すことを前提として、「摂」の字を除いて「皇帝」(真皇帝)となる。ついで、漢の開祖たる高祖廟にいき、符命をとおしての上帝の命によって「真天子」になることを報告した。かくて「皇帝」と「天子」の両号を獲得した王莽は、孺子嬰を臣下の地位に落とし、始建国と改元して「新」朝の樹立を宣言した(後九年)。以上が王莽の簒奪の過程であり、この政権奪取は「符命革命」といわれ、のちの「禅譲」による王朝交替の道を拓くものとなったが、これ自体を「禅譲」とするのは適当ではない。ともあれ、その過程で周の故事が多用されているように、以後の王莽の政治は、儒家（古文派）の経典のひとつ『周礼』に依拠した「封建」の思想に基づくものとなっていく。

皇帝に即位後の王莽（在位八～二三）は、高祖廟に対抗するかのように「天子七廟」を建て、「郊祀制」を確立し、長安の南郊に一大祭祀場（明堂・辟雍）を建設した。ここに儒家思想は、国政と一体化し、儒教としての姿を整えたといえる。当時の社会矛盾にたいして、王莽の初期の政治は革新的なものであった。天下の土地を「王田」とし、土地の私的な売買を禁じ、大土地所有者には限田を命じ、農地のない者には一〇〇畝の土地を与えることにし、奴婢を天下の「私属」としてその売買をやめさせた。また大商人に委ねられていた経済政策を国家の手に取り戻すために、市場の管理と物価の調節（五均の制）、山林藪沢の富の独占と貨幣鋳造の専権を国家に回復させる諸制度、また高利貸しの蔓延をおさえる低利融資の法（六筦《りくかん》の制）を実施した。しかし、当初より王莽政権の正統性が疑われ、詔令の権威が低かったこともあり、意欲的な経済改革や理想を求めた土地制度は、既得権を失うことを恐れた高官や豪族層の反対にあって実効をあげるにいたらず、いたずらに社会の混乱を招くだけの結果となった。また国際関係の面では、漢朝に服属していた周辺諸民族への政策をあやまって、それらの反感と反抗を呼び覚まし、場あたり的な外征は人々に苦渋を強いた。

王莽政権の崩壊

すでに元帝にあって「飢饉によって道路に倒れ伏す者、百万をもって数う」というありさまであったが、王莽の時代にいたると、その経済政策の失敗によって社会不安はさらに増大し、各地の反乱は、農民を巻き込む大規模なものとなった。一七(天鳳四)年、連年の飢饉にたえかねた農民たちが荊州《けい》(河南省南部から湖北省)の緑林山《りょくりん》で蜂起し、たちまち数万の軍勢に成長した。この緑林軍には、やがて地域の豪族が合流し、景帝の末裔と自称する南陽(河南省南陽市)の豪族、劉氏一族もそのなかにあった。劉縯《りゅうえん》と劉秀《しゅう》の兄弟がその中心であり、この劉秀がのちの後漢朝の開組、光武帝となる。一方、青州(山東省)でも、地方役人の横暴に反抗する農民が反乱を起こした。この反乱者は眉を赤く染めて標識としたので赤眉《せきび》の軍と呼ばれ、これまた数万の軍に成長した。黄河下流域でも大小の反乱が起こり、これは銅馬軍としてまとまった。やがて反乱諸軍は漢室の流れをくむ劉玄を皇帝(更始《こうし》帝、在位二三〜二五)に立てて結束し、長安に迫った。これにたいして王莽は大軍を送って鎮圧にあたったが、かえって大敗を喫し、長安にはいった更始帝の軍によって殺害され、王莽政権はここに崩壊した(二三年)。

更始帝には新しい政権を樹立する能力はなく、十五歳の劉氏の宗室、劉盆子《りゅうぼんし》を戴く赤眉軍によって彼は絞殺された。そのころ、反乱諸軍が政権を争う混乱のなかで、被殺された劉縯のあとを受けた劉秀が頭角をあらわし、赤眉軍が長安へ去ったあとの黄河中下流域の豪族の支持を取りつけ、さらに下流域の銅馬軍と結ぶことで権力を手中におさめた。赤眉が劉盆子を「天子」として擁立したころ(二五年)、劉秀は黄河下流の鄗《こう》県(河北省高邑県の東北)で諸将の推薦により皇帝位につき、建武の年号を立て(六月)、まもなく洛陽にはいってここに都を定めた(十月)。即位後の光武帝(在位二五〜五七)は、まず赤眉軍を撃破し、自立していた隴西の隗囂《かいごう》や、「皇帝」とか「天子」とか称していた蜀の公孫述《こうそんじゅつ》ら各地の群雄を滅ぼし、三六(建武十二)年には、ほぼ全国の平定を終えた。

　王莽の奪権が「符命」におってのことであったのにたいして、劉秀(光武帝)の場合に、皇帝即位の正統性を担う機能をはたしたのは「緯書《いしょ》」であった。緯書とは、「経書」にたいして、縦(経)—横(緯)の関係にあるとされる一連の聖典であり、経書を解説しその真意を述べた書として、世の影の部分で流布されていた。内容は五行・災異説の系統を引く予言書「讖《しん》」であり、符命もまた予言の表れの一種である。劉秀が自らこれを信じていたかどうかは別として、「劉氏また起こる……」と記された緯書(『河図』)の讖をえたことが、劉秀蜂起の契機となったとされているし、彼の即位の際、天帝への祝文にも「劉秀、兵を発し不道を捕らう。卯・金・刀(=劉)徳を修めて天子となる」という『讖記』の引用がみられ、この讖言が「建武」の年号の由来となっている。光武帝の新王朝樹立が「讖緯革命」と呼ばれるのはこの理由からである。のちの時代においても、讖緯思想と緯書とは社会の底流で生き延び、とくに王朝交替期には、おもむろに姿をあらわすのを常とした。もっとも、これを用いて権力をえた者は(光武帝もそうであったが)、権力の座につくや、緯書を民間から奪い取って府庫に納め、

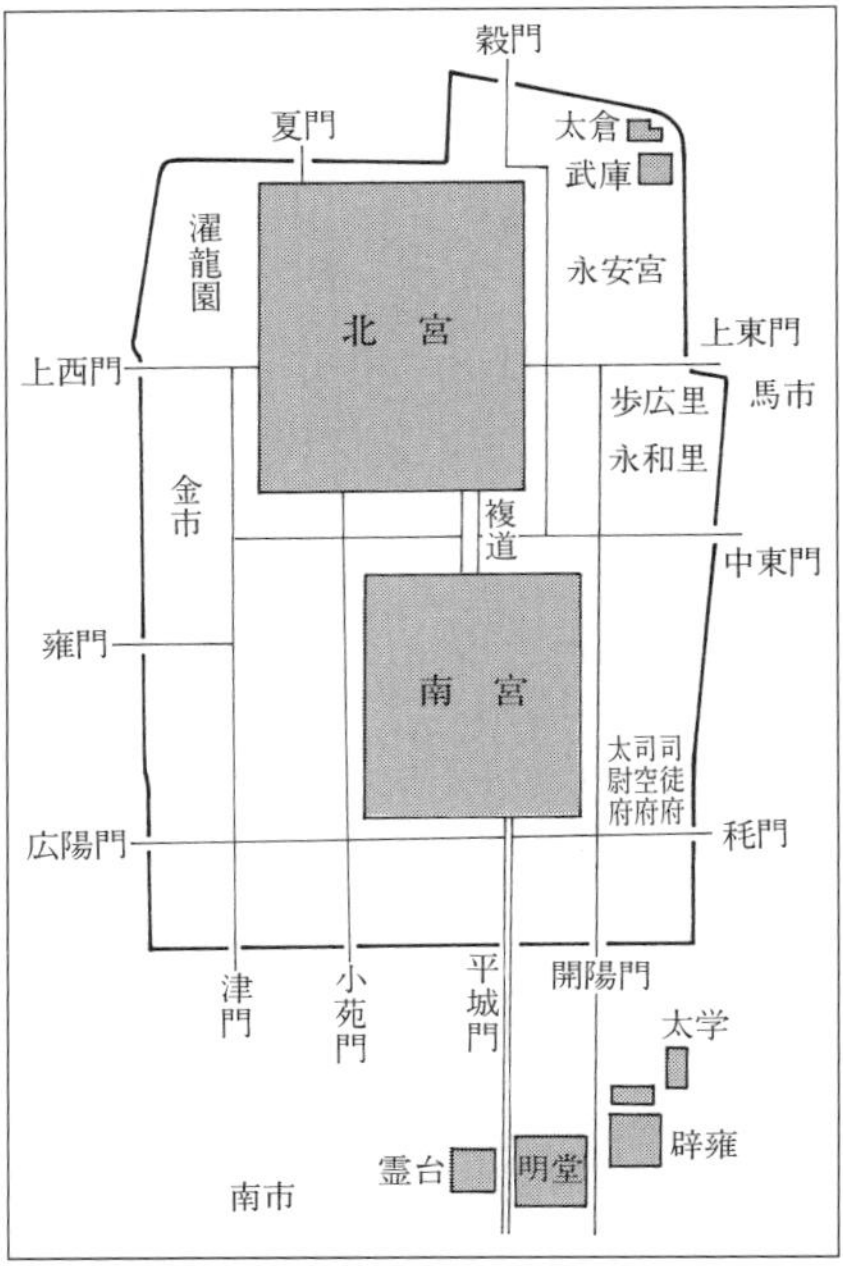

後漢・洛陽城の平面図(南北両宮が統合されるのは，のちの北魏の時代)

符命・讖言を弄する者を厳重に取り締まった。

政治・経済の復興

劉氏政権を再建した光武帝は、郡国制をはじめとして、原則として前漢の諸制度をそのまま継承したが、その際にもっとも意を払ったのが皇帝権の確立であった。中央官制では、最高の行政官として太尉・司徒・司空の三公を任命したが、身辺(中朝)に設置した尚書台に有能な官僚を集め、皇帝の直接的な指揮のもとに実務にあたらせた。地方行政では、数郡を束ねて州とし、それぞれの監察の職務にあたっていた前漢の武帝以来の刺史(州牧)の制度を重視し、州を郡の上位におく地方行政の最高機構とした。後漢初期の県数は四〇〇余り、県・邑・侯国の総数は前漢の四分の一程度であり、この規模は後漢期を通じて大差なかった。その縮小された規模において、さらに官員の数を大幅に削減し、冗漫な行政の合理化をはかった。官僚の質についても改革をおこない、早々に太学《たいがく》を設置し、五経博士を任命し、儒家の教養を積んだ者を養成した。同時に、孝廉・明経等々の科目をおく官吏選抜の法を定め、地方の人材を集めた。

すでに前漢後期から土地の兼併が進み、小農民が奴婢に没落する傾向にあったが、新末の動乱によってその没落が激化した。そこで光武帝は、建国後すぐさま奴婢の解放を命じ、「売人・略人」を法をもって禁止し、小農民による生産の回復をはかった。また多彩で多数の農具が、後漢期のものとして出土しているとおり、この時代には農業技術にも格段の進歩がみられた。後発地の淮河流域の開発も進み、牛耕の技術も普及した。また蜀の地方(四川省)では養蚕が盛んになり、水車利用の石臼(水碓《すいたい》)も開発され普及した。黄河の治水や灌漑の事業についても国家は熱心であり、とくに地方官の指揮のもとに、一カ所で数千頃という農地開発の成果を生んだ。

手工業の面では、鉄官が徐々に再開され、官営の鉄器製造が回復した。銅器の製造も隆盛し、会稽郡山陰県(浙江省紹興市)の銅鏡に代表されるような優れた工芸品を生み出し、日本(倭)などに輸出された。商業活動もまた回復し、首都に選ばれた洛陽は、交通の便によって、商業都市としても発達し、重鋳された大量の五銖銭は、その商品流通を支えた。北方辺境からの後退は、南方への移民の呼び水となり、淮河以南の長江の中下流域の人口が飛躍的に増大し、各地の豪族の指導による水田の開発にともなって、いわゆる「江南の開発」が本格化した。

豪族の伸張

秦漢帝国が「第二次農地」を基盤として成立したとすれば(七四頁参照)、それにたいして後漢は、「第一次農地」の再興と発展によって維持された国家であるといえる。「第二次農地」は、国家の指導のもとで開拓された新開地であったから、規模は大きいが、国家が保護と管理を怠れば、全域が荒蕪地に戻ってしまうという弱みを秘めた農耕地であった。一方、「第一次農地」は、もともと国家の手を借りることなく古くから成立していた農耕地であり、容易には崩壊しない自立性の高い地域であった。

漢帝国の版図は、武帝期に最大を誇ることになったが、後漢の時代には、多くの県のみならずいくつかの郡までもが廃止され、これら郡・県が復興されることはなかった。廃止された諸郡は、ほとんどが北方および西北部にあり、この地区は、いずれも秦漢時代にはいってあらたに開発・設置された

「第二次農地」として理解できるものである。後漢になって消え去った諸県は、辺境にとどまらない。当時の人口の密集地帯を代表する黄河下流から淮河下流の地域では、後漢では三〇％以上の県が廃止されているが、この一帯もまた「第二次農地」に属する。長江の上流域、およびその以南の広大な地帯は、「第二次農地」であるが、ともに後漢時代に生き残った。四川盆地を中心にした長江の上流域は、秦の始皇帝の時代に開発されたあと、稲田には適した条件があったために、安定して生き続けた地区であり、その自立性は「第一次農地」に匹敵するものであった。長江流域とその以南の内陸部は、秦漢帝国の版図にはいり、郡県制下におかれたが、実際には非漢民族が独自の生活空間を守っており、所属の県数も極端に少ない「漢民族の過疎地」であった。

　漢代を通じて「大姓《たいせい》・豪右《ごうゆう》・勢家《せいか》」などとして表現される豪族は、おおむね「第一次農地」を基盤として形成され、存続した存在であり、後漢時代には、国家の保護をあてにすることなく勢力を保持し、とくに江南では、それら豪族の指導のもとにあらたな稲田が開発され、それぞれ北方から逃れた人々を隷農（奴客《ぬきゃく》・徒附《とふ》）として吸収しながら、独自の権力を伸ばしていった。新末から後漢への動乱期には、自衛に迫られた豪族は、邸宅を要塞（塢壁《おへき》）化し、私兵を備え、なかには国家動乱の終息をめざして、自ら蜂起する者もあらわれた。光武帝自身がこの類の豪族勢力であり、初期の光武帝の軍を支えたのも同様の豪族たちであった。

　前漢時代には、地方の豪族を関中に強制移住させたり、法家思想を体した峻厳な官吏（酷吏）を使っての抑圧・弾圧政策を断行したので、小農民に依拠する国家体制はからくも保たれていた。後漢の時代には、光武帝自身が南陽の豪族であったこともあり、地方豪族への抑圧には熱心でなかった。豪族は土地兼併を継続し、高利貸しと商業活動によってさらに富を蓄積した。ちなみに光武帝の母の実家である南陽の樊《はん》氏は、奴隷を駆使(課役童隷《どうれい》)して蓄財し、また山間に貯水池(陂《ひ》)を築き、水田三〇〇余頃を造成し、高閣を重ねた別荘を建てる、といった「著姓《ちょせい》」であった。豪族の墓の内壁を飾った画像石からは、奢侈に満ちた地方官や豪族たちの、生前の姿をうかがうことができる。さらに後漢末になると、「棟を連ねること数百、膏《こう》田(肥田)は野に満ち、奴婢は千群、徒附は万を以《もっ》て数う」という「豪人」もあらわれた。飢饉や天災などの事情から窮民・流民となった農民たち、彼らを救済するのは、本来は国家の役目であったが、この面の「賑給」をうけおって地域社会に根をおろし、その活動によって自己の荘園(田荘)での大土地農業経営をさらに充実させたのは、むしろ豪族たちであった。

党錮《とうこ》の禁

後漢もまた、官僚国家に変わりはなかった。豪族には儒家的教養と学問を身につける余力があり、官僚として採用される道をもっとも享受できたのは、この豪族層であった。豪族は子弟を中央・地方の官界にいれることに努力し、もって公権からの抑圧を防ぎ、同時に公権を利用しながら肥え太った。この時代から、儒学を教えて官途に送り込むための「私塾」が、地方に設立され始めたのは、なによりも豪族層の要請にそってのことであった。

後漢初期の光武帝、明帝(在位五七〜七五)、章帝(在位七五〜八八)の三代をすぎたころから、高位に昇った者のほとんどが、公権をとおして蓄財する者がふえ、こもごも蓄め込んだ富を、おもに自分の出身地の土地の購入にあて、こうしながら、それぞれが田荘を営む豪族となった。彼らは、政治の腐敗に悩む正義感に満ちた「清官」からは「濁流」として誹《そし》られたが、そうなじる「清流」派の官僚とても、その身元を質《ただ》せば、多くは地方豪族の出身者であった。

すでに述べたとおり、官僚として出仕する場合、太学をとおして推挙される道と、地方での人物評によって推薦をえる道との二つがあった。前者からは、やがて学閥が生じ、後者の場合には、推薦をしてくれた地方官や、養成してくれた「私塾」の教師を「主」とし、推挙された者を「門生・故吏」とする「党」が生まれた。こうした私的集団(党人)は、官界に隠然とした勢力をつくり、朝廷内での政治的な派閥をなした。

後漢の支配体制の揺らぎは、十歳で即位した和帝(在位八八〜一〇五)の時代から始まる。和帝の外戚、竇太后《とうたいこう》とその兄の竇憲《とうけん》が政治を壟断《ろうだん》し、宮中で隔離された和帝を護るのは宦官のみであった。九二(永元四)年、外戚の跋扈をみかねた一部の官僚は、宦官の協力をえて竇氏一族を倒した。十三歳で帝位についた安帝(在位一〇六〜一二五)もまた、宦官と儒家系の官僚の支持のもとに、外戚の鄧《とう》氏を倒したが、これより後漢の朝廷では、外戚と宦官とが暗闘することになった。安帝を継いだ順帝

(在位一二五〜一四四)は、宦官が擁立した皇帝であった。この功績で宦官は、外朝の官僚となることができ、また養子をもって家系を継承できることになったが、順帝は一方で、外戚の梁氏を重用して宦官勢力の掣肘をはかった。このために順帝の死後には、外戚勢力の梁太后とその兄の梁冀《き》の天下となり、梁氏一族は、沖帝(在位一四四〜一四五)、質《しつ》帝(在位一四五〜一四六)、桓《かん》帝(在位一四六〜一六七)とつぎつぎに幼帝を立て、二〇年にわたって国政を握った。

一五九年に梁太后が亡くなると、桓帝は、待ちかねたように宦官の手を借りて梁氏を滅ぼした。没収した梁冀の家財は三〇億銭以上、この額は当時の国家財政のなかばを占めるものであったという。外戚の打倒は、宦官の跳梁を許す結果になった。宦官たちは蓄財につとめ、たとえば宦官の侯覧《こうらん》が奪い取った邸宅は三八一カ所、田畑は一一八頃にのぼったとされる。宦官の横暴にたいしては批判の世論が起こり、これにたいして宦官勢力は、先手を打って儒家官僚を代表する司隷校尉の李膺《りよう》や太尉の陳蕃《ちんばん》らの「清流」の人士を弾圧し、一六六(延熹《えんき》九)年十二月、彼ら二〇〇人を不当に政治を批判した「党人」として獄にくだした。ついでにいえば、大秦国王安敦《あんとん》(ローマ帝国、マルクス・アウレリウス・アントニヌス)の使いと称する者が中国をおとずれ、象牙や犀の角を献上したのは、事件の三カ月前のことである。ともあれ桓帝は、その翌年、党人を獄からだし、彼らを終身的な公職追放(党錮)にした。宦官がこの処置を許したのは、李膺らの門下生(門生)のなかに宦官の子弟も多くいたからであったという。この党錮の禁令(党錮の禁)をだしたその年に桓帝が没し、十二歳の霊帝が継いだ(在位一六八〜

一八九)。政治は外戚の竇氏に委ねられ、竇太后の兄の大将軍・竇武《とうぶ》に権力が集中した。一六八年、竇武は、陳蕃や李膺らを再任して宦官勢力の一掃をはかったが、宦官に機先を制せられ、竇武は自殺し、陳蕃ら七〇〇人が処刑され、翌年には多数の「清流」人士が党錮にされて、朝廷からは「清官」が一掃された(第二次党錮の禁)。しかしこの事件は、政治改革の芽を摘み取ることになり、また社会不安を引き起こし、後漢王朝を一気に滅亡させる道を開いた。

後漢時代の外政

漢帝国が採用した「郡国制」は、漢帝国の外政の基礎ともなった。武帝が強行した朝鮮四郡の設置にみられる方式は、「郡県制」の側面が反映したものであったが、王国(諸侯王国)を併存させる「封建制」の側面は、比較的穏やかに周辺諸国を帝国につなぎとめることを可能にした。

そもそも中国と周辺諸国とのあいだの交渉は、朝貢《ちょうこう》という交易方式をとおしておこなわれた。これは、中国の皇帝の徳を慕って貢ぎ物を奉ずる、という中華思想(華夷思想)と儒家思想の徳治主義の原理に基づく方式であった。朝貢国のうちで、永続的で安定した国交を求める首長にたいしては、これらを中国に帰服した皇帝の臣下として位置づけて、適宜、王・侯などの爵位、また官位を賜与し、中国の「礼」がおよんでも、直接支配を媒介する「法」はおよばない領域支配を承認した。官・爵を授与(これを冊封《さくほう》という)された諸国は、それぞれの領域内で、中国の権威を借りることで自国内の支配の維持やその拡大ができることになるメリットがあった。このような「君臣関係によって構成されるひとつの国際的なネットワークと国際秩序」を、学術上「冊封体制」という。

この点を前提として漢代の国際関係をみると、「西南夷」の滇《てん》(雲南省昆明市一帯)を「滇王」とし、南越の趙氏政権(広東省広州市一帯)を「南越王」として冊封したのは、ともに前漢初期の例であり、前漢の宣帝は、服属した南匈奴の呼韓邪単于《こかんやぜんう》に諸侯王の上に位置する爵位を与え、「客礼」をもって待遇した。また前漢末には、高句麗が朝貢して王号をえている。また後漢の建武中元二(五七)年に朝貢した奴国が「王」に冊封されたことは、「漢委奴国王」の金印が裏づけるところである。しかし後漢期には、冊封体制による安定した国際秩序が維持されたとはいえず、光武帝ののち、皇帝の権威は確立されるにいたらず、また当時は、周辺の諸民族が国造りの段階にあったという背景もあって、中国の周辺では、ともすれば武力衝突が起こる不確定の時代が続いた。

新末の動乱期に匈奴は勢力を盛り返し、中国の北辺を脅かした。四八(建武二十四)年に匈奴(東匈奴)は南北に分裂し、南匈奴はしだいに華北に移り住んで勢力を弱めたが、北匈奴は、和帝の代に竇憲の出兵で打撃を受けるまで勢力を保った。匈奴の勢力が衰退するとともに、配下にあった烏桓《うがん》・丁零《ていれい》・鮮卑《せんぴ》などの諸族が興り、後代にはあらたな脅威となっていった。西域は、前漢期には西域都護によって統括される地域であったが、前漢末から王莽期には都護の支配はくずれ、五〇余のオアシス国家は西進した匈奴に服属することになった。後漢が西域支配の回復を再開したのは和帝の時代であり、九一年、西域都護に任じられた班超《はんちょう》が、三一年間にわたって西域経営に成功し、この功績はその子の班勇《はんゆう》に受け継がれた。しかし、その後の時代には、西域諸国は漢から離反し、西域都護も廃止された。なお九七(永元九)年に、大秦国をめざして安息(パルチア)、条支(シリア)まで足を伸ばした甘英は班超の部下であり、『漢書』を著した班固《はんこ》は、班超の兄にあたる。一方、渭水の上流域にあって、後漢の脅威をなしていたのが羌《きょう》族である。とくに安帝の時代には一二年にわたって後漢軍との衝突を繰り返し、戦費は八〇億銭余りになったが、羌の攻勢は治まらないまま、後漢政権のほうが崩壊した。

5　分裂の時代——三国

黄巾の乱

安帝のころより、後漢王朝の権威は急速に傾いた。宮廷において外戚と宦官とが相争っていたあいだに、内政は混乱の度を加え、おりからの洪水・旱魃・蝗害・疫病といった天災は、人災とあいまって人々の生活を破壊した。「連年水旱」「天下飢饉」といった記事、そして各種の反乱や暴動の記録が急増するのは、安帝期からである。当初は散発的であった暴動は、しだいに組織化され、規模も大きいものとなった。

後漢末の諸反乱には二つの類型がある。ひとつは、国家の義務としての維持・管理の事業が停滞したために農地が荒廃し、よって小農民が立ち上がるという「第二次農地」にみられるものであり、この場合、抗議は国家・政府に向けられ、反乱者の合言葉は「正常な皇帝支配」の再建ということになる。あとひとつは、大規模な農園経営を拡大する豪族の地域制覇によって、周辺の小農民層が没落したことより惹起される「第一次農地」における諸反乱であり、当然、その反抗は地方豪族層に向けられる。後者は、各地の豪族を襲って掠奪するという暴動に終わることが多く、その攻勢を私兵をもって防ぎとめた豪族のその地位を、かえって確立させる結果を導くことにもなった。全土を巻き込み、政権の交替にまでいたる反乱の類型は、やはり前者であったといえる。

霊帝の時代、冀州鉅鹿《きょろく》郡(河北省寧晋《ねいしん》県一帯)で、護符によって治病をおこなう信仰集団、太平道が結成された。これを組織した張角《ちょうかく》は、のちの道教の源流のひとつとなる黄老道を基本に、当時の民間信仰とをあわせた宗教結社として組織を整え、十数年のあいだに華北から江南にいたる八州で困窮した農民らを中心に信徒数十万人を集めた。同じころ蜀の地(四川省)では、五斗(約一〇リットル)の米をだせば入門できるという信仰集団が生まれた。これが五斗米道《ごとべいどう》(天師道)であり、張魯《ちょうろ》の指導のもとに、祈禱により治病し、貧民の救済事業をおこなったので、これまた農民層のみならず、地方の官僚・豪族層の支持をえて、一大宗教結社として成長した。この五斗米道は、のちに魏の政権に服属する(二一五年)まで、ほとんど自立した国家のように蜀で権勢を保った。

太平道にたいしては、宦官の一部にも共感を寄せる者があらわれ、国家は脅威を感じてこれを弾圧したが、張角は、教団を軍事組織に改変し、反政府の狼煙《のろし》をあげた。ここに、黄色い頭巾を標識とした群衆が、「蒼天(天下)すでに死す、黄天まさに立つべし」との合言葉のもとに、各地で一斉蜂起した(一八四年)。この「黄巾の賊」の運動は、人口密度の高い「第二次農地」の地帯である黄河中下流域を中心に拡大し、驚いた政府は「党人」を大赦し、曹操《そうそう》や孫堅《そんけん》などの若手将校を起用しながら官軍を建て直して、その制圧に乗り出した。蜂起の直後に張角が病死したこともあって、反乱軍の主体は壊滅したが、民政上の問題はなんら解決されることがなかったので、黄巾の余党の活動は後漢政権の崩壊まで継続されることになった。

群雄割拠

黄巾の乱が鎮圧されると、宦官と外戚の抗争が再開された。霊帝の外戚、何進《かしん》は、孫にあたる劉辯を霊帝の後継として立て(一八九年)、代々、高官をだした名族を代表する袁紹《えんしょう》や、羌を討って名をあげた董卓《とうたく》らと結んで宦官勢力の一掃をはかり、自身は殺されたが、宦官勢力の駆逐に成功した。しかし、この功をあげた袁紹や董卓、また黄巾の乱の鎮圧に活躍した曹操らが、あるいは黄巾の残党を吸収しつつ私兵を集めて、それぞれ軍閥となり、また遼東半島の公孫《こうそん》氏のように地方官で独立政権をつくる者もあらわれ、こもごも政権を競うあらたな混乱期にはいった。

この動乱の時代は、名族でも名士でもない者が、実力をもって活躍する舞台を提供した。浙江省の富春江《ふしゅん》の物資の流通にあたって土豪となっていた孫氏一族（孫堅と孫策・孫権父子）、涿郡《たく》（河北省涿県）で前漢景帝の末裔と称しながら零落した生活を送っていた劉備《りゅうび》らが、その代表である。

董卓は霊帝の別の子、劉協（献帝、在位一八九～二二〇）を擁立して政権を独占したが、反対派は袁紹を盟主として結束し、董卓を討った。この間、洛陽から長安へ、ふたたび洛陽へ流浪していた献帝を手中におさめ、許《きょ》（魏の許昌《きょしょう》、河南省許昌市の郊外）に新都を造営したのが曹操であった。曹操は、近傍に屯田制をおこない、軍糧を調達すると同時に、兵士を補給する基盤を築いた。この場合の屯田は、没落した農民を集めて、荒廃した農地を回復させる「民屯」（典農部屯田）であり、やがて曹操は、この民屯を中原にまで広げ、政府の財政を再建した。なお、のちの魏政権の末期には、晋朝の事実上の始祖となる司馬懿《しばい》を指導者として、淮河流域を中心に、呉にたいする前線基地として、兵士を動員しての大規模な「軍屯」（度支部屯田《たくしぶ》）がおこなわれている。これにより、一帯には陂（貯水池）や渠（灌漑水路）がつくられ、広大な農地が開発された。いずれも、まさに国家による農耕地（第二次農地）の再興であった。

屯田制をとおして基盤を固めた曹操は、二〇〇年に袁紹を撃破し（官渡の戦い）、袁紹に加担した劉備は、荊州（湖北省襄陽市）に逃れ、諸葛亮《しょかつりょう》（諸葛孔明《こうめい》）を軍師にむかえて再起をはかった。二〇八年、孫権と劉備の連合軍が曹操を「赤壁《せきへき》の戦い」（おもな戦場は湖北省嘉魚《かぎょ》県の西）で破ったあと、孫権は荊州を奪って江南の勢力圏を確保し、劉備は益州(四川省)にはいって自立した。ここに天下は三分される形勢になった。

三国鼎立

二一六年、曹操は献帝から魏王に封じられ、鄴《ぎょう》の地に事実上の新王朝を立てたが、まもなく洛陽で病死した(二二〇年)。この年の十月、その子の曹丕《そうひ》は、許都の近郊の繁陽《はんよう》(河南省臨潁《りんえい》県繁城鎮)に土壇を築き、群臣の推挙(勧進《かんじん》)のもとに、献帝から皇帝の璽印が譲られるという儀式をもって「皇帝」に即位し、翌日、天帝に報告して改めて天命をえるという儀式をとおして「天子」となり、洛陽を首都とする新王朝「魏」を創立した。献帝から曹丕(文帝、在位二二〇～二二六)への政権委譲のこのかたちは、これ以後、たびたび実現される禅譲劇の模範となった。

魏王朝の成立の報をえた蜀の劉備(昭烈帝、在位二二一～二二三)は、成都(四川省成都市)で即位式をあげ、景帝の末裔ということにちなんで、国号を漢とした。この蜀漢政権の性格は、後代の『三国志演義』で名高い諸葛亮、関羽、張飛、馬超ら、いずれも北方から流移した「よそ者」たちと、益州の刺史(州牧)劉焉《りゅうえん》の子の劉璋《しょう》に代表される地元の有力者や豪族との連合政権——といえる。蜀漢政府は、秦代以来の豊かな稲田を経済的な基盤として、現在の雲南・貴州省方面まで領土を広げたが、その地方の非漢民族との軋轢がたえず、劉備と諸葛亮の死後は急速に国力が衰え、二代で滅んで魏に併合さ

受禅台の遺構　河南省許昌市の東郊に残る。漢から魏への禅譲のときの祭壇。

れた(二六三年)。

呉は、曹丕が帝位についた時点では、自立する力がなく、しばらくは魏に臣従してその冊封を受けた。やがて孫権《そんけん》(大帝、在位二二九〜二五二)は、自前の年号(黄武)を立てて、この体制から離脱し(二二二年)、ついで武昌(湖北省鄂城市)の地で皇帝となり、呉国を建立し、首都を建業に遷した(二二九年)。呉の政権は、長江の中下流域の豪族や土豪の勢力を糾合したものであり、政務は、当初より「呉の四姓」らの名家・名族に委ねられており、私兵(部曲《ぶきょく》)二〇〇〇人をかかえる、といった名族が政治を壟断した。この事情から、国力や武力は皇帝に集中されず、孫氏の政権は、四代五八年で晋朝にくだることになった(二八〇年)。

三国時代の基本史料である晋・陳寿の『三国志』は、魏朝を正統とみる立場での歴史書であり、呉・蜀両国についての記載は相対的に乏しい。とりわけ「後発国」といえる江南の呉については、参照できた史料がもともと乏しかったためか、不明な点が多い。ところが最近、湖南省長沙市の市街地から、呉の「嘉禾《かか》」(二三二〜二三七)の年号が記される大量の木簡が発見された。現在、整理・解読中であり、詳細は公表されていないが、呉国治下での小作関係の契約文書(佃券《でんけん》)も含まれていると伝えられ、この「走馬楼呉簡《そうばろう》」には、あるいは呉国の歴史を塗り替えるか、という期待が寄せられている。

九品官人法と「貴族」

魏・呉・蜀三国のうち、国土の面積も生産力も、また擁する人口においても、最大を誇っていたのが魏帝国であった。そのために魏の政治には、後代に影響をおよぼしたものが多く認められる。そのひとつが、建国直後に陳羣《ちんぐん》の建議に従って施行された九品官人法《きゅうひん》である。これはのちの隋代の初期に「科挙」の体制が整うまで、継続して実施された官吏登用の制度であった。この法では、まず、漢代では俸禄の石高で序列がつけられていた官職を、下級の胥吏《しょり》を除いて、最高の一品から最下の九品までの九つの官品に分ける。ついで、この法が「九品中正法」とも呼ばれるとおり、地方の州・郡に「中正」という特任の官を設置し、各郷里での人物評(郷論)に基づいて、徳行や才能のある者を九等の「郷品」に分けて中央に推挙する。中央ではこの郷品を尊重しながら、採用者を原則として郷品より四等下がった官位につける。民間人(家人)がはじめて官界にはいって皇帝の官僚(臣)となることを「家より起つ(起家)」といい、たとえば郷品が五の者は、最下の九品の官より起家する。そして累進していくわけであるが、もとの郷品以上の官(この例では五品)以上には栄進できない。

郷品の認定が、「中正」の名のとおりに公平で正当におこなわれれば、この法は地方の人材登用のためには有効な施策であった。しかし実施されてみると、中正の判定には、ともすれば不正と恣意がつきまとい、また名門・名家の者は、ほとんどが二品の官にまで累進可能な郷品が当初より与えられ、しかもその品定が、家系の既得権のごとくに世襲される始末になっていった。この傾向は二四九年に州大中正が設けられて拍車がかけられ、時代とともに定着した。ついには家の格によって官位が定められることになり、さらに、同一の官位についた者でも、起家のときからその官にあった者(清官)と、ようやく累進してその官位をえた者(濁官)――といった差別も起こった。ここに、経済的な地位とは別に、高官をだす家柄と出世コースが制限される家柄との生まれながらの新しい身分が、国家の官位を媒介として形成されることになった。高位をえた者は、それぞれの官位に応じた特権を利用しつつ自己の家格を上昇させ、また利権を駆使して家産をふやし、経済面でも一種の特権階級へと成長した。このような皇帝権力に寄生しながら成長した「権門・勢族・閥族」こそが、魏晋から南北朝時代、とりわけて南朝の政治を左右することになる「貴族」であったといえる。

魏から晋へ

文帝を継いだ明帝(在位二二六~二三九)は、普請好きであり、おかげで首都洛陽は、宮殿が甍を接することになった。この間、蜀との戦いを指揮し、遼東の公孫氏政権の壊滅(二三八年)のために尽力していたのは、大将軍司馬懿であった。

公孫氏政権が滅亡した翌年の二三九(景初三)年正月、明帝は後嗣のないままで病没し、「その由来する所を知る者なし」(『三国志』三少帝紀)という斉王芳《せいおうほう》が皇帝位を継いだ(在位二三九~二五四)。倭の女王卑弥呼《ひみこ》の使節が、帯方郡《たいほう》を介して中国に来訪したのは、この年の六月であり、同年十二月、魏の皇帝(斉王芳)は、卑弥呼を「親魏倭王」に冊封し、銅鏡一〇〇枚等々の「好物」をその使節団に賜与した。日本の古墳から現在も大量に出土している「三角縁神獣鏡」は、このときに中国から下賜された魏鏡である、と今もいい続けられている。しかし、このような特異なかたちと独特の文様のある、しかも特大の鏡は、中国本土からは一面も出土しておらず、これを「呉から渡来した中国の職人が日本で製作したもの」とする中国の考古学者の所説にこそ説得力がある。

幼少の三帝が帝位についたあいだに、輿望《よぼう》が司馬氏へと移ったのは当然の成り行きであった。司馬懿は、曹氏政権を支えていた曹爽《そうそう》や何晏《かあん》らの一族を除いたあと病死したが、その権勢は子孫に受け継がれた。司馬懿の孫の司馬炎《しばえん》(晋・武帝、在位二六五~二九〇)は、かねて手中においていた元帝から、予定どおり「禅譲」されて新しい王朝「晋」を樹立した。皇帝の位を晋に譲った元帝は、洛陽の宮城をだされて魏王曹操ゆかりの鄴に遷され、陳留王という一介の一王として生涯を終えた。

第三章　帝国の分裂と再統合

1　南北朝の成立

西晋の中国統一

曹魏の朝廷では近臣の司馬懿《しばい》が台頭し、長子司馬師《し》、その弟司馬昭《しょう》と続いて魏帝の権力を封じ、二六五年八月の昭の死後、十二月にその長子司馬炎《しばえん》(武帝、在位二六五～二九〇)が即位して洛陽に都をおいた。晋の建国である。蜀漢はすでに二六三年に滅亡していたが、孫氏の呉(孫呉)は二八〇年にいたって長江をくだった晋軍に破れ、都の建業(江蘇省南京市、のちに西晋第四代愍《びん》帝司馬鄴《ぎょう》の諱《いみな》を避けて建康という)が陥落して滅んだ。中国は黄巾の乱後一世紀ぶりに統一された。魏と倭(日本)の邪馬台国との縁は深かったが、晋建国翌年の二六六年十一月にも倭人が洛陽にいたって特産物を献上している。

孫呉は曹魏が立ったときにはこれに臣属していたが、二二九年に孫権《そんけん》が皇帝を称し(大帝、在位二二二〜二五二)、武昌(湖北省鄂城市《がくじょう》)から建業に遷都した。有力者はほとんど武人で、将軍らは軍隊を世襲できる世兵制がとられていた。孫氏は呉郡(浙江省杭州市)の出身だが江北で活動し、孫氏とともに江北から移ってきた将軍たちは奉邑を与えられ、その租税収入で兵士を養った。江南土着の武将は自らの所有地を基盤とし、麾下の兵力は私兵であった。孫権が皇帝を称する前から軍屯を中心とする屯田制が施かれて奉邑制は姿を消すが、将軍の領主的性格はいぜんとして強かった。また、山間部には山越という土着の住民がおり、漢族の呉の進出に抵抗していた。このように孫呉では強力な皇帝権力は育たず、孫権の死後は政治的混乱が続き、晋の遠征軍の前に抵抗らしい抵抗もなく滅亡したのである。

晋の武帝は即位直後に宗室一族を王に封じ、平呉ののちには州郡の兵備を撤廃した。各地に中央軍が分派されて駐屯し、その指揮官には専決権を示す持節や将軍・都督の称号が与えられた。駐屯軍の指揮官の多くは宗室諸王であり、封国《ほうこく》を有したこととあいまって彼らの力は増大した。魏において宗室が遠ざけられ、司馬氏の権力奪取を容易にしたことに鑑みた措置であるが、逆に宗室の独自性が強まることにもなった。また武帝は、漢以来蓄積されてきた法律の「律」と追加法令の「令」とを整理し、二六八(泰始四)年に刑罰法規の律と広義の行政法規の令とを分類公布して、いわゆる律令体制の先駆けをなした。魏末晋初には典農部屯田を廃止し、おそらく平呉にともなって軍屯をも廃止した。この屯田の廃止と呉の平定によって増大した郡県民にたいして、泰始年間と二八〇年とに戸調式を発布した。

戸調式では、丁男《ていだん》(十六〜六十歳)のいる戸からは毎年絹三匹・綿《まわた》(きぬわた)三斤(約七五〇グラム)を徴収し、女性および次丁男(十三〜十五歳)の戸はその半額を徴収する。一方、土地の占有を認める占田と課税対象となる課田とを設け、占田は男子一人で七〇畝、女子一人で三〇畝、課田は丁男一人五〇畝・丁女一人二〇畝・次丁男二五畝とした。これに対応して、五〇畝(約二・五ヘクタール)の課田からは租四斛《こく》(一斛＝一石《たんせき》＝一〇斗＝約二〇リットル)を徴収した。この占田・課田と田租・戸調との関係については、課田を占田外の田土とするか占田のうちに含めて解釈するか、という問題を中心に多くの議論がある。しかし見逃していけないのは、占田・課田法によって中国史上はじめて一般農民の田土の占有が国家の規制の対象となったことである。また、田租・戸調が戸を対象としていることは、漢王朝の崩壊とともに口賦のような個別人身的な税の徴収が不可能となり、国家にとって一般農民を戸単位に把握するほうが容易になったことを意味している。なお、魏の田租は畝当り四升であった。戸調式の田租は丁男だけで畝当り八升であり、西晋の田租は魏に比べて過重であった。

官人にたいしては官品に応じた占田と、これに付随する佃客《でんきゃく》・衣食客《いしょくきゃく》への免租が認められた。佃客は主家の官人に家族で従属する小作人、衣食客は主家から衣食を支給される者で、戸を形成しえない家内奴隷に近い存在であったとみられる。占田額は一品は五〇頃《けい》(一頃＝一〇〇畝)、二品は四五頃で、以下一品ごとに五頃ずつ逓減して九品で一〇頃となる。佃客は一品・二品は一五戸、三品は一〇戸、四品は七戸、五品は五戸、六品は三戸、七品は二戸で、八品・九品は一戸である。衣食客は一品から六品までは三人、七品・八品は二人、九品は一人である。一〇頃以上の田土を耕作するには、これらの戸数・人数ではたりない。実際には官人はより多くの客を有しており、その一部に限って課役を免除したものと考えられる。占田は田土占有額の上限を定めたものとも、占田額に限り官人に申告させたものとも解釈されるが、佃客・衣食客の給客制とあわせて、西晋がゆるやかなかたちで官人の田土や客の保有に介入しようとしていたことは確かである。また地方行政では原則一〇〇戸、人口の稀少な土地では五〇戸を限度として里《り》を編成し、そのうえに五〇〇戸から二五〇〇戸程度までの郷《きょう》をおき、里には里吏《りり》、郷には郷嗇夫《しょくふ》らの吏官をおいた。

胡族勢力の台頭

武帝没後に恵《けい》帝（在位二九〇～三〇六）が即位すると、情勢は一変する。武帝の皇后であった楊太后が父の楊駿《ようしゅん》に恵帝を輔政させ、楊駿が専権をふるうと、これに反発した恵帝の皇后賈《か》氏は恵帝の弟楚王司馬瑋《しばい》と謀り、二九一年に楊駿を誅し楊太后を死に追いやった。賈后はついで楚王を殺し、恵帝にかわって政治の実権を握った。しかし、二九九年に子のない賈后が後宮所生の皇太子（愍懐《びんかい》太子）を廃して翌年に殺害すると、趙王司馬倫らが立ち上がって賈氏一族を滅ぼした。これを機に一族諸王の内紛が拡大し、恵帝は諸王によって鄴《ぎょう》（河北省臨漳《りんしょう》県）・長安と移された。三〇六年六月、東海王司馬越の働きで恵帝はようやく洛陽に戻ったが、十一月に亡くなり弟の懐《かい》帝(在位三〇六～三一三)が即位した。以上の二九一～三〇六年の晋室一族の内乱を八王の乱という。諸王に権力を分与する晋室の方針が裏目にでたかたちだが、内乱が長期化した底流には後漢末以来の世論(輿論《よろん》)が存在し、政権を担う人物の行動が世論から乖離すると、新しい勢力が登場することになったと考えられている。

この内乱の兵力には、鮮卑・匈奴など周辺諸民族の姿もみられた。匈奴では後漢初期に南北に分裂して以来、長城をこえて中国内地に移住する者がふえてきた。チベット系の羌《きょう》族は後漢初期から甘粛省東部・陝西省西部に侵入を繰り返していたが、後漢はその対策として討伐した羌族を甘粛・陝西・山西省などに移住させた。同じチベット系の氐《てい》族は、前漢中期から陝西省西南部・四川省北部の郡県に編入されていた。中国の東北では、後漢の桓帝のときに檀石槐《だんせきかい》に率いられたモンゴル系またはトルコ系の鮮卑族が急速に台頭した。檀石槐の死後に鮮卑は分裂したが、一部は遼寧省南部から山西省・陝西省北部にかけて移住、定着した。以上の匈奴・鮮卑・氐・羌と、山西省中部に進出した匈奴の別部といわれる羯《けつ》族とをあわせて五胡という。騎馬の技術に優れた五胡は三国時代から兵士として重用され、彼らの中国進出に拍車がかけられた。そのうちの匈奴の劉淵《りゅうえん》は、早くも三〇四年にその姓にちなんで漢王と称して自立、三〇八年には皇帝位についた。彼の死後、子の劉聡《そう》は三一一(永嘉五)年に洛陽を陥落させ、西晋の懐帝を都の平陽(山西省臨汾《りんふん》県)に拉致し、二年後に殺害した。これを永嘉の乱といい、西晋の事実上の滅亡であった。長安では秦王鄴が帝位についたが(愍帝、在位三一三～

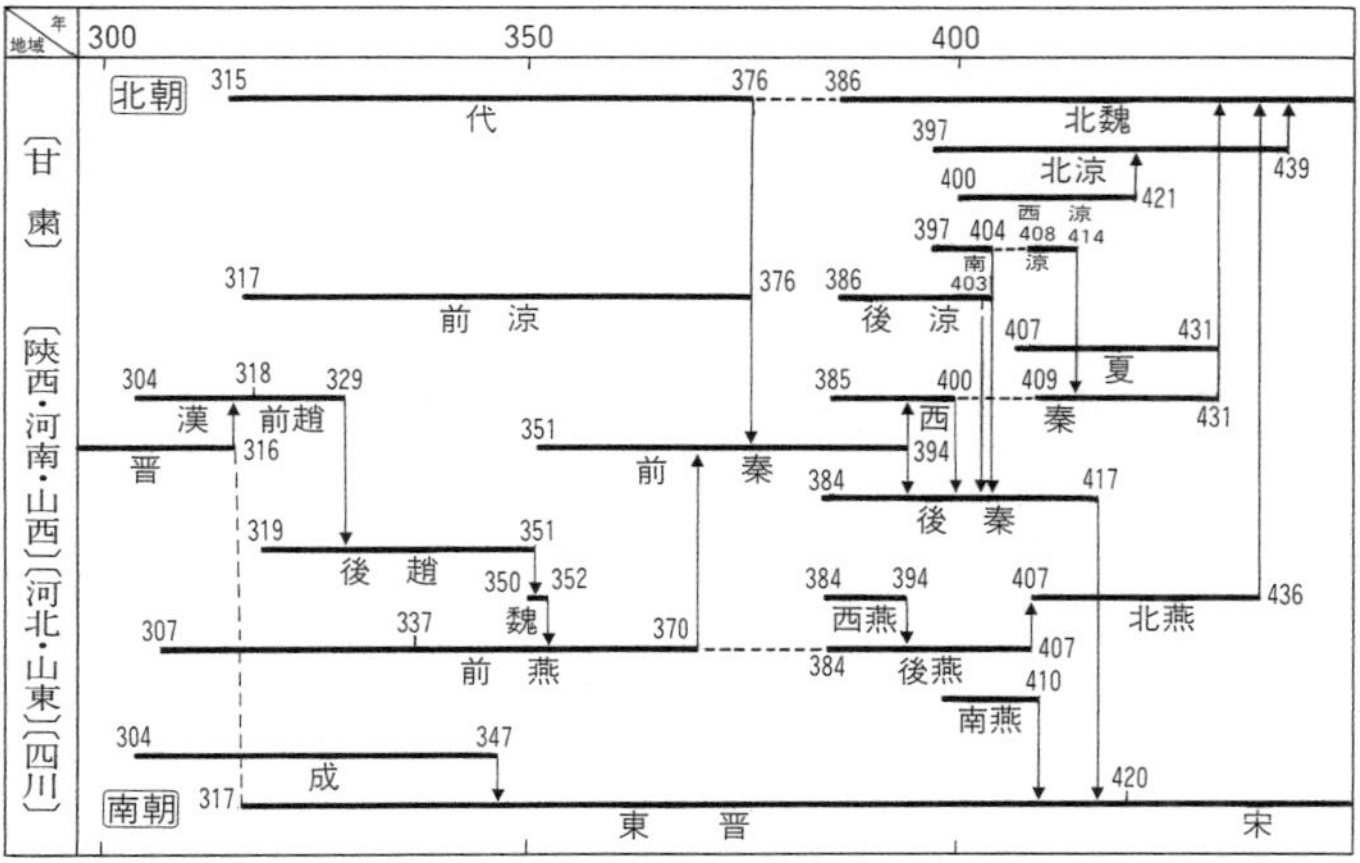

五胡十六国時代王朝興亡表

三一六)、三一六年には長安も劉聡の漢の軍門にくだり、愍帝は平陽に拉致されて翌年に殺された。華北での西晋再建の動きはとだえ、劉聡の死後に一族の劉曜は長安に遷都して国号を趙(前趙)と改めた。

これ以後、華北では一世紀以上にわたって五胡諸族を中心に小国家の分立、興亡が続き、五胡十六国時代と称される。その詳細は上の表のとおりであり、北魏の前身の代《だい》、弱体であった西燕、短命の冉閔《ぜんびん》の魏(冉魏)は十六国から除かれる。また冉魏と前涼・西涼・北燕とは漢人の王朝であるが、後述する漢人王朝の高昌《こうしょう》国は十六国には含まれない。

劉氏の前趙は三二九年に石勒《せきろく》に滅ぼされ、翌年に石勒は趙天王さらに皇帝を称した(後趙)。後趙は血族間の激しい内紛から三五一年に冉魏に滅ぼされるが、冉魏は翌年に慕《ぼ》容儁《ようしゅん》(儁)の前燕に滅ぼされた。しかし前燕は三七〇年に前秦の苻堅《ふけん》に滅ぼされ、苻堅は三七六年に河西の前涼と山西北部の代国をも滅ぼした。これによって華北は統一され、前秦は五胡十六国中最大の版図を獲得するにいたった。しかし苻堅は東晋遠征を企図し、一〇〇万近い歩騎の兵を南下させたが、三八三年の淝《ひ》水《すい》(または肥水、安徽省寿県東)の戦いで東晋軍に大敗し、二年後に死去した。これを機に前秦は劣勢となり、支配下の五胡諸国があいついで自立、華北はふたたび分裂状態に陥った。

南朝政権の成立

愍帝が劉聡の軍門にくだった翌年の三一七年、建康中心に勢力を扶植していた琅《ろう》邪《や》王司《し》馬《ば》睿《えい》は晋王を称し、三一八年に愍帝の死が伝わると皇帝位についた(元帝、晋王を含めた在位は三一七〜三二二)。晋王朝は江南で継承され、建康が従来の国都洛陽より東に位置することから、東晋と呼ばれるようになる。江南には元来、朱・張・顧・陸と連称される朱氏以下の土着の豪族がいた。しかし永嘉の乱以後、北方から大量の人々が流入してくると、元帝は彼ら北人を重用し、これに不満をもつ土着の南人を疎外していった。元帝・明帝(在位三二二〜三二五)・成帝(在位三二五〜三四二)の三代に仕え、北人と南人との均衡を重視する政治をおこなった王導《おうどう》は、華北の名族琅邪《ろうや》(山東省臨沂《りんぎ》県一帯)の王氏出身であった。王導が三三九年に死去すると政治の主導権は桓温《かんおん》の手に移るが、桓温の一族は譙《しょう》郡(安徽省亳《はく》州県)の出身であった。

桓温は三五六年に後秦を討って一時的に洛陽を回復するなど、東晋の版図拡張に尽力した。しかし、三七一年には皇帝であった海西公（廃帝、在位三六五～三七一）を廃して簡文帝（在位三七一～三七二）を立て、続く孝武帝（在位三七二～三九六）のときには自ら帝位につく野心をいだいた。しかしそれを達することなく三七三年に彼が死ぬと、謝安《しゃあん》が政治の指導権を握った。淝水の戦いで前秦を破った謝玄は彼の甥である。その後東晋は、前秦の解体に乗じて再度洛陽を奪回するなど失地回復をめざすが、五胡諸政権があいついで華北に立つと勢力はふたたび後退した。三八五年の謝安の死後には賄賂政治が横行、民衆は収奪に苦しみ、三九九年には会稽《かいけい》（浙江省紹興《しょうこう》市付近）で孫恩の乱が起きた。五斗米道《ごとべいどう》の信者であった孫恩は杭州湾付近の島を根拠地とし、四〇一年には建康に迫った。しかし武将の劉裕《りゅうゆう》に大敗を喫し、翌年に自殺した。その後は妹婿の盧循《ろじゅん》が指揮をとって人心をよく把握し、四〇四年には広州（広東省広州市）を奪って六年以上も支配した。しかし、四一〇年に盧循は建康に進撃して劉裕に敗れ、翌年交州（ベトナムのハノイ市東）に逃れて自殺した。劉裕はこうした軍功を背景に地歩を固め、四一八年の暮れには安帝（在位三九六～四一八）を殺して恭帝を立て、四二〇年に恭帝の禅譲を受けて皇帝となった（武帝、在位四二〇～四二二）。南朝最初の宋朝はこうして開かれた。

この時期の激しい王朝の交代と大量の漢人の南下とは、大きな社会変化をもたらした。後漢末以降、流亡する人々のあいだで土質の障壁の塢《お》を設けた集落をつくることがさかんにおこなわれ、こうして形成された村落自体も塢と呼ばれるようになった。塢は戦乱の渦中にあった華北に簇生《そうせい》したが、全国に広がった同様の集落は村《そん》と呼ばれた。西晋・東晋の移行期には大量の流民が集団で南下し、江淮《こうわい》を中心に村塢が形成された。北人の貴族たちの多くは塢主であり、あらたに住みついた土地には華北の故郷と同じ地名をつけた。これらを仮寓(僑《きょう》)の地という意味で、僑州・僑郡・僑県と呼んだ。僑州等は行政区域を設定せずに人口のみ登録する場合が多く、土着の南人の黄籍にたいし白籍という特別の戸籍につけることもあった。当時の官吏登用法の九品官人法のもとでは、本籍地の州郡県を継承することは貴族層に有利であった。また流民たちにとっても僑郡等は当初は文字どおり僑寓の地であり、移住先の正規の郡県に編入されて移動の自由を失い、租税を課されるのをきらった。これらが僑州郡県が盛行した理由であった。ただし、北人の租税上の優遇の実態は不明である。

しかし、江南における僑寓が長期化して定着してくると、原住の南人に租税負担が集中し、新来の北人が優遇される矛盾を是正する必要がでてくる。そのためにおこなわれたのが土断《どだん》である。土断とは戸籍を整理して流民の北人と土着の南人との区別をなくし(白籍は廃止されたであろう)、僑州郡県を統合して王朝支配の徹底をはかるものであった。東晋および宋・斉・梁・陳で都合一〇回近くおこなわれたが、もっとも有名なのは東晋三六四年と、四一二年から翌年にかけてとの二回である。前者は桓温によって、後者は劉裕によって敢行された。北人の優遇措置を撤廃するだけに、土断には実力者の実行力が必要だったのである。南北両朝による中国分断は、こうして固定化していった。

北魏の華北統一と胡漢融合

華北は鮮卑《せんぴ》の拓跋《たくばつ》部によって統一された。拓跋部はもと大興安嶺北部、嫩江《どんこう》支流の甘《かん》河水源近くの嘎仙洞《かっせんどう》(内蒙古自治区呼倫貝爾《ホロンバイル》盟鄂倫春《オロチョン》自治旗)という洞窟を本拠としていた。その後しだいに南下し、三一五年には猗盧《いろ》が西晋の愍帝から代王に封《ほう》ぜられた。代国の領域は内蒙古自治区から山西省北部にかけてであったが、三七六年には前秦に滅ぼされてしまった。しかし前秦の瓦解後に再度自立、三八六年に拓跋珪《けい》が代王、ついで魏王を名乗った。当時は河北の後燕《こうえん》と協力関係にあったが、領域が拡大するにつれて対立するようになった。三九八年には後燕の黄河以北の地域を領有するにいたり、拓跋珪が皇帝を称し(道武帝、在位三八六〜四〇九)、都を平城(山西省大同市)において国号を魏とした。これを三国の魏(曹魏)と区別して北魏という。道武帝は翌三九九年正月に中国式の建国儀礼である告代祭天の礼をおこない、東晋に対抗する意志を示した。北魏は続く明元帝(在位四〇九〜四二三)、太《たい》武《ぶ》帝(在位四二三〜四五二)にかけて五胡諸国をつぎつぎに平定、四三九年に北涼をくだして華北を統一した。江南では二〇年近く前に宋が立っており、これによって南北朝時代が到来することとなった。

北魏が北朝として南朝に対抗しえたのは、中国の制度や文化を漸次導入して、遊牧的伝統に立つ胡族と農耕民の漢族とをあわせて統治することに成功したからであった。後燕の漢人官僚を吸収して尚《しょう》書《しょ》省・中書《ちゅうしょ》省・門下省などの官職をおき、州郡県を設置して晋にならった将軍号を採用するなど、中国式の官制を整えた。しかしこれらの外朝官を督察するため、胡族出身者を内行長・内侍長などの内

嘎仙洞　『魏書』に伝承されていた碑文（右手の囲いのなか）が1980年に発見され，話題となった。

朝官に就任させた。建国時の三九八年ころには、胡族の諸部族を平城とその周辺に居住させ、部族長の部落大人《たいじん》から部族の統率権を奪う部族解散を断行した。これによって旧来の部族制度は解消したが、部族制的なあり方はなお残存したと思われる。また道武帝以後、冬至に天を祀り夏至に地を祀る中国の天地の祭祀（郊祀）を採用したが、それらは多く官僚におこなわせ（有司摂事）、皇帝自身は四月に西向きに天神を祀る遊牧民伝統の西郊の祭天を親祭した。前述の嘎仙洞には四四三年の太武帝（拓跋燾《とう》）の祭天の祝文《しゅうぶん》が刻まれているが、そこには「天子臣燾（中略）敢《あ》えて皇天之神に昭告す」という中国風の書き出しと、「皇祖の先可寒（＝可汗）（中略）を以《もっ》て配す」という胡族的な末尾の文言とが併存していた。このように北魏では、中国風の制度・文化の導入が胡族の伝統を配慮しながらおこなわれていた。なお、太武帝は四四二年には道壇（道教儀式用の壇）に登り、老子を神格化した太上《たいじょう》老君《ろうくん》に命《めい》を授かったと称する道士寇謙之《こうけんし》から符籙《ふろく》（道教の秘文）を受け、天命を受けたことを内外に示した。夷狄の君主は皇帝にはなれないとする当時の通念にたいして、道教のうえからも皇帝位の権威づけをおこなったのである。

しかしゆるやかとはいえ、このような中国の制度や文化の浸透（漢化）は、胡族のあいだに不満を蓄積させることになった。それを象徴するのが崔浩《さいこう》の国史事件である。名門貴族の清河《せいが》（河北省清河県）の崔氏出身で、後燕系官僚であった崔宏・崔浩の父子は歴代の北魏皇帝に信任された。ことに崔浩は、太武帝の華北統一事業に参画して功績をあげ、また寇謙之を太武帝に近づけた。彼らの活躍は、漢人の北魏政権への協力を促進する役割をはたした。しかし、北魏の歴史編纂を命ぜられた崔浩は、漢化以前の胡族の状態を直書した国史をつくり、石に刻んで平城城内に立てた。そのために胡族の怒りをかい、四五〇年に崔浩は太武帝に誅殺され、その累は姻戚の范陽（河北省涿《たく》州市）盧氏・太原（山西省太原市）郭氏・河東（山西省永済県一帯）柳氏の漢人名族にもおよんだ。漢人官僚は遠ざけられて北魏の漢化は一頓挫をきたし、本格的な漢化政策は孝文帝（在位四七一〜四九九）の登場を待つこととなった。

仏教・道教の形成と展開

南北朝には、中国の二大宗教である仏教と道教とが開花した。仏教の伝来には種々の説話があるが、後漢初頭に伝来していたことは事実である。後漢末には仏寺の建立もおこなわれ、中国語訳の仏典（漢訳仏典）も登場するようになった。曹魏になると、二二九年に大月氏《だいげっし》王波調が遣使して親魏大月氏王を贈られたように、西域との交渉もおこなわれ西域僧も来朝した。西晋でも竺法護《じくほうご》は西域に学んで、『正法華経《しょうほっけきょう》』『光讃般若経《こうさんはんにゃぎょう》』等一五〇部以上の経典を訳出し、仏典の弘通《ぐつう》に大きな役割をはたした。しかし、仏教が大きく発展したのは五胡十六国時代である。五胡諸国には西域との交流の密接な国もあり、多くの西域僧が中国に来るようになった。亀茲《クチャ》出身で罽賓《カシミール》に学んだ仏図澄《ぶっとちょう》は、後趙の石勒《せきろく》(在位三一九〜三三二)・石虎(在位三三四〜三四九)の尊崇を受け、華北仏教の興隆に力をつくした。彼は訳経や著述を残さず、むしろ呪術や予言を能くする霊能者として尊敬された。しかし弟子の漢人僧道安は、前秦の苻堅《ふけん》(在位三五七〜三八五)などに仕え、『般若経』等の注釈を著わし、仏典注釈者の祖となった。苻堅が三八二年に亀茲を滅ぼしたときに捕われた鳩摩羅什《くまらじゅう》は、のちに後秦の姚興《ようこう》(在位三九四〜四一六)に仕え、『大品《だいぼん》般若経』『妙法蓮華経』『阿弥陀経』等多くの大乗仏典を訳出した。また律部の経典も多くの西域僧によって漢訳された。

　このように五胡諸国に仏教が普及したのは、外来の仏教思想が中華思想に対抗するだけの普遍的な世界を提示できたからであろう。中国皇帝として十分な権威をもつことのできなかった胡族の君主は、仏教によって権威を保とうとしたのである。一方、道安の弟子の慧遠《えおん》は三〇年以上も廬山《ろざん》(江西省星《せい》子《し》県)で活動し、東晋仏教界の指導者となったが、桓温の子の桓玄が仏僧に王者への拝礼を命じると、『沙門不敬王者論』を著わしてこれに対抗した。僧俗ともども支配下におこうとする為政者と、出家は世俗の論理を超越するという仏教界とのこのような対立は、五胡諸国にはみられないものであった。

道教の源流が後漢末の五斗米道・太平道にあったことはよく知られている。黄巾の乱に敗れた太平道は三国時代に姿を消すが、五斗米道は正一《せいいつ》教あるいは天師派という今日の道教の源流として存続した。しかし、もともと道教は明確な教祖がいるわけでなく、拠るべき経典にも乏しい。そこで五胡時代に仏教が流布して漢訳仏典が蓄積されると、仏典を参照しながら道教経典がつくられていった。その中心となるのは、洞真部・洞玄部・洞神部の三洞である。洞真部の中核をなす上清経は東晋時代に成立し、梁の陶弘景《とうこうけい》が茅山《ぼうざん》(江蘇省句容《こうよう》県)によって広めたので、この一派は茅山派と呼ばれる。洞玄部のおもな経典は、同じく東晋ごろに成立した霊宝経で、仏教思想をもっとも多く摂取し、宋の陸《りく》修静《しゅうせい》がその代表的な道士である。洞神部は三皇経を主体とし、洞真部との密接な関連のもとに成立した。このほか、道徳経を主とする太玄部、太平経を主とする太平部、神仙思想と神仙術とを中心とする太清部、五斗米道の正一部とをあわせて四輔というが、四輔の観念の成立は梁代であった。以上の三洞と四輔とをあわせた七部が、道教経典の骨格をなす。非外来宗教である道教は、黄老思想や仏教のみならず儒教の内容も取り入れているが、以上の七部の由来によれば、その成立は四～五世紀の交から六世紀前半にかけてということができよう。道教徒による自覚的な「道教」の呼称が登場したのも、五世紀初頭ころからである。

このように、仏教と道教とは対立しつつ発展した。老子が函谷関《かんこくかん》から西遊してゆくえが知れなくなったという説話から、天竺《てんじく》で老子が釈迦を教化したという『老子化胡経』も晋南朝期につくられた。

しかし、その対立がもっとも厳しいかたちで最初にあらわれたのは、北魏太武帝による仏教弾圧であった。太武帝は道教の新天師道の創始者寇謙之《こうけんし》の影響を強く受けたが、寇謙之と結んだ崔浩は仏教を排撃した。太武帝はこれを受け入れ、四四五年に陝西で起きた蓋呉《こうご》の乱に寺院の関与が疑われたことをきっかけとして、寺院仏塔を破却し僧侶を坑《あな》埋めにするという大弾圧を翌年におこなった。この太武帝の廃仏は、仏教史上有名な三武一宗（北魏太武帝・北周武帝・唐武宗・後周世宗）の廃仏の最初の例となった。崔浩が誅殺されても弾圧は続き、太武帝死後に文成帝（在位四五二〜四六五）が立ってようやく止んだ。しかし文成帝の復仏は、州郡県の人口密集地に仏寺一区をおくとするなど制限のあるもので、以後の北魏仏教は国家の統制下におかれることとなった。

2　北朝政権の伸張

南朝政権の推移

宋の武帝は在位三年で病死した。あとを継いだ長子の少帝（在位四二二〜四二四）は、素行治まらずして三年で廃され、武帝第三子の文帝（在位四二四〜四五三）が立った。元嘉元年から三十年までの文帝の在位は南朝では二番目に長く、北魏と戦争を構えずに人民の負担を軽減するなど、その治世は元嘉の治と讃えられている。

下層寒門貴族出身の劉裕が武将として宋朝を建てたように、晋宋交代期以降は皇帝権力が強化されると同時に、寒門貴族や門地をもたない下層出身の寒人が台頭してきた。東晋以後、地方行政を担当する州刺史《しし》はしばしば地方軍事指揮官の都督を兼ね、自立の傾向を強めていた。これにたいし、宋の武帝は都督らの権限を宗室諸王に集中し、貴族たちの軍事権を奪った。文帝を継いだ孝武帝(在位四五三〜四六四)は、従来地方長官に委ねられていた徴税の業務も、中央から官人を派遣しておこなわせることとした。このような改革によって、貴族層の政治的力量は弱められた。その一方、門地をもたない寒人層が皇帝と結んで恩倖《おんこう》として実権を握り、宗室の排除や皇帝の廃位などをおこなって、政治を混乱させる要因をつくりだすことにもなった。

孝武帝のつぎには前廃帝(在位四六四〜四六五)が立つが、無道の天子で叔父の明帝(在位四六五〜四七二)に廃される。このとき、明帝は前廃帝の弟の晋安王劉子勛《しくん》と帝位を争い、晋安王をはじめ孝武帝の子を皆殺しにした。このような宗室の骨肉の争いは南朝各王朝を通じてしばしばみられ、寒人の策謀がこれに拍車をかけて、各王朝が短命に終わる要因をつくった。明帝を継いだ後廃帝(在位四七二〜四七七)も悪逆の天子で、宋室の諸王が激減したなかで寒門出身の武将蕭道成《しょうどうせい》が実権を握り、後廃帝の弟の順帝(在位四七七〜四七九)を立て、二年後にその禅譲を受けて斉王朝(南斉)を開いた(高帝、在位四七九〜四八二)。四七八年、雄略天皇に比定される倭王武は宋に遣使し、長文の上表文を差し出して官爵を要求した。その一部は認められたが（一五一ページ参照）、すでに宋の末年であり空しい成果であったといえるであろう。

南斉では、高帝・武帝（在位四八二～四九三）と平穏な時代が続いた。しかし、武帝の死後に孫の廃帝（鬱林《うつりん》王、在位四九三～四九四）が立ってからは政争が続き、在位の短い皇帝があいついだ。とくに東昏侯《とうこんこう》（在位四九八～五〇一）は、南朝に続出する非行型少年天子の典型で、取巻き連と悪逆の限りをつくした。そこで南斉帝室の一族である蕭衍《しょうえん》が挙兵して東昏侯を倒した。蕭衍は東昏侯の弟の和帝（在位五〇一～五〇二）を立て、翌年に和帝の禅譲を受けて梁王朝を開いた（武帝、在位五〇二～五四九）。

梁の武帝は五〇八（天監七）年に天監の改革をおこない、旧来の六品以上の官職を十八班に再分割し、官の清濁にあわせて班制を整え、最上位の十八班にいたるものとした。一流貴族の好む清官と寒門・寒人の就くべき濁官との区別が生じていて、官品の上下と官の清濁とがしばしば逆転していたのを、実態にあわせて修正したのである。最下位の一班の下には下位士人の就く流外七品と庶人の就く蘊《うん》位《い》・勲位とを並行して設けた。また五経博士の統括する五館を設置し、そこでの試験を官吏登用に関連づけ、寒門・寒人層の出世に道を開いた。武帝は、地方官を抜擢し租税を軽減するなど民政にも意を用いた。また律令を制定し、礼の大典を整えて国内秩序の安定もはかった。五〇年近いその治世は南朝最長であったばかりでなく、世情のきわめて安定した時期でもあった。

武帝の朝廷は文化的な風尚にも富んでいたが、武帝はしだいに仏教に傾倒、五二七年以降三、四回にわたって仏寺に捨身して三宝の奴《やっこ》となった。その度に群臣は多額の金銭で皇帝を請け戻し、社寺の建立もあいついで、国家財政はしだいに窮乏していった。この間、北魏は五三四〜五三五年に東魏・西魏に分裂していたが、五四七年に東魏の降将侯景を受け入れたのが武帝の命取りとなった。その後東魏と戦って大敗した侯景は、一転して梁に反旗をひるがえし、五四九年に建康をおとしいれた。各地の梁室諸王は、自立の機会をうかがって武帝を見殺しにした。武帝は軟禁されて餓死し、侯景は皇太子の簡文帝(在位五四九〜五五一)を立てたが、やがてこれを廃して自立した。しかし、五五二年に侯景は陳霸先らに殺され、元帝(在位五五二〜五五四)が長江中流の江陵(湖北省江陵県)で即位した。しかし、五五四年に元帝は一族の蕭詧《しょうさつ》が導入した西魏軍に殺され、翌年に蕭詧が江陵で即位した。この後梁《こうりょう》は西魏の傀儡《かいらい》国家で領域も狭いが、政情は安定して隋が陳征討の拠点として滅ぼす五八七年まで続いた。一方、陳霸先は五五五年に敬帝を立てたが、二年後にその禅譲を受けて陳朝を開いた(武帝、在位五五七〜五五九)。

陳の領域は南朝でもっとも狭く、後梁以西の四川などの長江上流域は、すべて西魏を継いだ北周の領域となった。侯景の乱とその後の梁宗室の内訌で、南朝の貴族は衰亡した。陳の武帝は江南の呉興(浙江省呉興県)出身であり、陳朝で活躍した者には長江下流域や長江以南の地の出身者が多かった。陳は宣帝(在位五六八〜五八二)のときに北周とともに北斉を攻撃し、一時淮南《わいなん》を奪回したこともあった。しかし北周や隋にたいしては終始劣勢で、五八九年にあっけなく隋軍に滅ぼされた。

北魏の漢化政策

文成帝の復仏後の北魏では、沙門統(仏教教団統率者)の曇曜《どんよう》が平城の西に石窟五カ所を開鑿《かいさく》し、それぞれに仏像一体を安置した。雲崗《うんこう》石窟中のいわゆる曇曜五窟で、それらは道武帝・明元帝・太武帝・景穆《けいぼく》帝(文成帝の父で皇太子のときに死去)・文成帝の五帝に比定される。そのうちの四体は如来像で、北魏で道武帝以来おこなわれていた帝王即如来の思想に基づいている。残る一体は交脚弥勒菩薩像で、過去の四帝を如来像であらわしたのにたいし、現存の文成帝を、釈迦入滅後に下生《げしょう》して衆生を済度する弥勒菩薩に擬したものと解釈されている。当時さかんに寄進された仏像の造像銘にも、発願者の近親のみならず皇帝・皇后・皇太子の繁栄を祈願したものが多く、廃仏後の北魏仏教が皇帝支配と結びついて信仰を再興したことがわかる。北魏の仏教は、北魏の支配イデオロギーの役割をはたすことになったのである。

文成帝を継いだ献文帝(在位四六五～四七一)は、わずか五歳の孝文帝(在位四七一～四九九)に譲位して太上皇帝《たいじょうこうてい》となった。後涼《こうりょう》の呂光《りょこう》が三九九年に太上皇帝を自称した先例はあるが、献文帝は群臣の推戴によって太上皇帝となった最初の人物であった。しかし、孝文帝の祖母(実母であったとする説もある)の文明太后馮《ふう》氏とのあいだに対立があり、献文帝は四七六年に急死したが、これは太后による暗殺であったとみられている。その後、文明太后は四九〇年の死まで孝文帝にかわって政治をとった。

四八四年には、官人に俸給を支給する俸禄制が実施された。それまで官人が人民から手数料をとっ

雲崗石窟第二〇窟本尊大仏　曇曜五窟中最大で高さ13.7メートル。早くから外壁が崩落し露座となっている。

て収入としていたのを改め、恣意的な収奪を防いだのである。翌四八五年には均田制が発布された。北魏の均田制は男夫(十五〜七十歳)に、正田四〇畝・倍田四〇畝、計八〇畝の露田と、桑田二〇畝または麻田一〇畝を支給することを骨子とする(次頁表参照、一畝は五・四〜五・五アール)。倍田は休閑地で、穀物用の露田から租を徴収し、糸《きぬいと》用の桑田や麻《あさいと》用の麻田から調を徴収した。露田は七十一歳に達すると国家に返納する還受田で、麻田も還受される。これにたいして桑田は不還受であったが、作物の種類に起因するこのような不整合は、北斉のときに桑田と麻田とをともに不還受の世業田とすることによって解消された。奴(男奴隷)・婢(女奴隷)や耕牛にも露田などが支給されたが、これは大土地所有者に配慮して均田制を浸透しやすくするための措置であった。

租調は一夫一婦をおもな単位とし、租は粟《もみあわ》二石《たん》《せき》(一

班給対象	露田	桑田	麻田
男夫	80畝（正田40畝倍田40畝）	20畝	10畝
婦人	40（20 20）	—	5
奴	80（40 40）	20	10
婢	40（20 20）	—	5
丁牛	60（30 30）	—	—

ほかに住居用の園宅地がある。男夫・婦人など良民は３人に１畝，奴婢は５人に１畝である。

北魏均田制における給田表

石は四〇～六〇リットル。南北朝の度量衡は膨張、混乱し確定されていない）、調は帛《きぬ》または布《あさぬの》一匹とした（のちに綿《まわた》八両を加徴、一両は三〇グラム強か）。未婚の男夫（単丁）の負担はその四分の一なので、戸籍上の未婚者がふえる結果となり、これも北斉のときに単丁の負担を夫婦の二分の一とするように改められた。また、四八六年には五家《か》を一隣《りん》、五隣を一里《り》、五里を一党《とう》とし、それぞれ隣長・里長・党長を一人ずつおく三長制が施かれた。三長は戸籍の作成や租税の徴収にあたるので、三長制は国家による均田小農民の把握を可能とする制度であった。以上の俸禄制・均田制・三長制は、漢人を主体とする農耕民にたいして漢人官僚が実施した漢化政策であるが、その推進者は弱年の孝文帝ではなくむしろ文明太后であった。

　文明太后没後の孝文帝も漢化政策を積極的に推進した。四九三年には南斉親征を名目に洛陽にいたり、南下を諌止する群臣にたいして洛陽遷都を宣言した。翌年にいったん平城に戻り、遊牧民伝統の西郊の祭天を廃止し、ふたたび南下して洛陽に遷都した。多くの胡族の人々を洛陽に移住させ、洛陽のある河南郡の戸籍に登録した。胡族の服装

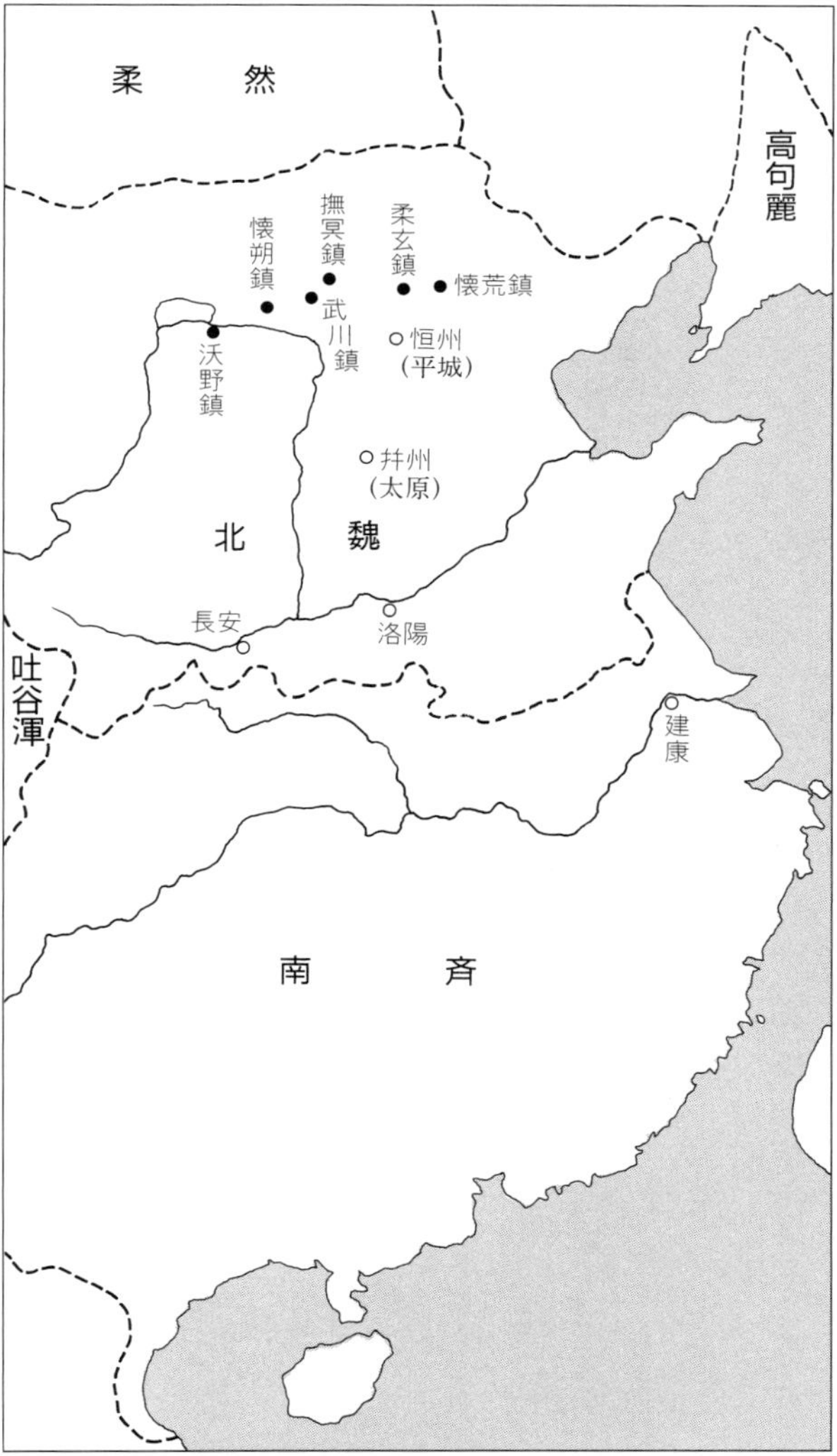

北魏六鎮および南北朝疆域図(北魏—南斉期)

や朝廷での鮮卑語の使用を禁止し、宗室の拓跋氏を元氏と改め、歩六孤氏を陸氏、丘穆陵氏を穆氏とするなど、胡族の姓（胡姓・虜姓）を中国風に一字姓とした。南朝の宋斉の制度にならって官制を整備し、清官・濁官の区別を導入した。そして漢人名族の清河の崔氏・范陽の盧氏・太原の王氏・滎陽《けいよう》（河南省滎陽県）の鄭氏に加えて隴西（甘粛省）と趙郡（河北省趙県）との李氏を五姓とし、以下の漢人の姓を四等に分けた。一字姓とした胡族も穆氏・陸氏等八姓を最上位とし、その他をやはり四等に分け、同等の漢族とのあいだで婚姻をおこなわせた。このような中原の洛陽への遷都、官品の改正や姓族分定・通婚などの胡漢融合政策を通じ、孝文帝は胡族社会に貴族制を導入して、南朝にたいして北朝を峙立させようとつとめたのである。

続く宣武帝（在位四九九〜五一五）・孝明帝（在位五一五〜五二八）の朝廷でも、漢化政策は維持された。しかし、それによる漢人の台頭は中下層胡族の地位の低下をもたらした。五一九年には洛陽で胡人近衛兵の暴動である羽林の変が起き、前官をやめたあとの期間の長い順に空きポストにつけるという停年格を、政府は実施せざるをえなかった。地方の状況はさらに深刻で、北辺にあって平城を防備していた六鎮《りくちん》の軍人たちは、洛陽遷都によって昇進の機会を失い、不満を鬱積させることになった。これがやがて六鎮の乱となって爆発し、北魏を分裂に追い込むのである。

北魏の滅亡と北斉・北周

五二四年、六鎮の沃野鎮《よくや》に始まった反乱は、六鎮全体から翌年には山東や河南にも広まったが、爾《じ》朱栄《しゅえい》によっていったんくいとめられた。しかし、孝明帝の朝廷で権力を握っていた生母の霊太后は、五二八年に孝明帝を殺して幼主を立てた。これにたいして爾朱栄は献文帝の孫の孝荘帝《こうそう》（在位五二八〜五三〇）を立て、洛陽の北の河陰《かいん》で霊太后や幼主・官僚二〇〇〇余人を虐殺した（河陰の変）。六鎮の乱は五三〇年には一応終熄するが、同年に爾朱栄を殺した孝荘帝はかえって爾朱氏一族に殺され、その武将高歓《こうかん》が孝文帝の孫の孝武帝（在位五三二〜五三四）を立てた。しかし、五三四年に孝武帝は長安の武将宇文泰《うぶんたい》のもとに逃れ、高歓は孝静帝（在位五三四〜五五〇）を立てて鄴《ぎょう》に遷都した。宇文泰は孝武帝を毒殺して翌年に文帝（在位五三五〜五五一）を立て、北魏は東魏・西魏に分裂した。両魏のあいだには激戦が繰り返されたが、五五〇年に高歓の第二子高洋が孝静帝の禅譲を受けて北斉を開き（文宣帝、在位五五〇〜五五九）、五五七年には宇文泰の第三子宇文覚（孝閔帝、在位五五七）が北周を立てた。

東魏・北斉は、事実上鄴と晋陽（山西省太原市）とを都とする両都制をとった。鄴は後漢末の曹操の根拠地だった所でもあり、洛陽以東の重要拠点のひとつであった。晋陽は、高歓も宇文泰も活動していた旧北鎮民の集住地であった。北斉では対北周の軍事拠点ともなり、廃帝殷《いん》（在位五五九〜五六〇）・孝昭帝（在位五六〇〜五六一）・武成帝（在位五六一〜五六五）・後主緯《い》（在位五六五〜五七七）と、大半の皇帝が晋陽で即位した。また西魏・北周も長安を都としながら、同州（陝西省大荔県《だいれい》）を覇府《はふ》（軍事的根拠地)としていた。これは、北族出身の両王朝がそれぞれ旧来の漢人門閥を牽制するために、東方の拠点を必要としたからであると考えられる。

北斉では高歓の覇権獲得に功績のあった、勲《くん》貴《き》と呼ばれる出自の低い武将たちが権勢を恃《たの》んで政治を乱し、彼らを排除しようとする帝室の高《こう》氏や漢人貴族と勲貴とのあいだに対立が生じた。武成帝以後、これに恩倖という成り上がりの寵臣層が加わり、漢人貴族・勲貴・恩倖の三つどもえの争いとなった。それに加えて暗愚な皇帝が続き、五七七年に北斉はあっけなく北周に滅ぼされてしまった。

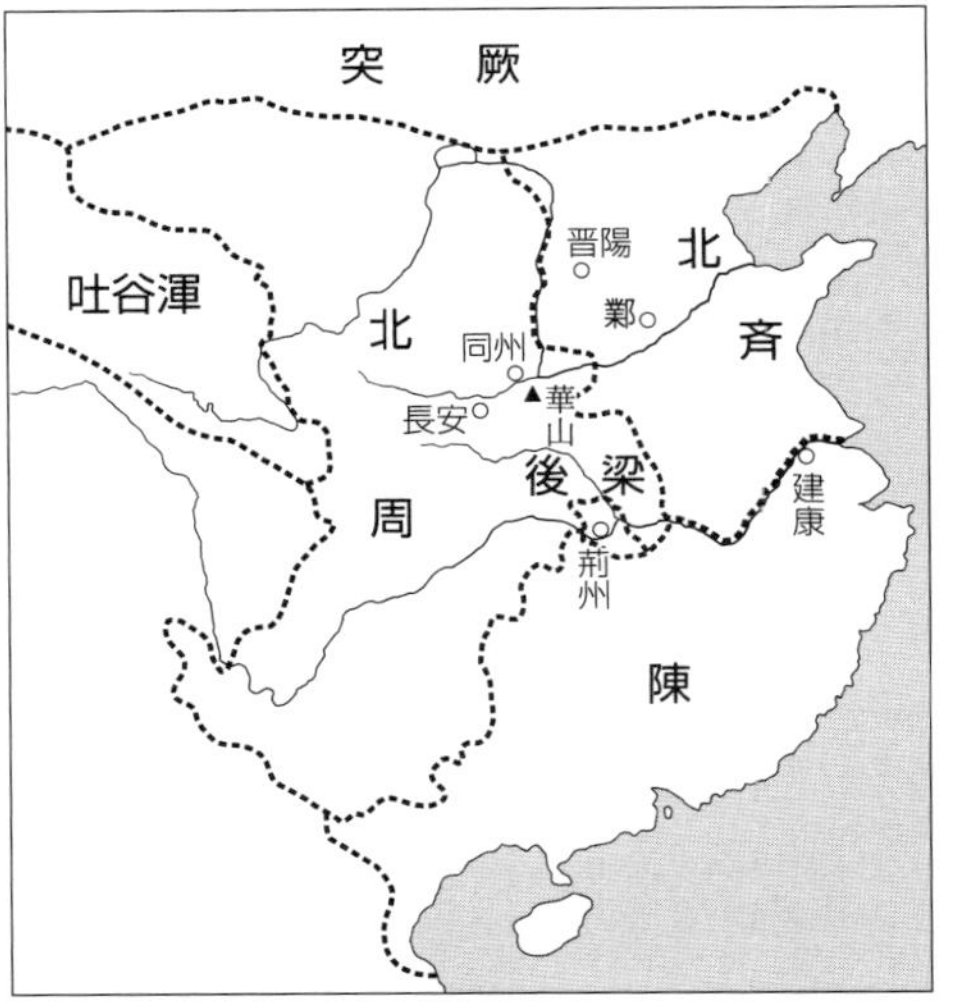

北斉・北周・陳・後梁領域図

西魏・北周で宇文泰を補佐して活躍した人々には軍人が多かった。宇文泰は、西魏で六柱国―十二大将軍―二十四開府という整然とした軍事体制を編成し、自分は別の柱国として総指揮にあたった。このほか西魏宗室の元欣《げんきん》も名目的な柱国となったので、あわせて八柱国十二大将軍ということもある。

彼らのあいだには、婚姻をはじめとする緊密な関係が結ばれていた。隋文帝の父の楊忠は十二大将軍の一人、唐高祖李淵の祖父李虎は六柱国の一人、ともに武川鎮《ぶせん》の軍閥で、隋の文帝および李虎の子李昺《へい》（李淵の父）は、それぞれ六柱国の一人独孤信《どくこしん》の娘を娶って姻戚関係にあった。このように西魏から唐初の有力者には武川鎮の軍閥が多く、彼らはおおむね陝西の関中、甘粛の隴右の出身であるので、関隴貴族（関隴集団）と呼びならわされている。彼らは唐初までの政界を主導したが、魏晋以来の家柄と伝統を誇る山東貴族（この場合の山東は陝西省東部の華山の東の意）からは二流貴族として軽蔑された。そのため唐代政治史の伏流水として、関隴集団と山東集団との対立が永らく続くことになる。なお西魏の二十四軍制は、地方の軍府が中央に直属して兵士を供給する点で、隋唐府兵制の源流とされている。

五五六年に宇文泰が死去すると甥の宇文護が政治の実権を握り、翌年に西魏の幼主（在位五五七）に孝閔帝への禅譲を強要して北周が開かれた。天官府・地官府・春官府・夏官府・秋官府・冬官府の六《りく》官《かん》を建てるなど、北周は儒教の経書『周礼《しゅらい》』に則った政治を国是として南朝に対抗し、君主号も皇帝ではなく天王とした。しかし宇文護は同年中に孝閔帝を弑《しい》し、宇文泰の長子明帝（在位五五七～五六〇）を位につけた。明帝は五五九年に天王を改めて皇帝を称したが、翌年にまたも宇文護に殺された。宇文護は宇文泰の第四子武帝（在位五六〇～五七八）を立てたが、武帝は五七二年に宇文護を殺して実権を掌握した。武帝は儒教を尊重して五七四年に仏教とともに道教にも弾圧を加え、没収した寺観（観は道教の寺院）の財産で軍事費を充実させた。五七七年に北斉を滅ぼすとこの地域の仏教も弾圧したが、翌年に病没した。ついで立った長子の宣帝は、五七九年に七歳の長子静帝（在位五七九〜五八一）に譲位して天元皇帝となったが、四人（のちに五人）の皇后をおくなど放恣な生活を送り、五八〇年に二十二歳で崩じた。楊堅《ようけん》が静帝を補佐して実権を握り、翌年にその禅譲を受けて隋王朝を開いた。楊堅は、中国史上もっとも容易に建国した皇帝と称されている。

南北朝の国際関係

魏晋南北朝には、五胡以外の周辺諸民族も台頭してきた。前漢末に国家を形成した高句麗は三一三年に楽浪《らくろう》郡・帯方《たいほう》郡を領有し、前漢武帝以来の朝鮮の中国植民地であった楽浪郡は滅亡した。しかし漢人のなかには高句麗に残った者もおり、また中国からの亡命者や難民もあったと思われる。その後、高句麗は前燕に服し、三五五年には営州諸軍事・征東大将軍・営州刺史・楽浪公・高句麗王の称号を受けた。前燕の君主も、すでに東晋から都督幽州東夷諸軍事・車騎将軍・平州牧・遼東郡公などの称号を受けていた。前述のように、中国王朝が周辺諸民族の首長らに王号などを授与する冊封《さくほう》は、漢代以来おこなわれていた。中国王朝の実効支配の領域が縮小した四世紀になると、それに加えて中国国内の地方官と同じ官職を授ける形式が登場したわけである。これによって、中国王朝はその地域が中国の領域であることを表明し、異民族は中国の権威を借りてその地域の支配の正当性を主張することができた。

東アジアでは高句麗のほかに、四世紀なかばに倭(日本)・百済・新羅の諸国が登場した。高句麗は南北両朝と交渉したが、北魏との関係が深く、北魏の洛陽遷都後はその国勢もやや衰えた。倭と百済とはもっぱら南朝と交渉し、讃・珍・済・興・武の倭の五王は、使持節都督倭・百済・新羅・任那《みまな》・秦韓・慕韓六国諸軍事・安東大将軍・倭国王(珍)や、これに加羅《から》を加えた七国諸軍事を称した(武)。これにたいして宋は、使持節都督倭・新羅・任那・加羅・秦韓・慕韓六国諸軍事・安東将軍・倭国王(済)や、使持節都督倭・新羅・任那・加羅・秦韓・慕韓六国諸軍事・安東大将軍・倭王(武)と、百済を除いた称号を授与した。これは、宋が北朝の牽制を高句麗に期待しつつ、高句麗控制の役割を期して百済を優遇したための措置と考えられている。新羅は六世紀なかばに任那を含む朝鮮半島南部の加《か》耶《や》(加羅)地方を領有して、高句麗・百済に対抗する地歩を築き、南北朝との交渉も六世紀に開始した。この朝鮮三国と倭国には、漢字や仏教など中国の制度や文物が流入した。

北アジアでは、華北に南下した北魏の故地を領有した柔然《じゅうぜん》が、五世紀初頭にはオルホン河畔に北遷して勢力を拡大し、しばしば北魏の北辺に侵入した。しかし、五五二年には支配下にあったトルコ系の突厥《とっけつ》《とっくつ》が可汗を称して独立、柔然は併合されて滅亡した。突厥には北周と北斉とがそれぞれ軍事援助を要請、優位に立った突厥の他鉢《たはつ》可汗(在位五七二〜五八一)は、南の二人の息子(北周・北斉)が孝順ならばなんの心配もいらない、と豪語した。また、四世紀前半には鮮卑族慕容《ぼよう》氏の一部が青海省まで西遷し、吐谷渾《とよくこん》を名乗った。吐谷渾は南北両朝と西域との交渉の結節点に位置し、東西貿易を仲介して唐初まで存続した。漢代に西域長史や戊己《ぼき》校尉の治所となった吐魯番《トゥルファン》盆地（新疆ウイグル自治区）の高昌は、五胡時代には前涼・前秦・後涼・西涼・北涼に属したが、柔然のときに敢伯周《かんはくしゅう》が高昌王を称した。ついで張孟明・馬儒《ばじゅ》・麴嘉《きくか》と王が替わり、柔然やこれから分れた高車《こうしゃ》に服属した。しかし麴嘉は国内をよく纏め、北魏に朝貢しつつほぼ自立した。この麴氏高昌国は、六四〇年に唐に滅ぼされるまで存続した。

高昌国は前涼・西涼と同様の西域の漢人王朝で、儒教を尊重して学官をおき、漢字による文書行政を施いた。紙製の衣服や履《くつ》を死者の身に着けて葬る習慣があり、材料には官庁払い下げの公文書や民間の契約書などの反古《ほご》を用いた。それらが、オアシス周辺の乾燥した砂漠のなかで今日まで残存し、これまでに前涼から唐中期八世紀代までの文書が収集されている。それらは吐魯番文書《トゥルファンもんじょ》と呼ばれ、敦煌莫高窟《ばくこうくつ》第一七窟から発見された敦煌文書とならんで、古代中国における貴重な古文書群として注目されている。

吐魯番文書には、納税証明書や傜役用各種名簿などの税制関係文書や、買地契・租田契などの売買・貸借文書、新発見の『論語』鄭氏注を含む儒教の経書や仏典、さらには西涼時代の官吏登用のための問題と解答（策問と解答）までが含まれている。これらから、高昌国では土地の売買が盛んであり、土地文書中には常田・部田など北魏均田制類似の用語もみられるが、均田制は実施されていないことが明らかとなった。また、中央官制には尚書系・門下系の官職があり、郡県制も施かれていた。しかし地方官衙の機能は十分ではなく、中央官制でも中書系の官職や唐の尚書都省(一六三頁の図参照)にあたる官職がなく、門下系の官が尚書系の各部門に直接連絡をとるなど、独自の部分が多いこともわかってきた。

高昌国は北魏・西魏・北周・隋・唐の各王朝と交渉しており、しばしば漢人の地方政権と呼ばれる。しかしその国制は、中国王朝の影響を受けつつも独自のものであった。前述のように、五胡十六国時代から中国王朝と周辺諸国とのあいだに官爵の授与を含む新しい形式の冊封体制が展開するようになったが、高昌国も王号その他の官号を受けており、中国冊封体制下の周辺諸国のひとつに位置づけられる。中国王朝の冊封を受けた国としては、新羅・百済・高句麗や後述する渤海《ぼっかい》など東アジア世界の国々が多いが、西域の冊封国としての高昌国の存在に注意する必要があるであろう。

南北朝の文化

三国時代を開いた魏の文帝が「文学は経国の大業、不朽の盛事」(『文選《もんぜん》』典論)と喝破して、文章表現の重要性を説いたことは有名である。魏晋南北朝には清談が流行し、個人の感懐を盛り込んだ豊かな詩文が花開いた。梁の昭明《しょうめい》太子蕭統《しょうとう》は最古の詩文集となる『文選』を編み、周から梁まで約一〇〇〇年間の代表的な詩文を集めた。また梁の徐陵《じょりょう》は簡文帝の命で、漢から梁までの詩を集めた

『玉台新詠』をつくった。宋の劉義慶《りゅうぎけい》『世説新語《せせつしんご》』は、後漢から東晋までの嘉言《かげん》逸事を集め、貴族制形成期の人士の生き方をよく伝えている。梁の滅亡後北斉に仕えた顔之推《がんしすい》の『顔氏家訓』は、立身治家の法を述べつつ南北朝の文化の相違におよんでいる。詩人には「帰去来辞」で名高い東晋の陶潜（淵明は字《あざな》）や南斉の謝朓《しゃちょう》・沈約《しんやく》など多数がおり、沈約は正史の『宋書』の作者でもある。短篇の小説もさかんにつくられるようになり、陶淵明の『桃花源記』は、当時の塢《お》《う》のありさまを伝えているといわれる。このような活発な文学活動を反映して、文学理論の古典となる梁の劉勰《りゅうきょう》『文心雕龍《ぶんしんちょうりょう》』が著わされ、同じく梁の鍾嶸《しょうこう》は最古の詩論となる『詩品《しひん》』を書いた。北朝では、「勅勒《ちょくろく》歌」（勅勒はトルコ系民族という意味のチュルクの音訳）など遊牧民族の歌謡も漢訳された。

仏典が数多く翻訳され、それに刺激されて道教典もつくられたことは前述したが、漢訳仏典の伝訳の経緯を記したものに梁の僧祐《そうゆう》『出三蔵記集』があり、初期の高僧の伝記に梁の慧皎《えこう》『高僧伝』がある。東晋末の法顕《ほっけん》は三九九年に長安を発って陸路インドへ旅行し、西域・インドの三十余国を歴訪して四一三年に海路建康に到着した。その旅行記が、現存する最古の西域紀行『仏国記』（『法顕伝』ともいう）である。また、北魏洛陽の仏教の盛衰を伝えた東魏の楊衒之《ようげんし》『洛陽伽藍《がらん》記』には、北魏僧宋《そう》雲《うん》・恵生《えしょう》の西域行の記録が付載されている。当時の代表的な地理書は中国各地の代表的な水系をたどった北魏酈道元《れきどうげん》の『水経注』であるが、その注には流域の都城や古蹟の記録が伝えられていて貴重である。梁の宋懍《そうりん》『荊楚歳時記』は、長江中流域の年中行事を記した当時の代表的な歳時記である。

また、東魏の賈思勰《かしきょう》『斉民要術』は完本として伝存する最古の農書で、黍《きび》・粱《おおあわ》等の陸田作物に代表される、当時の華北旱地農法の先進的なあり方を伝えている。

仏教芸術では雲崗石窟の仏像について前述したが、北魏は洛陽に遷都すると洛陽南の伊水の西岸に龍門石窟を開いた。雲崗・龍門・敦煌（甘粛省敦煌県）を中国の三大石窟というが、敦煌の莫高窟は前涼支配下の三六六年に開かれたという記録があり、これらのなかでは歴史がもっとも古い。雲崗の仏像の様式も、敦煌の影響を受けている。北斉には国都の鄴の西に南北二つの響堂山《きょうどうざん》石窟があり、覇府の晋陽の西には天龍山石窟が開かれていて、当時の国家と仏教との関係を示している。このほか、洛陽東北の鞏《きょう》県石窟（河南省鞏義市）や渭水上流の麦積《ばくせき》山（甘粛省天水市）、黄河上流の炳霊《へいれい》寺（甘粛省永靖県）など、各地に優れた彫刻を擁する石窟が開かれ、また単独でも小型の石仏や金銅仏が多数つくられた。

現存する絵画は少なく、敦煌石窟の壁画が代表的なものであるが、東晋の顧愷之《こがいし》の作とされる「女史箴《しん》図」の絹絵が伝存する。また、梁の元帝が荊州（湖北省江陵県）刺史のときに自ら筆をとって朝貢国の使節を描いた「梁職貢図」は、原本は失われたが北宋時代の模写が現存している。なかに倭国使を描いた絵もあって注目されるが、『魏書』東夷伝倭人条（魏志倭人伝）等の風俗記事によって描いたものであり、梁代には倭国使の来朝はなかったと考えられている。このほか、南朝の墓には大型の塼《せん》（れんが）を用いて墓室を築いた例が多く、北朝には小型の塼で墓室を築いた例が多い。南朝墓の塼では浮き彫りで、北朝墓の塼では彩色画で墓主の生活に関連した題材を描くことが多く、それらは当時の農業などの実態を知る好材料となっている。また書道では、紙の普及にともなって楷書・行書・草書の三体が出揃い、東晋の王羲之《おうぎし》・王献之父子の草書・隷書は後世の手本となった。北朝では、龍門石窟の造像銘の楷書に代表される力強い書風が尊ばれた。

3　隋唐帝国の登場

隋王朝の興亡

楊堅(文帝、在位五八一〜六〇四)は、五八一年二月に隋王朝を開いた。父の楊忠は西魏末に普六茹《ふろくじょ》という虜姓(胡姓)をたまわっており、同時に李虎も大野《だいや》氏をたまわっていた。このような西魏における虜姓復興は、貴族出身でない宇文泰が彼自身や元従の臣僚のために家格を是正して、虜姓で氏族を分定するためにおこなわれた。したがって虜姓をえたから北族であるとはいえないが、武川鎮軍閥の一員であった楊氏や李氏が北族の影響を強く受けていたことはまちがいない。なお、国号の隋は楊忠が北周からえた隨国公の爵号にちなむもので、辶《しんにゅう》がないのは、原字の辵《にげる》が走と同義であるのを文帝がきらったからだという。しかし、文豪の魯迅が隋はたんに隨の省略であると主張するなど、辶削除説には異論も多い。ただし、当時の石刻には隋を用いたものが圧倒的に多いようである。

文帝は長安に大興城を建てて五八三年に入城、北周の長安城は破壊した。五八七年には後梁を滅ぼし、ついで五八九年に南朝の陳を滅ぼした。これを平陳といい、後漢末から四〇〇年、西晋末からでも二七〇年ぶりの中国統一であった。五七七年の北周による北斉併合からわずか一二年後で、統一の施策は急を要した。五八三年までに発布された開皇律令では、令の篇名の多くが南朝の令による一方、戸令・田令・賦役令などは北朝の諸制度を継承していた。律でも梁律を基本として北斉律を参照し、律令では南北両朝に配慮していた。また中央官制では、内史省(唐の中書省)・門下省・尚書省をおくなど、唐の三省六部《りくぶ》の原型が整えられた。

もっとも重要なのは地方組織の改革で、五八三年に魏晋以降の州—郡—県の三級の行政区分を改めて州—県の二級制とした。南北朝では国境付近を中心に州郡県の新設があいつぎ、領域の変動もあってその細分化は著しく、人民を統治する官僚の数が多くなって、十羊九牧(羊一〇頭に牧童九人)と称される状態であった。州県二級制は、地方行政官の冗員を省いて事務を簡素化するとともに、州刺史がもっていた辟召《へきしょう》(属僚採用)権を廃止し、州県官の人事権を中央に回収するものであった。刺史の都督諸軍事や将軍の兼帯も廃止して、地方長官の軍事権も中央に回収した。五八七年には科挙制が創設されたが、以上のような官制における中央集権の強化と揆を一にするものであった。魏晋以来の九品官人法(中正法)は、貴族層を創出する結果となった。これにたいして科挙は試験によって人材を登用するもので、官吏任命権の中央回収によって生ずる人員不足に対処するとともに、門地にとらわれない人事を可能にする点で、九品官人法に対抗する理念を有していた。それでも、唐に盛行する進士科の隋代の及第者は毎年数名程度、唐初でも数名ないし十数名で、ただちにその理念が開花したわけではなかった。また科挙というのは宋代以後の名称で、隋唐では貢挙が正式の呼称である。

このように、文帝の治世はおもに内政改革にあてられた。文帝は仏教を厚く信仰したが、仏教の普及は南北の一体化を強める役割もはたした。また、吉兆とされる自然現象の祥瑞を各地から報告させ、六〇一年にはそれらを織り込んだ祝文《しゅうぶん》を述べて天を祀った。これにたいし、つぎの煬帝《ようだい》(在位六〇四～六一八)は種々の大土木工事を興した。六〇五年には黄河―淮水《わいすい》間の通済渠《つうさいきょ》(唐宋には汴河《べんが》という)を開いて黄河―長江間の大運河を通じ、六〇八年には高句麗遠征を前に黄河から涿《たく》郡(北京東郊。隋唐の郡は州の異称)まで永済渠を開いた。また副都の洛陽城を造営し、長城の大規模な改修もおこなった。煬帝の土木工事は、積極的な対外政策にも関係していたのである。

隋代の主要な周辺民族は突厥・吐谷渾《とよくこん》・高句麗であるが、突厥は隋初の五八三年に東西に分裂、東突厥は隋に臣属した。もっとも強盛であったのは高句麗で、隋との関係は平陳以後しだいに険悪となった。煬帝は、六〇七年におとずれた突厥可汗のテントで高句麗使節に出会い、高句麗親征を決意した。六〇九年に吐谷渾に親征して隋の領域に編入すると、六一二年には一転して高句麗に親征、翌年・翌々年と都合三度の高句麗遠征をおこなった。しかし作戦はすべて失敗し、六一四年には高句麗

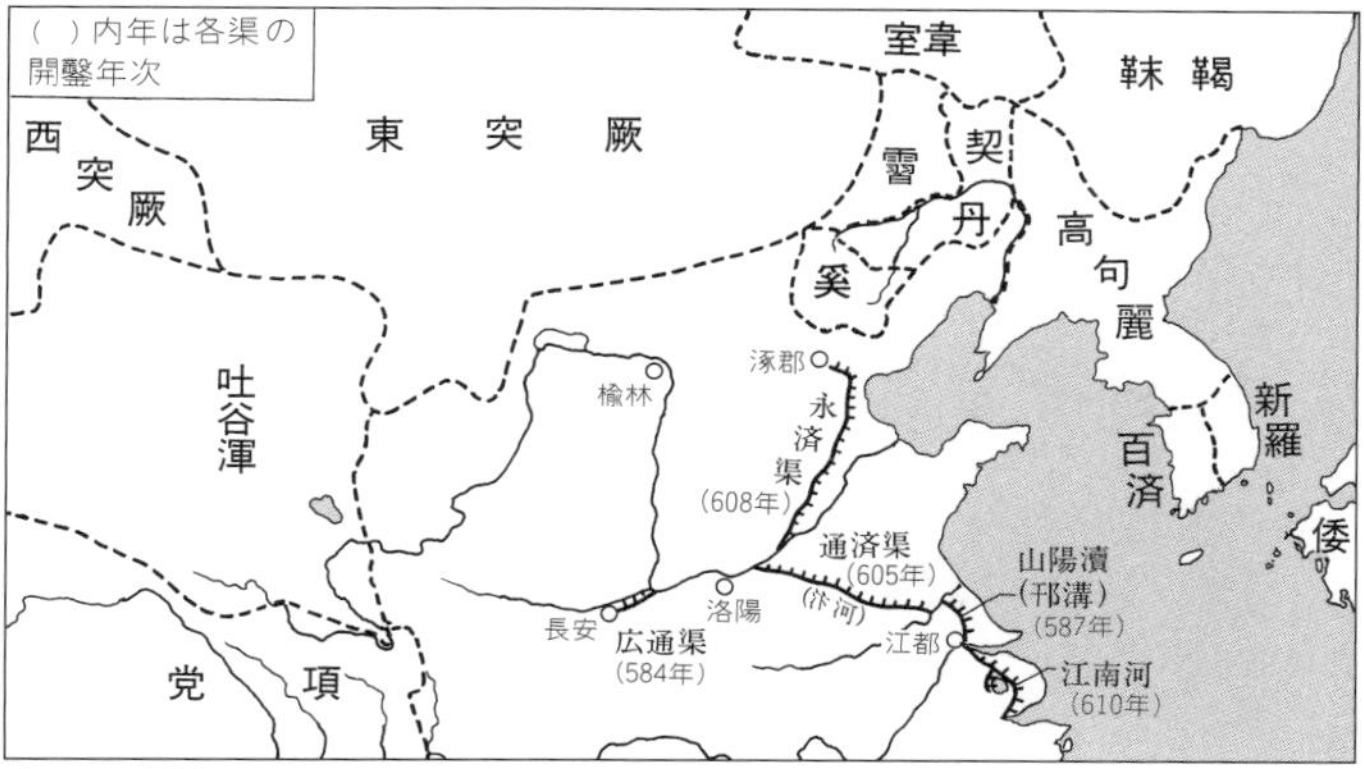

隋および唐初の運河と周辺諸国

も和睦したが、六一三年に起きた高官の楊玄感《ようげんかん》の乱を皮切りに、各地で反乱が続発した。六一八年三月には江都(江蘇省揚州市)で煬帝が宇文化及《うぶんかきゅう》に殺され、隋朝の命脈は尽きた。

唐の成立

唐の高祖李淵(在位六一八〜六二六)は、六一七年に太原から南下して長安に入城、煬帝の孫の代王侑《ゆう》を立てて皇帝(恭帝)とした。そして煬帝の死後二カ月をへた六一八年五月、恭帝の禅譲を受けて皇帝位につき、唐王朝を開いた。李淵は名族の隴西の李氏を自称していたが、隋朝の楊氏もやはり名族の弘農《こうのう》(河南省西北部)の楊氏を名乗っており、ともにそれほど信用できない。逆に北族の影響の強かったことは、すでに述べたとおりである。

唐建国時には華北一帯や長江中下流域に、李密《りみつ》(西魏の柱国李《り》弼《ひつ》の曾孫)・王世充《おうせいじゅう》・宇文化及ら二〇近くの群雄の集団があった。唐朝による中国統一が完成するのは、朔方の梁師都《りょうしと》が平定された六二八年のことであった。群雄のなかには突厥と結ぶ者もおり、隋末に自立した突厥の勢力もあなどれなかった。李密・王世充・突厥等との角逐に奮闘したのが高祖の次男李世民《りせいみん》で、その名声が高まるにつれ、建国時に皇太子となった長兄の李建成や弟の李元吉《げんきつ》との溝が深くなった。ついに六二六年六月、李世民は長安の宮城内で建成と元吉とを射殺《いころ》した。宮城北門の玄武門から兵を挙げたため、これを玄武門の変という。李世民は皇太子となり、八月には高祖李淵の譲りを受けて即位した。名君の誉れ高い唐の太宗である(在位六二六〜六四九)。太宗は民力の休養と国力の充実とをはかり、六三〇年には東突厥を内属させ、六四〇年には高昌国を滅ぼして西州を設置した。その統治は年号から貞観の治と呼ばれるが、太宗が房玄齢《ぼうげんれい》・杜如晦《とじょかい》・魏徴《ぎちょう》らの名臣の忠言にいかに耳を傾けたかは、玄宗朝の呉兢《ごきょう》『貞観政要』によく示されている。しかし、即位時の汚点は消し去ることができないため、唐代の史料に太宗の美点を強調する傾向のあることは、注意されなければならない。

太宗は、唐朝の基準に則った貴族の家格をつくろうとして、『氏族志』の編纂を命じた。ところが、初めは名門の博陵《はくりょう》(河北省安平県)の崔氏に属する崔民幹が第一等、唐室李氏は第三等とされた。激怒した太宗は内容を改めさせ、六三八年の定本では唐室李氏が第一等、外戚の関隴貴族が第二等、崔民幹は第三等となった。これは、唐代でも南北朝以来の家格の評価が生きていたことを示すとともに、またそれが皇帝の意志で変更しうるようになったことをも示している。その後、則天武后《そくてんぶこう》が皇后に立って四年後の六五九年の『氏族志』では、第二等の外戚に非関隴貴族の武氏が加えられた。また、玄宗即位翌年の七一三年の『大唐姓族系録』は『貞観氏族志』に範をとったが、唐朝に仕えた外国出身の家系を別品として加えた。このように唐代でも貴族の家格は維持されたが、他の要素がはいることは防げなかった。以後は公的な家格はつくられなくなり、唐後半には唐室の女性の婚姻が忌避される風潮が生じるなど、貴族層の没落と庶民上層の勢力伸張とが目立ってくるのである。

太宗の皇太子は長子の李承乾《りしょうけん》であったが、太宗に寵愛された魏王李泰《りたい》との反目が激しくなり、六四三年に廃された。皇太子の地位は、温和な九男の李治《りち》のもとに転がり込んだ。李承乾・李泰・李治は、いずれも長孫皇后の実子である。太宗は新太子の地位強化をはかり、「太平天子李世民」「太子李治」等の文字の浮き出た石が出現したと称して、その年の冬至には新太子をともなって自ら天を祀った。こうして立ったのが高宗である(在位六四九〜六八三)。隋二代目の煬帝と同様に高宗は対外政策に積極的で、六六三年に百済を滅ぼし六六八年には高句麗を滅ぼした。高句麗との対立は隋代以来のもので、太宗も六四五年に高句麗遠征をおこなっていた。その後、朝鮮半島は六七六年に新羅の領有するところとなったが、西域では六七九年に天山山脈をこえた砕葉《スイアーブ》(キルギス共和国のアク＝ベシム都市遺跡)に城をおいた。砕葉鎮は唐が天山以西におくことのできた唯一の根拠地で、唐の版図は高宗朝に最大となったのである。なお、大同江以南を領有した新羅は、三国時代の新羅と区別して統一新羅といわれる。

隋唐と律令体制

日本では隋から唐前半期までの国家体制を、日本の古代国家との対比から律令体制と呼ぶことが多い。しかし、刑法の律と行政法の令との分化は西晋の泰始律令に始まり、唐以後も律は清朝まで編纂され、令も明初までつくられた。律と令の併存という点では、隋唐のみを律令時代というわけにはいかない。また、中国では古くから社会的規範としては礼を法の上においており、最近では礼の社会的役割についても解明が進みつつある。したがって、隋唐時代の特色を律令のみで形容するわけにはいかないが、隋の文帝が建国後三年間で律令を制定したのを皮切りに、煬帝・唐高祖・太宗・高宗・則天武后・中宗・玄宗と、隋から唐中期までの皇帝は唐の睿宗《えいそう》を除いて律と令との双方を制定した。このような各皇帝ごとの律令制定は前後の時代にないもので、隋唐皇帝の律令にたいする関心の高さを物語っている。また、統一国家の形成期にあたっていた日本や朝鮮諸国は、律令を中央集権国家体制の柱として参照していた。そこで日本史や東アジア史の観点から、隋から唐前半期を律令制の時代と呼ぶことは可能であろう。ただし、隋の文帝が平陳後に『五礼』(または『隋朝儀礼』)をつくったのを初めとして、煬帝の『江都集礼』、唐太宗の『貞観礼』、高宗の『顕慶礼』、玄宗の『開元礼』(『大唐開元礼』として伝存)と、隋唐のおもだった皇帝が礼を編纂していたことも忘れてはならない。

唐の中央官制は、中書省・門下省・尚書省(尚書都省)と、尚書省の部局の吏部・戸部・礼部・兵部・刑部・工部とからなる三省六部《りくぶ》制がとられた。漢代以来の系譜をもつ太常寺《たいじょうじ》・光禄寺《こうろくじ》・少府《しょうふ》監《かん》・将作監《しょうさくかん》等の九寺五監もあり、尚書六部に属して実務を掌った（左図参照）。ほかに行政監察を掌る御史台《ぎょしだい》があった。三省の長官は各二名で、宰相として政策の大綱を合議した。これに皇帝の命で「同中書門下三品」などの肩書で宰相会議に参加する高官がふえ、宰相会議の実権はしだいに強化された。

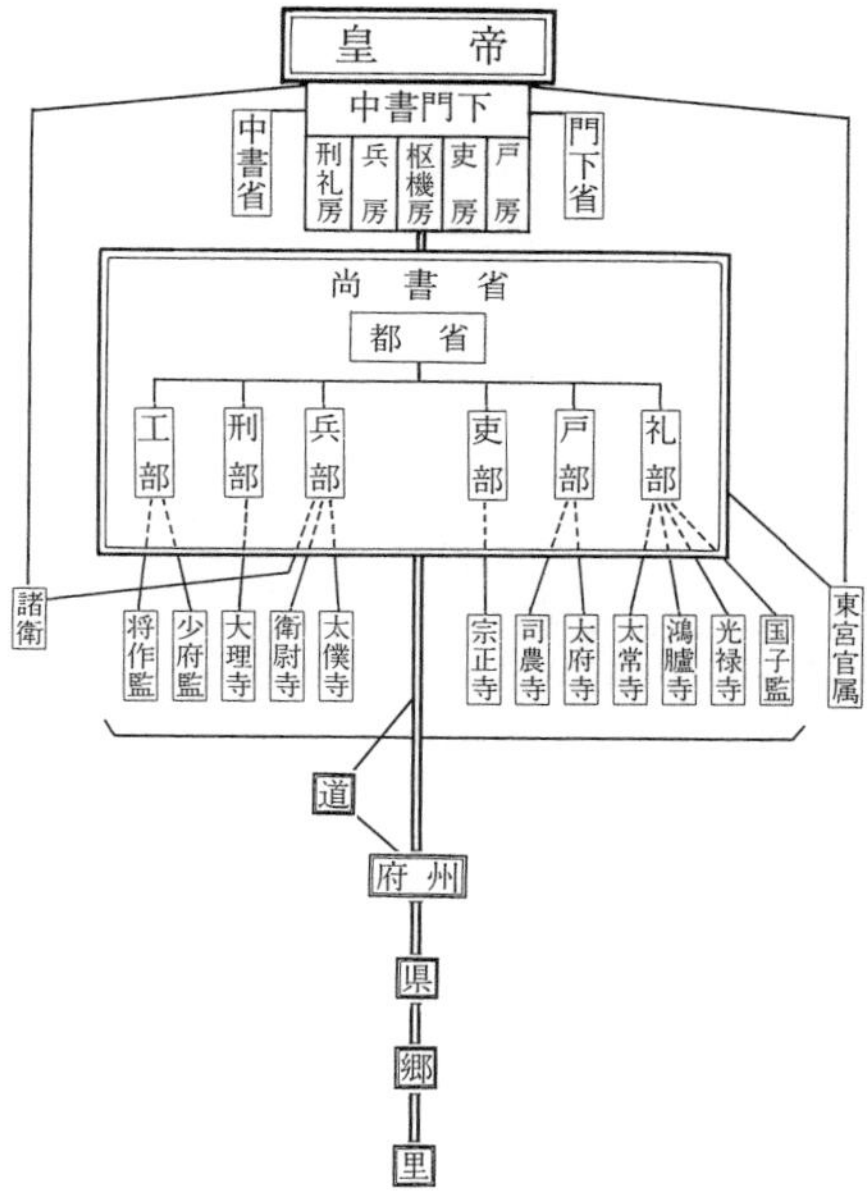

開元時代行政系統図

宰相会議は当初は門下省の政事堂でおこなわれたが、六八三年に政事堂は中書省に移され、七一一年には尚書省長官の左右僕射《ぼくや》が正規のメンバーからはずされた。七二三年には政事堂は中書門下と改称し、吏・枢機・兵・戸・刑礼五房が設置されて衆務を掌った。三省では中書省が詔勅を起草し、門下省がその内容を審査し、尚書省が実施する。その際、門下省は原案を中書省に差し戻す封駁《ふうばく》(封還)の権限をもつので、中書省が皇帝の立場を代弁するのにたいし、門下省が貴族の立場を代表するようにいわれることがある。しかし、以上のように中書省の権限がしだいに強化される傾向にあり、また封還の実例では任官に反対した場合が多い。したがって、門下省の存在や封駁の制度から、政策決定における貴族の発言権を強調することはできない。

唐の地方制度は、およそ三五〇の州と、一五五〇の県とからなっていた。長安中心の京兆府、洛陽中心の河南府や、辺境の要地に設置された都督府など、とくに重要な州を府といった。所管の戸数四万以上の州を上州、二万以上を中州、以下を下州といい、長官を刺史といった。州の上の広域の監察区分に道《どう》があり、唐初には一〇道、七三四年以降には一五道であった。県の長官は令で、所管の戸数六〇〇〇戸以上を上県、二〇〇〇戸以上を中県、一〇〇〇戸以上を中下県、以下を下県というが、ほかに京県・畿県などもあって県の制度はやや複雑であった。郷は五里からなり、里は一〇〇戸からなったが、隋代におかれた郷正は唐にはおかれず、在地の事務は里正が担当した。里正は比較的富裕な中間的農民層が一～二年の任期で交代したらしく、その職は一種の徭役であった。また、都市には坊正がおかれて坊門の鑰《かぎ》を管理し、自然村落の村にも一〇〇戸ごとに村正がおかれた。里は人為的な区分に基づく行政村なので、里正が行政の末端に位置するのにたいし、村正がもっぱら村落の秩序維持にあたっていたと思われる。

律令制下の人民の負担

律令制下の人民の負担は、租税と兵役とに集約される。唐の租税制は、北魏以来の均田制に基づく租庸調制であった。北魏の均田制では、男夫(十五〜七十歳)以外に婦人・奴婢・耕牛にも田土が支給されていたが、隋代までに牛・婦人・奴婢への給田が廃止され(後二者は煬帝のとき)、十八〜五十九歳までの男性に口分田八〇畝、世業田(唐太宗李世民の死後には永業田という)二〇畝、計一〇〇畝という唐と同じ給田制度が成立した。こうした給田対象の制限は、とくに京畿を中心とする人口増にともなう田土不足に起因したと考えられる。また、耕牛・婦人・奴婢への給田にかえて、隋初から官品に対応した官人永業田が支給された。これは合法的な大土地所有を官人に限定するもので、在地有力者の土地所有が規制されることになった。これにたいする租調役(庸は役《えき》＝力役の代納品)の変遷は次頁の表のとおりで、しだいに丁男(隋唐ではおおむね二十一〜五十九歳)中心に簡素化され、また九品以上の官人は免除された。現実には給田が規定に満たなくても租庸調は減額されず、唐代にはいると国の関心は租庸調の収奪に集中するようになり、玄宗朝のころには均田制と租庸調制との乖離は大きく

税目＼王朝		北　魏	隋	唐
租	一牀（夫婦）	粟2石	粟3石[1]	―
	単丁	上の4分の1	上の2分の1	粟2石
	奴婢	8分の1	2分の1	―
	耕牛	20分の1	―	―
調	一牀	帛《きぬ》(または布《あさぬの》)1匹 綿《まわた》 8両	絹1匹または布1端 綿3両または麻3斤	―
	単丁	上の4分の1	上の2分の1	絹2丈(または布25丈) 綿3両(または麻3斤)
	奴婢	8分の1	2分の1	―
	耕牛	20分の1	―	―
役	一牀	―	30日[2]	―
	単丁	―	―	20日（閏年22日） 1日絹3尺＝布3.75尺

注(1)(2)　隋のあいだに，唐と同じく単丁のみ租は粟2石，役は年間20日に変更された。また1匹は4丈，1端は1匹の1.25倍の長さである。

北魏・隋・唐の租調役表

なった。

　このことは、均田制実施の有無の問題にかかわってくる。制度上、均田制と租庸調制との結びつきは明白なようであるが、均田制の実施は完全には確認されていないのである。均田制実施に関係した文書は甘粛省の敦煌と新疆ウイグル自治区の吐魯番《トゥルファン》で発見されている。とくに、二十世紀初頭に西本願寺の派遣した大谷探検隊が将来した大谷文書によって、唐代の吐魯番で退田文書・欠《けん》田文書・給田文書等の一連の文書がつくられ、田土の還受のおこなわれていたことが明らかとなった。敦煌でも、給田・退田関係の文書のつくられていたことが確認された。しかし、吐魯番の一丁《てい》男《だん》当りの受田額はわずか一〇畝であり、敦煌でも各戸の保有田額から永業田を差し引いた分を口分田とする、という作為がおこなわれていた。また、敦煌以東の各地域での均田制の実施は確認されておらず、逆に玄宗朝の江南では租が布《あさぬの》で代納され、嶺南では唐初から税米が徴収されていた。均田制・租庸調制が全国一律に実施されていなかったことは確かであり、そこから敦煌・吐魯番の均田制を西域の特殊な土地制度とする、均田制虚構《フィクション》説も登場するのである。しかし、均田法規が前述のような改訂をへながら唐代まで存続してきたことは、虚構説では説明できない。均田制実施の有無にかんする結論は、なお今後に委ねられているというべきであろう。

隋唐時代の兵制を府兵制といい、前述の西魏六柱国十二大将軍の下に編成された二十四軍に由来する。西魏・北周では一般農民と区別された軍戸がその構成員であったが、隋の平陳の翌年五九〇年に軍戸制は解消され、一般農民を対象とする全国的徴兵制となった。文帝は二十四軍と禁軍（近衛軍）とを再編した十二衛の軍隊で京師（長安）を警備し、地方には総管府の下に軍府をおいたが、煬帝は六〇七年に総管府を鷹揚《ようよう》府と改めて中央の十二衛に直属させた。鷹揚府制は隋末に崩壊したが、唐太宗の六三六年に折衝府として復活した。この鷹揚府・折衝府下の徴兵制が府兵制で、丁男を対象に在役中の租税や徭役の負担を免除することで、容易に兵員を集めることができた。彼らは春夏秋の三季に農耕、冬季に習戦（軍事訓練）をおこない、都からの距離に応じて交代で京師警備の衛士に上番したほか、在役中に一回辺境の防人を務めた。しかし、衛士の旅費・衣服・武器は自己負担で、しかも県を主とする折衝府は、支給しうる田土の少ない華北、ことに関中に集中しており、農民にとって府兵の負担は重たかった。また、唐代にはしだいに周辺諸民族の動きが活発になり、府兵の防人では対処できなくなった。かくして玄宗朝には、衣食住を国家負担とする職業兵士が内地でも辺境でも登場することになった。

則天武后の登場と唐朝の変容

高宗は、初め太宗の後宮にいた武照を自らの後宮にいれた。美貌と才気に恵まれた武照は野心も多く、自分の赤子を殺して王皇后に罪をかぶせ、六五五年には王皇后を排除して皇后となり、数年後には病弱な高宗にかわって政治の主導権を握った。この間、高宗の母方の伯父の長孫無忌《ちょうそんむき》など武照立后に反対した官僚がつぎつぎに粛清され、建国以来の功臣の多くが姿を消した。六八三年に高宗が死去すると中宗が立ったが、武照は翌年にこれを退位させて中宗の弟の睿宗を皇帝とし、自分は皇太后として親政を敷いた(臨朝称制)。そして六九〇年、自ら帝位についで国号を周とし、高宗の末年から滞在していた洛陽を事実上の首都とした。これが有名な則天武后《そくてんぶこう》で(在位六九〇~七〇五)、中国の女傑として漢の呂后《りょこう》・清の西太后《せいたいこう》とならび称される。しかし、呂后や西太后が皇帝の母親(皇太后)の立場で権威をふるったのにたいし、則天武后が中国史上唯一の女性皇帝であったことは見逃してはならない。則天の号は、七〇五年正月に中宗が復位して則天大聖皇帝(同年十一月の死去の際にようやく皇后を自称)を上《たてまつ》ったことによるもので、在位中には聖神皇帝などと称した。

在位中の皇帝に冠する称号を尊号(徽号)というが、聖神皇帝のような尊号の制度は武后が始めたものである。武后は周正という暦を用い、七〇〇年まで冬至のある十一月を正月とした。また、周に由来する明堂を洛陽に建てて万象神宮(のち通天宮)と号し、正月朔日に百官を集めてそこで天を祀った。この明堂の跡は一九八六年に発見された。また、『大雲経』という仏教経典にある浄光天女が女王となるという一文を利用し、これを弥勒の下生《げしょう》と改めて自らを弥勒になぞらえ、州ごとに大雲寺を建てて『大雲経』の宣伝につとめた。ちなみに、大雲寺の全国設置は日本の国分寺建立に模倣されている。六九五年九月には洛陽郊外の南郊壇で天を祀る郊祀をおこない、同時に大赦改元した。唐代で郊祀に大赦と改元とをあわせておこなったのは武后が最初である。このように、イデオロギー政策を積極的に展開したところに、武后の治世のひとつの特色があった。現実政治のうえでは密告を奨励して酷吏という検察官を重用、唐朝の李氏一族や関隴集団などの政敵をつぎつぎに粛清した。しかし一方で、酷吏ものちに粛清して佞臣の跳梁を許さず、行政官の任用は適切であった。科挙官僚を積極的に登用し、そのなかから多くの宰相を任命した。それまで科挙の進士科の採用は年に八~九人であったが、武后立后以後は二〇人前後と飛躍的にふえている。こうして、武后期には唐初以来の関隴集団にかわって、科挙を通じて新興層が政界に進出してくるようになった。

六九八年に中宗が皇太子となり、七〇五年の武后病臥中のクーデタで帝位についた。こうして唐朝は復活したが、武后が則天大聖皇帝の尊号を献上されたように、武氏一族の勢力はなお強かった。しかも中宗は政治に熱意をもたず、武氏とも近かった皇后の韋《い》氏は、娘の安楽公主を皇太女とし自ら臨朝摂政しようとして、七一〇年に中宗を毒殺した。このクーデタは、睿宗の三男李隆基（玄宗《げんそう》）と、中宗・睿宗と同じ武后所生の太平公主《たいへいこうしゅ》の働きで十数日後に平定され、睿宗（在位七一〇〜七一二）が即位して玄宗が皇太子となった。すると今度は太平公主と皇太子の対立が激化し、太平公主は睿宗に退位して大権を保持することを勧めた。七一二年に玄宗（在位七一二〜七五六）が即位したが、三品以上の高官の任免権と流刑・死刑の決定権は睿宗に残り、外交の主導権も睿宗が握った。しかし、玄宗は翌年に太平公主とその一派の官僚とを倒して実権を確立、睿宗は大権を玄宗に返上して隠棲した。太平公主は武氏一族に嫁しており、武后登場以後の政争はここまで尾を引いていたことになる。なおこの間の政治的混乱を、二人の皇后の存在から武韋の禍、あるいは端的に女禍という。牝雞司晨《ひんけいししん》（めんどりが時を告げると世の中が乱れる）の喩えもあり、政治を男性のものとする旧中国の価値観を如実に示したことばである。ただし、武后は中宗・睿宗らの男子に恵まれたが、韋后の唯一の男子の李重潤《りじゅうじゅん》（懿徳太子《いとくたいし》）は、武后によって殺されている。韋后の中宗毒殺や安楽公主の皇太女願望については、このような点についても考慮に入れなければならないであろう。

4　唐朝の衰亡

玄宗朝の繁栄と安史の乱

政治の主導権を握った玄宗は奢侈を禁止し、武周朝以後横行していた濫官・偽濫僧《ぎらん》(税役逃れに官人のポストや僧侶の資格を金で買うこと)をやめて、政治の引き締めにつとめた。姚崇《ようすう》・宋璟《そうえい》らの名臣を登用し、開元の治を現出させた。七三二年には『大唐開元礼』、七三七年には開元二十五年律令、翌年には『大唐六典』と、唐を代表する国家儀礼・法制・官職にかんする文献もつぎつぎに編纂された。唐詩の区分では玄宗朝を盛唐というが、武周朝に後退していた周辺民族との関係も唐朝優位に回復し、異民族との交流は盛唐の名にふさわしい活況を呈した。

しかし、玄宗朝には律令体制の危機も進行していた。開元二十五年律令は唐朝最後の律令となった。府兵制では辺境の防人の形骸化と並行して、京師への衛士の上番も停頓状態となった。長安の警備は衛士ではなく、職業兵士からなる禁軍に委ねられることになり、七四九年に折衝府は廃止された。府兵制は玄宗朝には解体していたのであり、その破綻を律令体制崩壊の主因とする見方もある。また、唐後半には禁軍の指揮権を握るなど宦官の跳梁が目立つようになるが、高力士《こうりきし》をはじめとする宦官を

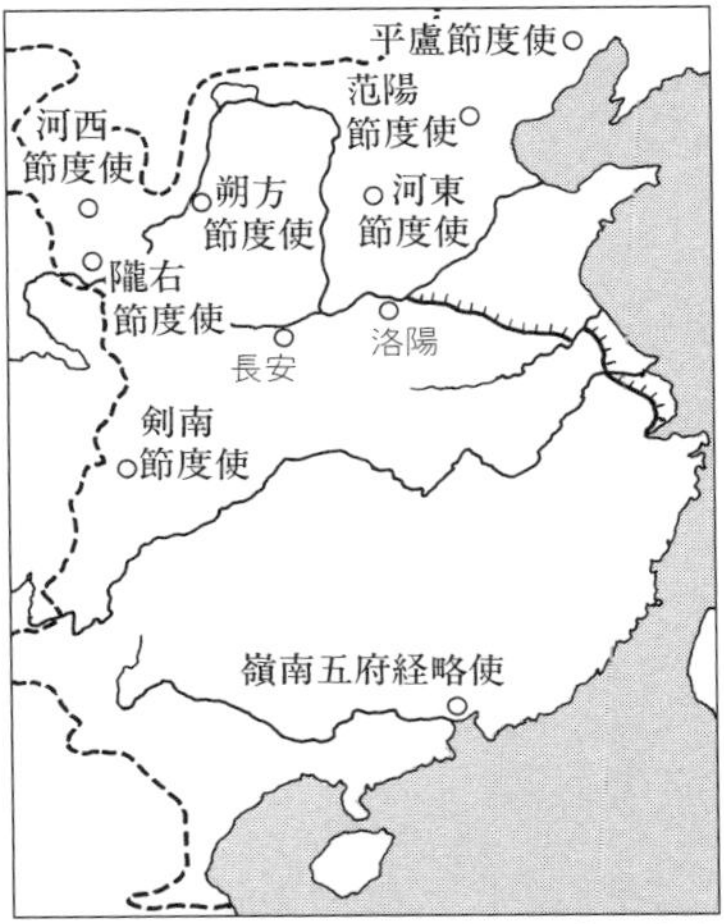

十節度使図（ほかに西域の亀茲に安西節度使が，庭州に北庭節度使がおかれた）

重用したのも玄宗が最初であった。

玄宗が泰山（山東省泰安市）で封禅《ほうぜん》という祀天儀礼をおこなった七二五年ころまでは、その治世は順調であった。しかし、七四二年に玄宗は在位三〇年を祝って天宝と改元したが、その少し前に楊貴妃を後宮にいれた。当時「口に蜜あり腹に剣あり」といわれていた宰相の李《り》林甫《りんぽ》は、楊貴妃の一族として取り立てられた楊国忠と対立するようになった。また睿宗のときから、北辺を中心に辺境防備の節度使という駐屯軍司令官がおかれ、このころには十節度使を数えたが、遼寧省南部から山西省にいたる平盧・范陽・河東の三節度使を兼ねたのが安禄山《あんろくざん》である。それまでの節度使が高級文官の有力ポストとなっていたのをきらった李林甫が、ソグド人の父と突厥人の母とをもつ彼のような、異民族出身の武官（蕃将）を節度使としたのである。七五二年に李林甫が死ぬと、楊国忠と安禄山との対立が深まり、外地にいる安禄山には不利な状勢となった。七五五年十一月、ついに安禄山は楊国忠誅殺を名目に反乱を起こし、翌年正月には雄武皇帝を称して国号を燕とし、六月には長安を占領した。成都（四川省成都市)に蒙塵する玄宗が長安西郊で護衛兵に楊国忠を殺され、やむなく楊貴妃に死をたまわったのはこのときのことであった。

七月には、玄宗と別行動をとった皇太子が即位した(粛宗、在位七五六〜七六二)。安禄山は翌年正月に息子の安慶緒《あんけいしょ》に殺され、回紇《ウイグル》ら北方民族の援軍をえた唐軍は九月に長安、十月に洛陽を奪回した。玄宗は十二月に長安に戻ったが政治の主導権は粛宗にあり、蒙塵中の玄宗の命令で長江中下流域で活動していた永王璘《りん》も、兄の粛宗と対立してこの間に殺された。一方、鄴県(河北省臨漳県付近)に退却した安慶緒は、安禄山の盟友の蕃将史思明《ししめい》の援助を求めたが逆に殺され、七五九年四月に史思明が大燕皇帝を名乗った。すると今度は史思明が子の史朝義と対立、七六一年三月に父を殺した史朝義が帝位につき、乱を指導した安禄山・史思明の両者がともに子息に殺される凄惨な結果となった。史朝義は、勢力を挽回した唐朝に追われて七六三年に莫州《ばく》(河北省保定市付近)で自縊し、足かけ九年におよんだ安史の乱はようやく収束した。

だが、回紇と結んで乱平定に活躍した蕃将の僕固懐恩《ぼくこかいおん》が、かえって謀反の疑いをかけられてその年のうちに反乱を起こし、十月には乱に応じた吐蕃が一時長安を占領した。僕固懐恩の乱は七六五年に止んだが、その後回紇は唐にたいして優位に立ち、吐蕃は七八六年ころに河西回廊西端の敦煌を占領、シルクロードの交易ルートを断ち切った。かくして両国の崩壊する九世紀なかばまで、唐は回紇・吐蕃との対応に苦慮することになった。

律令体制の解体

府兵制の解体に示されるように、玄宗朝までに律令制は綻び始めていた。形式的には律令は唐末まで存続するが、安史の乱は律令体制にたいして決定的な打撃を与えた。

兵制にならぶ人民負担の税制の場合、唐初から租調以外の税目も存在していた。その代表は、隋代の救荒用穀物の徴収に始まる地税と、六五〇年ころから官吏の俸銭や役所の諸費用などを徴収した税銭(丁単位でなく戸単位で徴収するので戸税ともいう)である。天宝年間には地税収入は一二四〇万石《せき》《たん》(一石＝約六〇リットル)、租粟は一二六〇万石で、ほぼ同量であった。地税・戸税はしだいに一般財源に充当されるようになり、七六四年には作付面積に応じて徴収して官吏の俸銭にあてる青苗銭が、戸税とは別に出現した。こうして安史の乱後には、種々の性格の税目が併存して人民の負担を増すとともに、官吏の不正を生む原因ともなった。そこで徳宗(在位七七九〜八〇五)の七八〇年に、宰相楊炎の建議によって両税法が施行された。両税法は諸税を統一して一本化するとともに、貨幣で税額を表示して計算を容易にし、予算を立てて各州に割り当てるなど、数々の特色をもっていた。そのうちもっとも重要なのは、戸を対象に土地所有高に応じて徴収するようになったことで、均田制の原則は廃棄され、現実に進行していた土地所有の不均等が容認されて、宋代以後の大土地所有に道を開くことになった。また両税の名称は、麦田については六月納期の夏税、粟田・稲田については十一月納期の秋税を課することに由来する。これは、華北で小麦の栽培が普及し江南で稲の田植農法がさかんになるなどの、当時の栽培技術の進歩に対応したものであった。ただし、このころ一部の地域では小麦と粟との組合せによる二年三毛作もおこなわれたが、両税は一カ所の田畑から年に二度徴収するものではなかった。両税法では、行商人にたいして従価の三〇分の一を徴収する商税もおこなわれるようになったが、これも当時の商業活動の活発化に対応した施策であった。

官制については、唐後半に律令の官品令・職員令にない官職が多数登場した。日本史でいう令外《りょうげ》の官であるが、唐代には節度使など令にない官職を「使」を用いてあらわすことが多いので、これを使職の一般化ということができる。中央官制では、度支使《たくしし》・転運使《てんうんし》・塩鉄使《えんてつし》が重要である。前述の多数の新税にたいし、財政を主管する尚書省の戸部から国庫の出納や漕運を掌っていた度支《たくし》曹が独立し、新税も扱うようになったのが度支使である。また、唐代にはしだいに江南の生産力が高まり、長安・洛陽と江南とを結ぶ大運河の役割が大きくなった。玄宗朝に裴耀卿《はいようけい》は大運河の浚渫《しゅんせつ》、中継倉の整備などの漕運改革をおこなったが、そのときにやはり度支曹の一部を独立させたのが転運使である。さらに安史の乱初期の七五六年に始まった塩の専売は、七六一年には全国に拡大した。これを統轄したのが塩鉄使(ただし唐には鉄の専売はない)で、しばしば転運使を兼ねて塩鉄転運使と呼ばれる。のちに藩《はん》鎮《ちん》の跋扈がはなはだしくなると、転運使による漕運管理は困難となり、八〇八年に財政組織は度支に一本化され、八一八年には戸部(尚書戸部曹)・度支・塩鉄を三司というようになった。また玄宗朝以後詔勅の起草を皇帝に直属する翰林学士がおこなうようになり、唐後半には皇帝の秘書官として大政に関与するようになって、中書省は形骸化した。

以上のように、安史の乱以後は官制では令外の官たる使職が実職をおこない、令制の官は使職の高下を示す肩書となっていった。兵種の大半は職業兵士が占めるようになり、両税法は均田制・租庸調制の理念をあわせて否定するものであった。唐朝最後の開元二十五年律令のあとは、律令を部分的に改める詔勅の格や施行細則の式が重要となっていく。唐後半は、律令制が内側から浸蝕されていく時代であったといえよう。

藩鎮と唐朝政権

中央と地方との関係も、安史の乱後に大きく変化した。乱の最中から、唐朝は投降した反乱軍の武将などを節度使として内地に駐屯させ、彼らの懐柔と地方の維持とをはかった。唐には複数の州の督察を職務とする観察使があり、安史の乱後の多くの節度使は観察使を兼任した。こうして誕生した、数州におよぶ地方行政権と軍事権とを同時に保持する節度使・観察使の領域を藩鎮と称する。九世紀なかばには、長安の京兆府、洛陽の河南府を除いて、全国が四〇～五〇の藩鎮に管轄される体制が生じた。各藩鎮は職業兵士の親衛部隊を有し、唐朝の指揮に従わない傾向も生じた。ことに安禄山の根拠地におかれた成徳軍・盧龍《ろりゅう》軍・天雄軍の河北(河朔)三鎮にあっては、中央の命令を無視して節度使を決定するなど、反抗的なその行動は河朔の旧事と呼ばれた。このように中央に反抗的な藩鎮を反側の地といい、中央に従順な藩鎮を順地という。唐後半期の政治史は、反側の地の藩鎮を服従させようとする中央政府と、これに反発する藩鎮との闘争史を中心に動いたといえるが、当面は経済的に発達しつつある江南地方が順地であることが唐朝には幸いした。

徴税原理を簡明にした両税法は、藩鎮の恣意的な租税徴収を防ぐ役割ももっていた。両税法は中央政府の経費に振り向ける上供《じょうきょう》と、州・県の経費の留州・留県とに分けられた。節度使は観察使として周囲の州県を管理するので、節度使のいる使州(使府)の留使は、周囲の州(巡属州)からみた場合には送使といった。州県分の予算を定めてその分を留使・留州・留県として先取りし、残りを上供として中央に送付する建前であったが、河北三鎮では上供するものはほとんどなく、他の反側藩鎮でも上供分を意図的に減額したり滞納したりした。両税法施行翌年の七八一年には河北三鎮を中心とする諸藩鎮の反乱が起き、両税法の実施が唐朝の藩鎮対策と関係していたことがうかがわれる。しかし、順地の藩鎮を動員してこの反乱を鎮圧しようとした徳宗は、長安での兵士の待遇を不満とした涇原《けいげん》(甘粛省涇川《けいせん》県付近)節度使朱泚《しゅせい》の乱の勃発で、逆に奉天県(陝西省乾《けん》県)から秦嶺の南の梁州(陝西省南鄭《なんてい》県)まで蒙塵をよぎなくされた。朱泚の乱と河北等諸藩鎮の反乱とは順地藩鎮の力で鎮定されたが、その後徳宗が藩鎮にたいして積極策にでることはなかった。

憲宗(在位八〇五～八二〇)が登場すると、藩鎮のおさえこみはある程度成功した。憲宗は両税法の上供方法を改め、使府・使州の上供分を留使分とし、巡属州の送使分を上供分として中央に直接納入させて、財政における使府州と巡属州との切り離しをはかった。また巡属州の刺史に州内の兵力を統率させ、節度使による兵力の統率を使府州内に限定した。さらに、節度使の活動を監視するため、監軍使を使府州に常駐させた。以上の改革は、新しい禁軍(近衛軍)の充実によって可能となった。唐初から府兵の衛士とは別に皇帝護衛の羽林《うりん》軍があり、衛士とともに長安官庁街(南衙《なんが》)におかれていた。しかし、府兵や南衙禁軍は安史の乱までに崩壊し、乱の最中から増強された神策軍などの皇帝直属の軍隊が長安城北の禁苑に駐屯し、北衙《ほくが》禁軍として長安の警備を担うようになった。北衙禁軍は憲宗初期には一五万に増強され、憲宗は彼らを主力として反側の地の藩鎮を屈服させた。そして前述の藩鎮勢力弱体化政策にあわせて、中央の高級文官をあらたに節度使に任命した。

しかし、神策軍の指揮権は早くから宦官に握られ、監軍使も宦官が任命されるなど、一方で宦官の跳梁も激しくなった。憲宗は唐朝中興の英主といわれるが、晩年には丹薬の常用から水銀中毒となって側近の宦官に殺され、つぎの穆《ぼく》宗(在位八二〇〜八二四)は宦官に擁立された。唐後半には皇帝が皇后や皇太子を立てられず、帝位継承に宦官が介入するケースが目立ってくる。神策軍をバックとする宦官の専横は、中央政治の不安定要素となった。

黄巣の乱と唐の滅亡

唐後半になると科挙出身官僚が一定の地歩を獲得するようになり、官品の高い官僚の子が特権として官職を得る官蔭の制度によって出身した貴族官僚と、科挙官僚との対立が激しくなった。穆宗朝から敬宗（在位八二四〜八二六）・文宗（在位八二六〜八四〇）・武宗（在位八四〇〜八四六）と、四代三〇年にわたって両者が党派をなして争った牛李《ぎゅうり》の党争は、それが頂点に達したものである。文宗が、「河北の賊（河北三鎮）を去るは難《かた》きに非ざるも、此の朋党《ほうとう》を去るは実《まこと》に難し」と嘆いたのは有名である。ちなみに、牛李というのは貴族派官僚の領袖の李徳裕が科挙派の牛僧孺《ぎゅうそうじゅ》・李宗閔《りそうびん》を呼んだものであるが、後世には牛僧孺派と李徳裕派の意味に解されるようになった。

気概のある文宗は、八三五年に腹心の李訓《りくん》・鄭注《ていちゅう》らとともにおもだった宦官を粛清しようとした。しかし、事が漏れて李訓・鄭注らは逆に神策軍に殺されてしまった。宮中に甘露が降るという祥瑞があったという口実で宦官を召集したので、この事件を甘露の変という。以後宦官の政治介入は激しくなり、牛李の党争でも官僚たちは有力な宦官とくんで互いに相手を排除しようとした。つぎの武宗は篤く道教を信奉し、多くの仏寺を破却して仏教徒を還俗《げんぞく》させ、寺田や財産を没収した（八四二年および八四五〜八四六年）。この事件は年号から会昌の廃仏と呼ばれるが、武宗の死によって止み、宣宗（在位八四六〜八五九）が立つとふたたび仏教はさかんになった。武宗朝から宣宗朝にかけては、唐後半の周辺の二大強国である回鶻《ウイグル》（八〇九年に回紇を改称）と吐蕃とが衰え、八五一年には沙州（敦煌）在住の漢人張議潮《ちょうぎちょう》が吐蕃から敦煌を奪回して唐に入朝した。概して宣宗朝は唐末の小康期で、つぎの懿《い》宗（在位八五九〜八七三）の末年には、長安西郊の法門寺から釈迦の真骨と称される仏骨が熱狂のうちに長安

法門寺地下宮殿の仏舎利　一番手前の金塔のなかにあり，金や銀の七重の宝函に守られていた(最外層の檀香木函は発見時すでに腐朽)。

にむかえられた。法門寺では一六〇九年ころに建てられた塔が仏舎利(仏骨)を守っていたが、一九八一年に倒壊して地下室が発見され、そこから仏舎利とともに八七三年に懿宗以下の奉納した数々の珍宝が出土し、懿宗朝の迎仏骨の熱狂を彷彿させた。

しかし江南に目を転ずると、唐朝の危機が進行していた。安史の乱以後、江南の重要性が高まったことは前述した。加えて唐代には喫茶の習慣が全国に広まったが、その主要な産地は江南で、安史の乱後には茶にも従価の一〇分の一の税がかけられ、塩税とともに唐末まで重要な財源となった。これにたいし、官憲の目を盗んで塩や茶を私販する私塩・私茶の徒があらわれ、長江中下流域で活動するようになった。一方、憲宗の改革で順地に送り込まれた高級文官の節度使は唐朝の財政難につけこみ、藩鎮兵士への支給物資を削減しては羨余《せんよ》(あまり)と称して皇帝の私庫へ進奉した。かくして九世紀後半の江南では藩鎮兵士の不満が昂まり、八五九〜八六〇年の裘甫《きゅうほ》の乱、八六八〜八六九年の龐勛《ほうくん》の乱など、それまで順地であった諸藩鎮で反乱が続発するようになる。唐朝の求心力が江南でも低下するなかで、僖宗《きそう》(在位八七三〜八八八)の即位翌年に勃発したのが黄巣《こうそう》の乱であった。

唐朝の塩の専売は、はじめ一斗(約六リットル)一〇銭の塩に税一〇〇銭を上乗せしたが、しだいに増税されて三七〇銭で売られたこともあった。塩のない淡食を余儀なくされる者もあらわれ、茶賊・塩賊(私塩・私茶の徒)の動きが活発になるとともに、これを支持する人々もふえてきた。こうしたなか、八七三年に河南・山東地方が大旱害に見舞われ、翌年末ないし八七五年五月に塩賊の王仙芝《おうせんし》が長垣《えん》(河南省濮陽《ぼくよう》県)で反乱を起こすと、これに黄巣が呼応してたちまち大反乱となった。黄巣は進士科の受験に何度も失敗した人物で、この反乱は塩賊・茶賊以外にもさまざまな反唐的不満分子を吸収していた。反乱軍は初め山東・河南・安徽方面を略奪して回り、王仙芝が唐の官を受けようとした八七六年末にはいったん分裂した。しかし、八七八年二月に王仙芝が唐朝に殺されるとふたたび合流、翌年には南下して広州にいたり、回教徒や景教徒等の異教徒一二万人を殺害、ために広州の海外貿易は数十年間停頓したという。その後反転して北上、八八〇年十一月に洛陽をおとしいれ、十二月には長安を占領した。そして金統の年号を立て、国号を大斉《たいせい》として唐朝否定の意志を明らかにした。しかし、黄巣軍は占領地政策をもたずに略奪するのみで、食糧不足から食人におよんで長安の人心は離れていった。やがて、沙陀《さた》突厥出身の雁門《がんもん》節度使李克用《りこくよう》を主とする藩鎮連合軍に押され、八八三年には長安を撤退して本拠地の山東をめざしたが、李克用に追いつめられて黄巣は自殺、八八四年六月に乱は終わった。成都に逃れていた僖宗は、翌年に長安に戻った。

なお、沙陀突厥は西突厥の別部で吐蕃に服属していたが、九世紀初頭に唐に服して陝西省北部から中部にかけておかれた部族である。九二三年に梁(後梁《こうりょう》)を滅ぼして後唐《こうとう》を建てた李存勗《りそんきょく》は、李克用の子である。

黄巣の乱以後、各地の藩鎮勢力が軍閥化して相争うようになった。唐朝の権威は地に墜ち、僖宗は八八五年の暮れにはふたたび長安を追われ、八八八年二月に長安に戻ることができたが翌月に病没した。つぎに立った昭宗(在位八八八~九〇四)は、九〇一年には岐《き》王李茂貞《りもてい》(本姓は宋、李は唐朝による賜姓)に鳳翔《ほうしょう》府(陝西省鳳翔県)まで拉致された。この李茂貞の国を岐という。しかし、大運河の黄河側の接点汴《べん》州に拠る、黄巣軍の降将であった朱全忠《しゅぜんちゅう》が当時もっとも強力で、翌年に李茂貞を破って昭宗を根拠地に近い洛陽に移した。そして九〇四年には昭宗を殺害、十三歳の哀帝(昭宣帝)を即位させたが、哀帝には即位後の儀式をさせなかった。翌年には残り少ない唐朝の貴族官僚を滑州(河南省滑県)白馬《はくば》駅に集め、清流を誇る彼らを濁流にすると称して、殺しては黄河に投げ込んだ。この白馬の禍は、魏晋から続いた中国貴族制の悲劇的結末となった。九〇七年四月には、朱全忠は哀帝に譲位を強要して梁を建てた。二九〇年続いた唐王朝は幕を閉じ、哀帝も翌年二月に朱全忠に殺されて没した。

5　隋唐の国際関係と文化

隋唐帝国と周辺諸民族

漢以来の中国統一国家である隋唐とは、多くの周辺国家が関係を結んだ。とくに、高句麗・百済・新羅の朝鮮諸国や倭国(日本)など、統一国家をめざす道程にあった国々には、律令体制を完成した隋唐はまさに先進国であった。つぎの宋代には北方の遼や金が台頭し、周辺諸国にたいする中国王朝の求心力は低下した。隋唐の国際関係は前後に類をみないほど多彩であり、周辺諸国に与えた影響も大きかった。隋唐にたいして、しばしば世界帝国という形容句が与えられるのも当然といえよう。

とはいえ、隋唐と周辺諸国との関係にも消長はある。中国を統一した隋の文帝は、平陳前の五八三年に突厥を東西に分裂させて東突厥を臣属させた以外は、国際政治にたいして消極的であった。煬帝は一転して外交に積極的で、西域との交易の活発化をはかり、その任にあたった裴矩《はいく》は六〇六年に『西域図記』を献上した。煬帝は、東西交渉のルートをおさえていた吐谷渾を六〇九年に親征し、西海・河源《かげん》・鄯善《ぜんぜん》・且末《しょまつ》《チェルチェン》の四郡をおいた。煬帝はこうして後顧の憂いを断って高句麗遠征を敢行したが、それが失敗して隋の滅亡におよんだことは前述のとおりである。なお、高昌国は吐谷渾遠征の際に隋にくだり、その王麴伯雅《きくはくが》は高句麗遠征にも従軍した。

唐の国際関係は当初は東アジアを対象とし、六二四年に高句麗の栄留王を遼東郡王・高麗王（高麗は高句麗の略称）に、新羅真平王を楽浪郡王・新羅王に、百済武王を帯方郡王・百済王に冊封《さくほう》した。隋末唐初の突厥は、群雄がその武力援助を求めたこともあって勢力が盛んであった。しかし六三〇年にいたって主力が唐に内属、華北の辺境地帯に内徙《ないし》した。このとき、北方や西域の諸民族の君長から太宗は天可汗《てんかがん》の称号を奉られ、彼らに宛てた文書で「皇帝天可汗」と称し、後継者たちには冊書《さくしょ》を交付することになった。六四〇年には高昌国を滅ぼして西州をおき、あらたに均田制を実施した。以後、唐はしだいに西域に進出、高宗朝の六五九年には西突厥に服属していた諸州に府州県をおき、六六一年には吐火羅《トカラ》の勢力圏一六国にも都督府・州・県をおいた。六七九年には前述の砕葉鎮《スイアーブ》をおき、焉耆《カラシャール》・亀茲《クチャ》・于闐《ホータン》・疏勒《カシュガル》にあった安西都護府下の四鎮を、亀茲・于闐・疏勒・砕葉に西進させた。東方では唐と統一新羅との境界が六七六年に確定しており、このころが唐の最大版図の時期であった。ただし、砕葉鎮は六四八年には設置されたとの見方もあり、安西四鎮の異動については諸説がある。

六八六〜六八七年には突厥が再興して北モンゴリアの故地に移り、六九六〜六九七年には契丹・奚《けい》が反乱を起こして突厥に帰属、六九八年ころには高句麗の故地を中心に渤海《ぼっかい》が誕生した。これらは唐朝支配下における諸民族の成長の結果ともいえるが、時あたかも則天武后の治世にあたり、武后の関心が内政に集中して周辺諸国にたいする唐（周）の規制力が弱まったことも考えられよう。また唐初チベットに台頭した吐蕃は、六七〇年に吐谷渾の全領域を占領、睿宗朝に青海東部にいたる地域の割譲を唐より受け、河西回廊からパミール高原におよぶ地域を勢力圏におさめた。唐の勢力を回復した玄宗は、四方の異民族を併呑《へいどん》せんとの意気込みで契丹・奚をふたたび臣属させ、吐蕃と激しく戦火を交えた。直接支配地こそ高宗朝におよばなかったが、玄宗が王号を授与した国々は東は新羅から南はスマトラ島、西はカスピ海沿岸にまでおよんだ。日本の遣唐使が、文化的にもっとも充実した活動をおこなったのも玄宗朝であった。しかし、七五一年のタラスの戦いで唐はイスラムのアッバース朝に敗れ、ついで起こった安史の乱で西域から大きく後退した。七八六年ころに吐蕃が敦煌を占領すると、唐と西域諸国との直接的関係は断たれた。

安史の乱後は北アジアでは回鶻《ウイグル》が台頭、安史の乱で長安・洛陽の奪回を援助したこともあって、特産の馬と唐の絹との交換(絹馬《けんば》交易)を強要して唐を苦しめた。隋唐時代には、皇帝の娘を異民族に降嫁させる和蕃公主《わばんこうしゅ》の外交政策がさかんにおこなわれたが、多くの和蕃公主が皇帝の実の娘でないなかで、回鶻にだけ皇帝の実の娘が降嫁した。唐は吐蕃とは安史の乱後も長く争ったが、八二二年には最後の会盟がおこなわれて両者の関係は安定した。しかし、八四〇年代に回鶻・吐蕃はともに内紛で滅亡し、吐蕃に臣属していた南詔《なんしょう》が雲南で台頭、唐と交渉した。南詔は九〇二年に滅亡、雲南では九三七年に大理が建国した。安史の乱後の唐の冊封国は、その南詔と新羅・渤海とにほぼ限定された。しかし新羅も九世紀末には分裂、九〇〇年に甄萱《しんけん》の後百済が立ち、翌年には弓裔《きゅうえい》の後高句麗が立った。

以後を後三国時代と呼ぶが、九一八年に王建が弓裔を倒して高麗を建て、九三五年に新羅、翌年に後百済を滅ぼして朝鮮を統一した。渤海は、この間に勢力を伸ばした契丹に九二六年に滅ぼされた。このように、唐末まで冊封関係にあった国々が唐と同時期に滅びたのは、冊封体制の国際政治上の役割の重要性を示すものと考えられている。

交易と交流

漢代以来、中国と北アジアの諸民族とのあいだでは、絹と馬との交換を主とする絹馬交易がおこなわれた。絹の東西交易ルートは、伊吾《ハミ》・高昌等をへて天山山脈北側のステップ地帯を通る天山北路、敦煌からタクラマカン砂漠の北側(天山山脈南側)のオアシスを通る西域北道(天山南路)、タクラマカン砂漠の南側(崑崙《こんろん》山脈北側)のオアシスを通る西域南道の三ルートがあった。狭義にはシルクロードは西域南北道のオアシス・ルートをさし、天山北路はステップ・ルートという。しかし、東西交渉における交易ルートという広い意味でのシルクロードはステップ・ルートを含み、さらに東南アジアの海上路《シー・ルート》まで含むこともある。唐宋以後に生産が飛躍的に発展する中国の陶磁器は、重いうえにかさばるのでおもに海上ルートで運ばれた。近年インド・アラビアからアフリカにおよぶ陶磁器交易の営みが各地の発掘によって明らかにされつつあり、この海上路をセラミック・ロードと呼ぶこともおこなわれつつある。

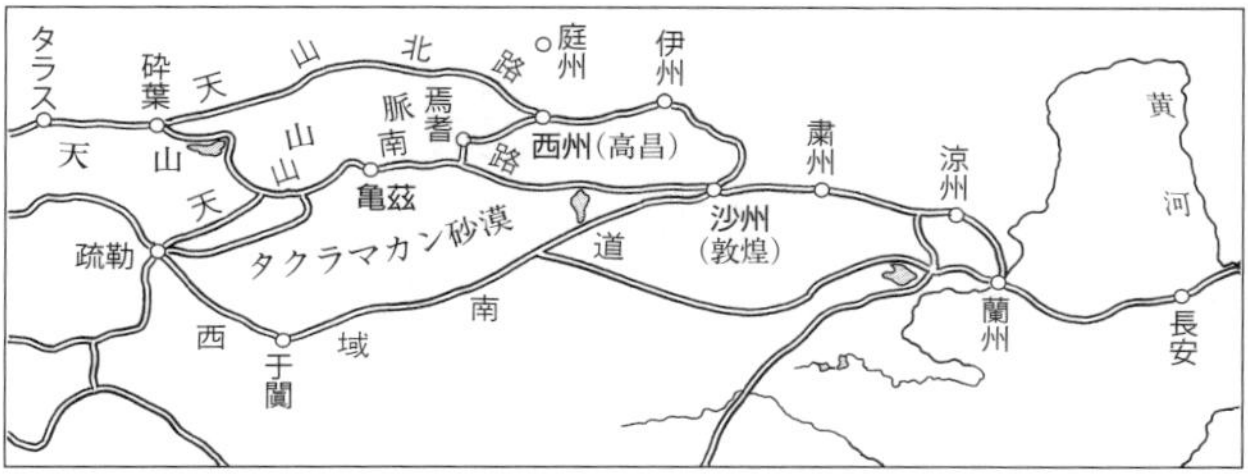

シルクロード図

しかしながら、唐代の中国人と外国人との交流には制限があった。公使以外の中国人が国境をでることは許されなかった。この建前はことに唐初に厳しく、玄奘三蔵《げんじょうさんぞう》の出国は命がけであった。また外国人男性が娶《めと》った中国人女性を連れて本国に帰ることも認められず、中国での資産を国外にもちだすこともできなかった。交易には互市《ごし》と朝貢とがあるが、商人同士の売買である互市は辺境などに場所を限って認められた。諸外国の使節は、唐に入国するのに方物と呼ばれる特産物を献上するが、朝廷からは絹製品を主とする多くの回賜品がくだされた。遊牧民の朝貢など実質的に貿易に等しい場合も多く、唐と回鶻とのあいだには馬と絹との交換比率が定められていた。海上貿易は隋代にはそれほど盛んではなかったが、唐では開元年間(七一三〜七四一)の初頭に海上貿易を管理する市舶司という役所が広州におかれ、香料・染料・瑇瑁《タイマイ》など東南アジアの産物が輸入された。南海貿易を担ったのはおもにムスリム(イスラム教徒)商人であった。七世紀後半の西域求法僧義浄《ぎじょう》の『大唐西域求法高僧伝』では、陸路よりも海路をとおって西域入りした求法僧のほうが多く、このころには海上ルートがさかんに用いられるようになっていたことがわかる。

活発な交易によって唐代にはさまざまな文物が各地から流入したが、とくに大きな影響を与えたのはイラン(ペルシア)文化であった。六五一年にササン朝ペルシアがアッバース朝イスラムに滅ぼされると、ササン朝が唐に援助を求めていたこともあって、王子卑路斯《ピールーズ》をはじめ多くのペルシア人が唐に来住した。そのため長安では胡服・胡帽・胡屐《げき》(靴)など、「胡」字で形容されるイラン系の風俗が流行した。馬上から地面の毬《まり》を打ち合うポロもイランから伝わり、女性も胡装騎馬で楽しんだ。イラン風俗流行の様子は、唐三彩や当時の絵画によく伝えられている。長安の酒場では白皙《はくせき》緑眼のイラン系胡姫が人気を呼んでいた。西域伝来の品種による葡萄酒もつくられ、醪酒《ろうしゅ》というイラン系のにごり酒や、胡餅《こへい》という食物もあった。餅とはもちではなく小麦粉製品だが、水車を動力とする石臼の碾磑《てんがい》で小麦を粉にする製粉技術も西方から伝わったともいわれる。小麦の粉食は広く普及し、長安近郊では貴族や有力者が河川をせき止めて碾磑を経営、農民の水利を妨害する社会問題を引き起こした。また、苜蓿《うまごやし》・波稜草《ほうれんそう》などもイランから伝わったが、波稜とはネパールのことだという。

唐朝は六六一年に于闐《ホータン》以西、波斯《ペルシア》以東の地に月氏都督府など、都督府一六(八とも)・州八〇(七六、八八とも)・県一一〇等の羈縻《きび》府・州・県を設置した。羈は馬のおもがい、縻は牛の鼻綱で、羈縻とは異民族の制御の意味である。羈縻州とは、異民族の地域に州県をおき、異民族の居住形態はそのままに形式上中国王朝の領域とするものであった。羈縻州では、異民族の君主に王号を授与して臣下とする冊封とともに唐初から広くおこなわれ、内地の州が三五〇ほどであったのにたいし、羈縻州の総数は八五〇をこえた。そのなかには玄宗開元年間の契丹の松漠《しょうばく》都督府、奚の饒楽《じょうらく》都督府のように実際に唐朝の統治下におかれたものもあるが、六六一年の西域の都督府等の設置については、文字どおり名目的な設置であると思われてきた。しかし、西域のソグド人商人たちはこれによって唐朝統治下の人民となり、安西都護府等の発給する過所(通行許可証)をもって、出入国の条件にしばられずに中国内地まで足を伸ばすことができる。そこで、ソグド商人の来往を容易にして、西域の商品や文化・情報の流入を円滑にすることに、右の都督府等の設置の意味があると考えられるようになってきた。

唐後半の都市と社会の変化

中国の都市は伝統的に城壁で囲まれており、隋唐時代でも例外ではなかった。唐の長安城は東西九七二一メートル、南北八六五一・七メートルのやや横長のかたちで、皇帝の居住する宮城(太極宮)は南北中央線の一番北側にあり、城内の中央に宮城のある北魏洛陽城などとは異なっていた。実際には宮城は低地にあって住みにくく、高宗の六六三年には東北の高台に大明宮がつくられた。その後しだいに皇帝は大明宮に居住し、即位など重要な儀式のときに太極宮を用いるようになった。なお、大明宮南正面の含元殿には、八〇メートル近い三条の龍尾道という長大な階段があると考えられてきたが、最近の発掘でその存在は否定された。また、長安の人口は一〇〇万人といわれるが、それは詩人の形容詞であって実際の人口は七〇万~八〇万であった、という学説も有力になってきている。

唐の洛陽城は東壁が七三一二メートル、西壁六七七六メートル、北壁六一三八メートル、南壁

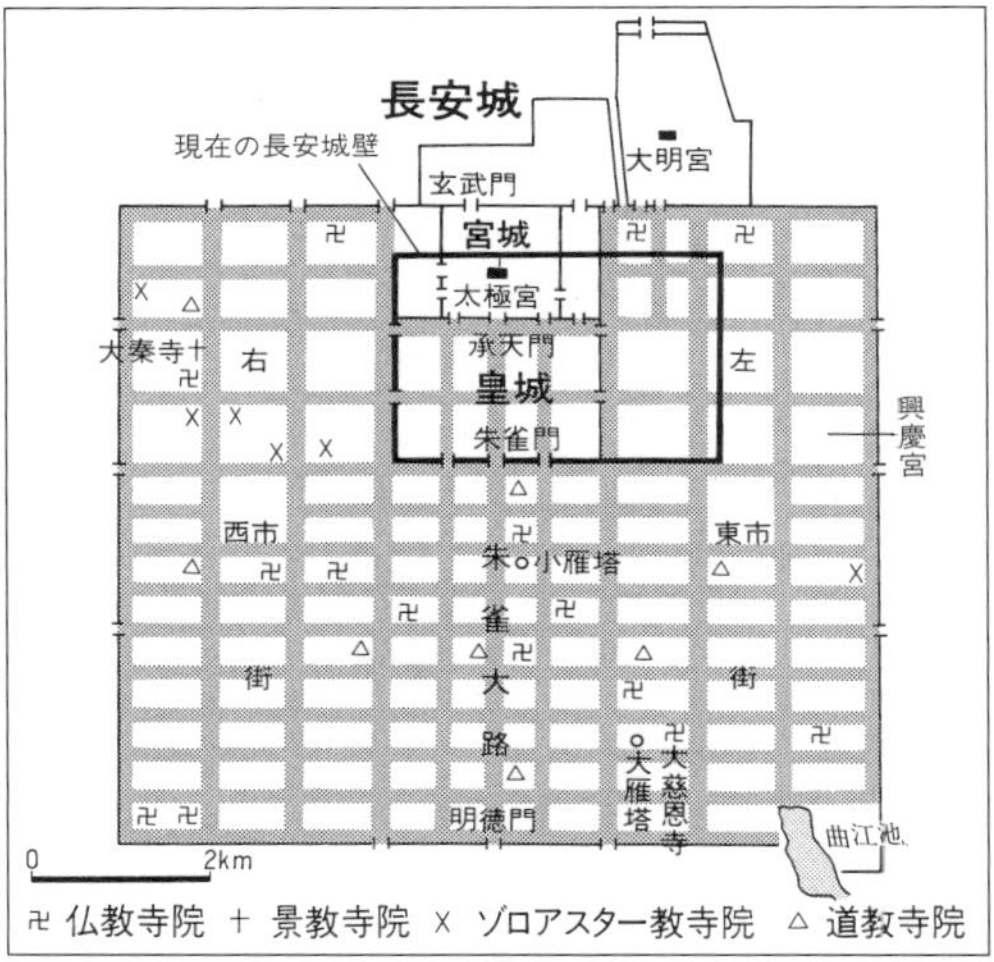

長安城

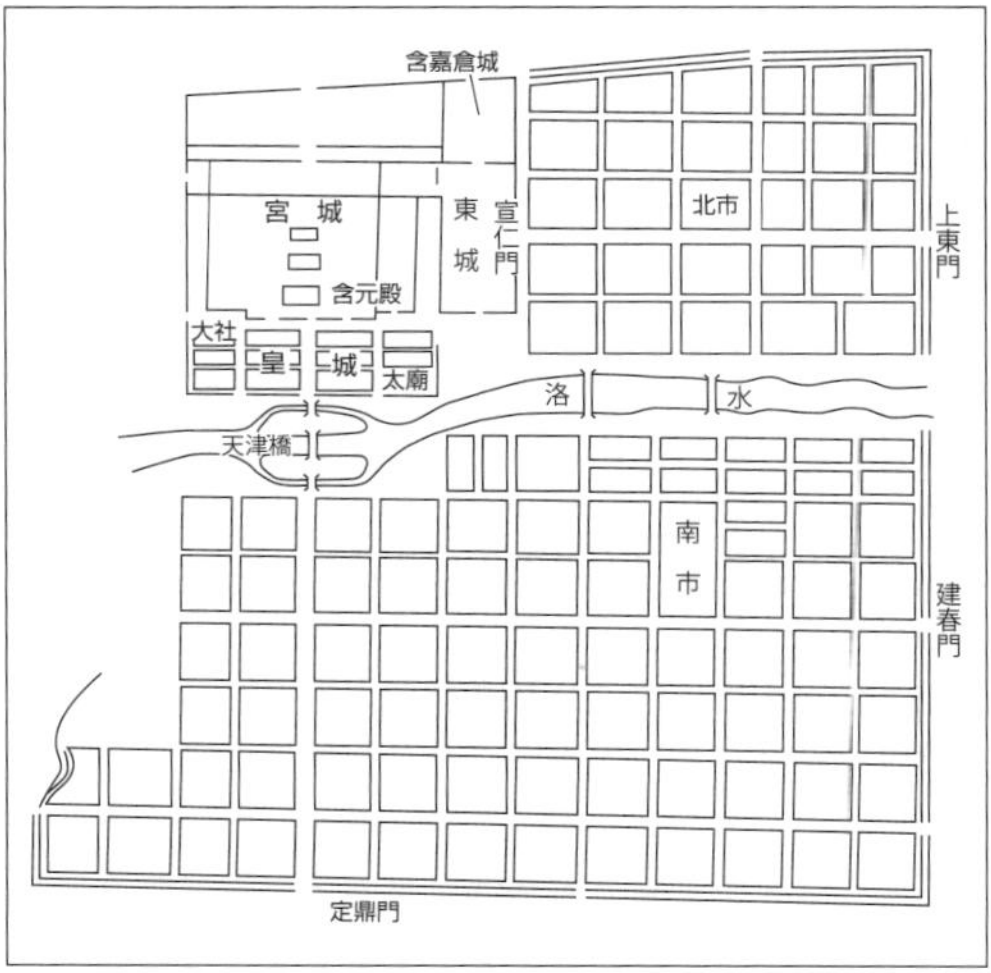

洛陽城

七二九〇メートルで、中央を洛水が東西に貫流している。西から瀍河《かんが》が洛水に注いでいるため西側を拡張することができず、宮城および官庁街の皇城は西北部に片寄っている。長安では東市・西市が対称的におかれたが、洛陽では洛水の北側に北市、南側に南市・西市の三市がおかれた。長安・洛陽とも城内は東西南北に直交する街路で整然と区画し、一区画ごとに城壁で区切って市民の居住区とし、これを坊と呼んだ。

唐代の都市の特色は、このように市や坊が牆壁《しょうへき》で囲まれていたことである。人々の往来や活動は日中に限られて日没時に市門や坊門は閉じられ、夜間に市街を徘徊することは夜禁といって取り締まりの対象となった。しかし唐中期以降その状況は変化していく。市城の外でも商売がおこなわれるようになり、坊牆を壊したり坊門を夜間にも開放したりして、夜禁は有名無実化した。長安の金銀珠玉細工や広陵(江都)の銅鏡のように特色ある手工業品をつくる都市もあらわれ、邢州《けい》(河北省臨城県)・越州(杭州湾一帯)の陶磁器のように、特定の産物で名を売る都市や地域も出現した。隋から唐初の都市の性格は、行政の中核となる政治都市に限定されるが、唐中期以降は南海貿易の広州、大運河沿いの揚州、長江中流の江陵など、港湾都市や交易都市も目立ってくる。また各地で必要となった特産品の原料を取引する場として、草市《そうし》という小型の商業都市が黄河流域・大運河沿線・江淮《こうわい》一帯に簇生《そうせい》した。両税法改革における商税の出現は、このような商業活動の活発化に対応した施策であった。海外渡航を禁じた律令の制限を乗りこえて、唐後半には唐商船の海外進出も活発化していった。

唐の市には、遠隔地の客商を相手に倉庫業・旅宿業・飲食業を兼営する豪商の邸店《ていてん》があった。なかには運送業や金融業を営むものもあり、飛銭《ひせん》・便換《べんかん》という手形での決裁もおこなわれるようになった。一般の消費者相手の小売業は肆舗《しほ》といい、肆舗は同業商店街と同業商人組合とを同時に意味する「行《こう》」を結成していた。行には肉行・穀麦行・絲綿《しめん》(絹製品)行・薬行などのほか、鞦轡《しゅうひ》(馬具)行・麩《ふ》(飼料)行・幞頭《ぼくとう》(頭巾)行など多くのものがあり、唐代では商業の専門化が進んでいた。行のなかには社邑をつくって定期的に寺院に奉納するものもあった。唐代の社(社邑)は民衆の自治団体で各地の村落などでも結ばれ、仏教信仰に基づく活動をおこなう旧来の社のほかに、葬式の援助など社人同士の相互扶助や親睦を目的とするものも登場した。こうした私社は、国家統制を乱すものとしてしばしば禁圧された。また唐後半では、行政村の里にかわって自然集落の村が行政の末端を担うようになった。唐初には一〇〇戸ごとに村正がおかれていたが、唐後半には村耆《き》・村長・村胥《しょ》など、村正にかわる新しい村役人が登場した。彼らは里正にかわって逃戸の土地を管理するなど、有力地主層として村落行政を握るようになった。このように、唐後半では都市や農村で国家の統制を打破するさまざまな変化が目立ってきた。その結果として、唐宋変革期の社会変化の大波が起こるのである。

隋唐の文化

中国を統一したばかりの隋代は特筆すべき文化に乏しく、いわば唐代における文化の飛躍を待つ時代であった。文帝は五八三年に天下に学を勧めて礼をおこなわせ、平陳の翌年の五九〇年に国子学に幸《みゆき》した。これは、南朝の伝統を摂取して文化の南北融合を進めようとした動きと理解できよう。煬帝は洛陽に東都を造営し、長城の一部を築いたり大運河を完成するなど、民力を消耗する大土木工事をつぎつぎにおこなって評判が悪いが、大運河は南北の融合をめざす試みであった。また文帝・煬帝とも仏教信仰に厚く、仏教は中国を精神的に統合するうえで大きな役割をはたした。

　唐初の文化的事業で特筆すべきは修史である。六三一年には姚思廉《ようしれん》『梁書』『陳書』、李百薬《りひゃくやく》『北斉書』、令孤徳棻《れいことくふん》『周書』、魏徴『隋書』の五朝正史が進上された。六五九年には南朝の通史の『南史』、隋までの北朝の通史の『北史』が、ともに李延寿の撰で完成した。また、六四八年には房玄齢《ぼうげんれい》らの『晋書』がつくられた。六五六年には梁・陳・北斉・周・隋の制度典章を通観した五朝の志（『五代史志』）がつくられ、現在では『隋書』に収録されている。個人の史書としては劉知幾《りゅうちき》の『史通』（七一〇年）が有名であり、古今の歴史書のスタイルを縦横に論じて中国史学史の古典となった。また、七二〇年に呉兢《ごきょう》は太宗と名臣との問答を収録した『貞観政要』を玄宗に献じ、貞観の治の再来を期した。本書は帝王学の教科書としてわが国でも愛読された。玄宗の開元年間には、当時の行政組織を歴史的に解説した勅撰の『大唐六典』や、国家儀礼を集大成した『大唐開元礼』がつくられた。八〇一年には、玄宗天宝年間までをおもな範囲として歴代の制度を部門別に整理した杜佑の『通典《つてん》』がつくられ、また同じころに唐代の典章制度の史料を集めた蘇冕《そべん》の『会要』がつくられて、以後の政書（制度史の書）

の模範となった。なお、『会要』は北宋初の王溥《おうふ》によって再編集されて現存する『唐会要』となった。

官撰の地理書には『元和《げんな》郡県図志』（八一三年）があり、西域やインドの事情については玄奘の旅行報告である辯機《べんき》の『大唐西域記』（六四六年）や、義浄の『南海寄帰内法伝』（六九一年）と『大唐西域求法高僧伝』、新羅僧慧超《えちょう》の『往五天竺国伝』など求法僧の記録が多い。わが国の円仁『入唐求法《にっとうぐほう》巡礼行記《じゅんれいこうき》《じゅんらいぎょうき》』は、八三八年から八四七年までの中国求法の旅行記で、会昌の廃仏のありさまや唐後半の中国各地の実情を伝える貴重な記録である。

唐代には科挙の問題に詩賦が加えられたこともあって詩がさかんにつくられ、唐詩は中国を代表する文学となった。唐詩の発展を四変といい、初唐・盛唐・中唐・晩唐に区分する。通常は初唐を唐初から睿宗朝（七一〇〜七一二）、盛唐を玄宗朝から代宗の永泰年間（七六五〜七六六）、中唐を代宗大暦年間（七六六〜七七九）から文宗大和年間（八二七〜八三五）、晩唐を文宗開成年間（八三六〜八四〇）から唐末までとする。初唐詩人の代表は王勃《おうぼつ》・駱賓王《らくひんのう》・盧照鄰《ろしょうりん》・楊炯《ようけい》の四傑であり、この時期に五言・七言の律詩・絶句の近体四種が完成した。盛唐の詩人は王維・高適《こうせき》・岑参《しんじん》など多士済々で、なかでも李白は定型詩のほか歌謡に由来する楽府《がふ》という長短の句の混じる詩も得意とし、詩仙と呼ばれた。また、杜甫は八句からなる律詩を得意とし、厳密な韻律に複雑な感情を盛り込んで律詩を抒情詩として完成し、詩聖と讃えられた。中唐には大衆詩人といわれる白居易（白楽天）やその友人の元稹《げんしん》が著名で、晩唐には杜牧・李商隠などがいる。また中唐には、六朝以来の四字・六字の対句を中心とする形式的な駢文《べんぶん》（四六文）から、『史記』など漢代の自由な形式の文章に範をとる古文復興運動が起こったが、その中心となる韓《かん》愈・柳宗元は優れた詩人でもあった。散文の小説では初唐の張鷟《ちょうさく》『遊仙窟』が日本で愛読されたほか、中唐以後に陳鴻《ちんこう》『長恨歌伝』・白行簡《はくこうかん》『李《り》娃《あ》《あい》伝』・元稹『鶯鶯《おうおう》伝』・伝牛僧孺『杜子春』など、優れた作品が続々とつくられた。これらは北宋初の『太平広記』に収録されており、魯迅も高く評価して『唐宋伝奇集』を出版した。

儒教の経書の知識を科挙に課すために唐では経書の整理が進められ、六五三年に孔穎達《くようだつ》らの『五経正義』（五経は『周易』『尚書』『詩経』『礼記《らいき》』『春秋』）が頒行された。また八三七（開成二）年には、五経はじめ都合十二経の標準テキストを刻んだ開成石経が完成し、西安の碑林博物館に今も保存されている。しかし、唐の儒教解釈は固定化して思想的発展には乏しかった。また、唐朝は老子の本名を李耳とする説によって老子を遠祖とし、『老子道徳経』を科挙の科目に加え、玄宗朝には老子廟の太清宮を国家祭祀に加えるなど、道教の振興をはかった。しかし、民衆の信

「昇仙太子碑」飛白額　則天武后御筆。飛白体は宋代以後はおもに皇帝によって書かれた。

仰を集めたのは仏教であった。帰国後の玄奘は将来した仏典の翻訳につとめて漢訳仏典の面目を一新し、法相学の祖となった。信拠する仏典の相違によってほかに律宗・浄土教・華厳宗・禅宗などの宗派が生まれ、盛唐には不空が密教を伝えた。唐末までに法相宗などは衰え禅宗が興隆して宋代におよび、密教は空海によって、天台宗は最澄・円仁によって日本に伝えられた。

書道では、唐初に虞世南《ぐせいなん》・欧陽詢《おうようじゅん》・褚遂良《ちょすいりょう》などの名手がでて、バランスのとれた楷書の書体が確立した。飛白・垂露書らの雑体書も書かれたが、宋代以降には皇帝の嗜む飛白以外の雑体書は廃れた。絵画では、隋の中国統一によって南朝・北朝の画家のあいだに交流が生じ、画風に進展がみられた。隋代の伝世品は少ないが、唐代の絵画には宋代以降の模写によって今日に伝わるものも多い。隋では展子虔《てんしけん》、唐では閻立本《えんりっぽん》・立徳《りっとく》兄弟・張萱《ちょうけん》らが名高く、詩人の王維も山水画をよくした。九世紀なかばの張彦遠《ちょうげんえん》『歴代名画記』には唐を中心に歴代画家の特色が説かれている。唐代には寺院の壁画もさかんに描かれたが、今日目睹《もくと》しうるのは敦煌石窟寺院の壁画など少数にとどまる。敦煌・吐魯番《トゥルファン》等には絹や麻・紙に描かれた絵画も伝存している。技術工芸の分野では、唐代に印刷術が発明され普及したことが著聞している。印刷は成都(四川省成都市)で始まったといわれるが、晩唐には長安でもおこなわれていた。なかには民間でつくられた暦もあり、唐末の長安で民間暦が公然と販売されていた様子がうかがわれる。唐律では天子たる皇帝のみが暦の作成・管理をおこなう建前であったが、以上によっても皇帝支配の理念の衰退が把握されるであろう。

第四章 東アジア世界の変容

1 五代十国と宋朝の成立

五代十国という時代

九〇七年、汴州《べんしゅう》に治所をおく宣武節度使朱全忠《せんぶせつどししゅぜんちゅう》（朱温《おん》、太祖、在位九〇七～九一二）は唐の最後の皇帝哀帝《あいてい》（在位九〇四～九〇七）に譲位を迫って帝位につき後梁《こうりょう》を建てた。こののち九六〇年、趙匡胤《ちょうきょういん》が宋朝を開くまでの五〇年余りを五代もしくは五代十国の時代と呼びならわしている。ただし唐の末期、とくに黄巣《こうそう》の乱以後つぎつぎと各地に節度使が自立し、さらに唐朝から王位を認められて領内を統治した状況があり、また宋朝がほぼ中国の主要部を統一したのが建国して約二〇年のちのことであったことから、実際には一〇〇年に近い分裂の時代が続いた。五代とは、中国の伝統的な正統論で認める五つの王朝のことで、唐朝を継いで華北で興亡した国々をさし、一時華北を支配下におさめた遼《りょう》を含

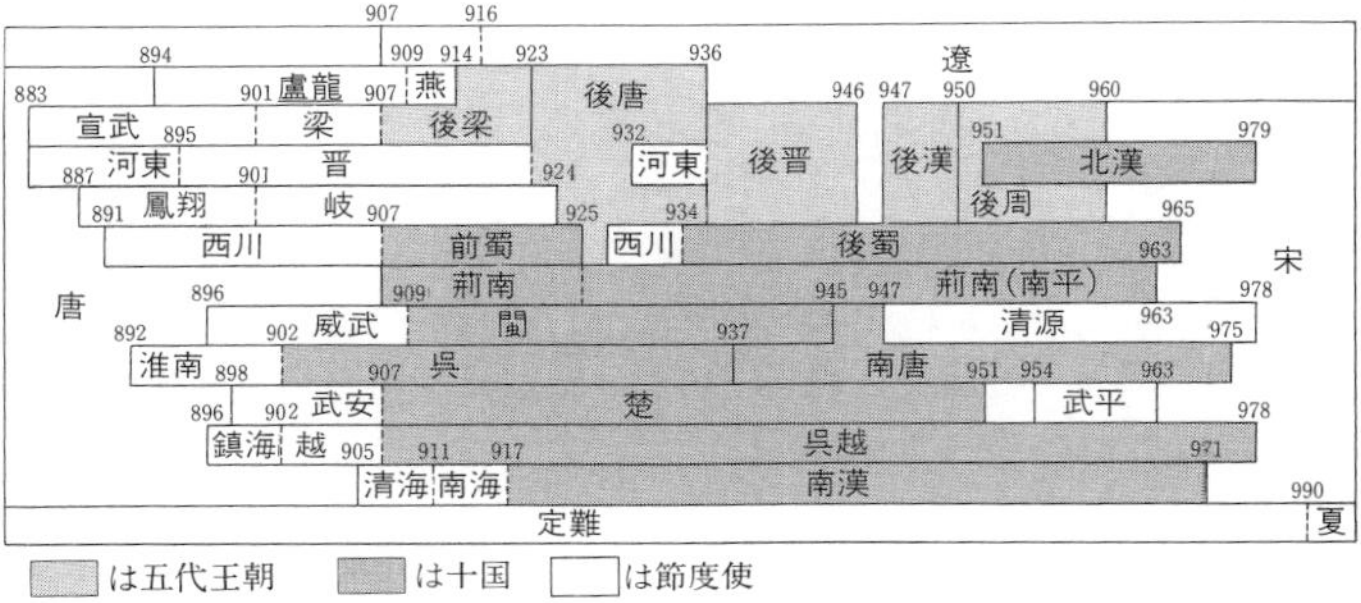

五代十国表

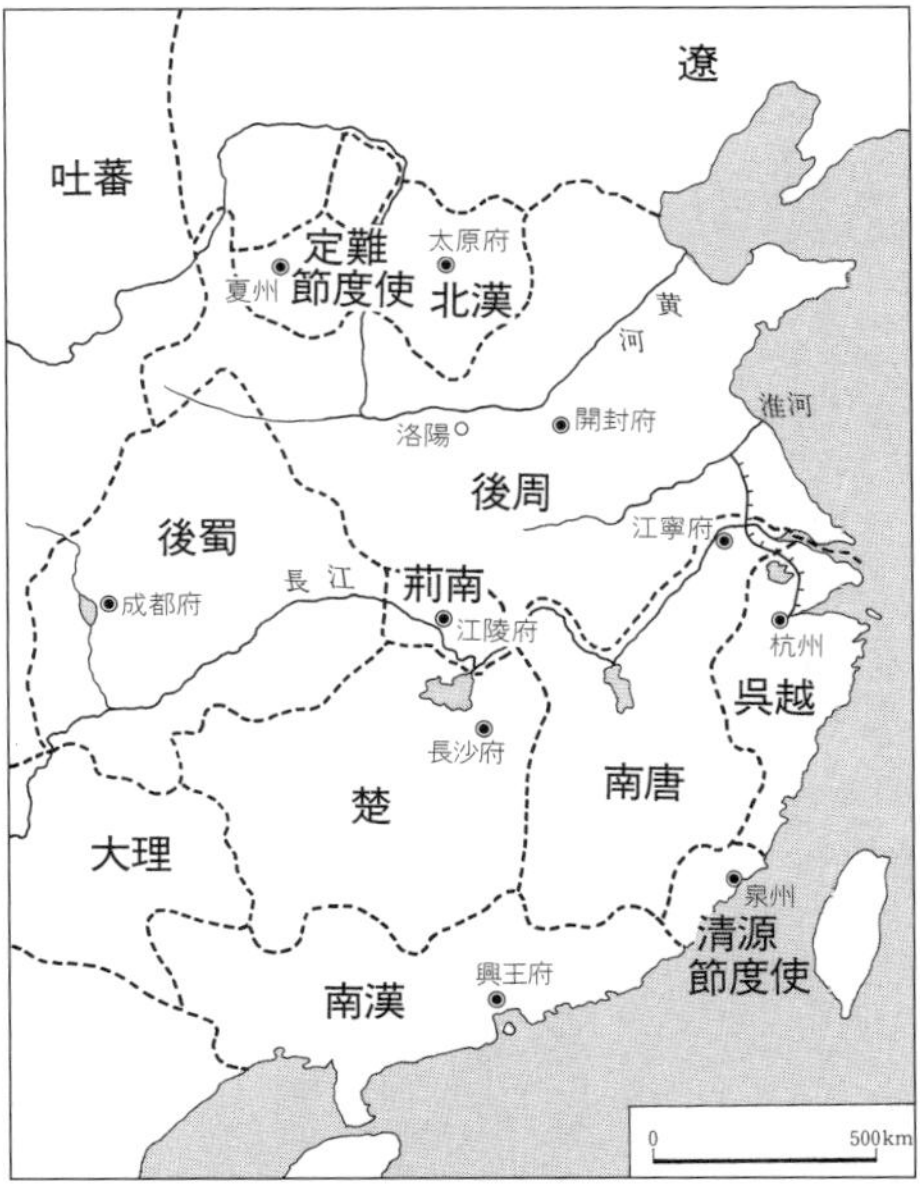

五代(後周時期)の形勢

めない。十国とはその他の諸王朝で、ふつう前蜀、後蜀、荊南《けいなん》(南平)、閩《びん》、呉、南唐、楚、呉越、南漢、北漢の十国をさす。しかし中国全土が五代王朝および十国ですべて分割されたのではなく、小国や土着の勢力が独立していた地方があり、また定難軍《ていなんぐん》節度使(のちの西夏《せいか》)も独立勢力として存在していた。このように中国に多くの政権がならびたった時代は五胡十六国以来であるが、秦以後、とくに華中・華南が多くの国に分裂したのははじめてで、以後の中国にもない。二〇〇〇年におよぶ中国専制国家を前後二期に分けるとすれば、五代はその過渡期にあたり、唐宋間における経済発展、社会変動、国家体制等の諸側面において過渡期の様相を示す。

　五代十国の諸王朝は、五代王朝がすべて帝を称したほかは、帝や王を称したり、あるいは節度使や刺史《しし》のままであったりというようにさまざまであり、また他国の暦や年号を奉じたりすることもあった。これらの事情は、基本的には国際間の力関係によった。諸王朝の創始者は、北方民族の突厥《とっけつ》出身の者のほか、一介の庶民から自分の実力で成り上がった者が多い。たとえば、後唐の事実上の建国者李克用《りこくよう》、後晋の石敬瑭《せきけいとう》(高祖、在位九三六～九四二)、後漢の劉知遠《りゅうちえん》(高祖、在位九四七～九四八)は突厥《とっくつ》沙《さ》陀《だ》部の出身であり、十国では後蜀の孟知祥《もうちしょう》(高祖、在位九三〇～九三四)が代々武将の家の出身、北漢の劉崇《りゅうすう》(世祖、在位九五一～九五四)が後漢の一族であるのを除いて、いずれも流賊、兵士、手工業者、下僕から身を立てたものである。

　五代十国の諸王朝は、国家形態としては唐宋帝国と同じく君主一人が政治的意思を決定する専制国家であり、君主のもとにその耳目手足である官僚制があった。しかし、よるべき係累をもたない君主の権力の独自の基盤は身辺警護を任務とする親軍《しんぐん》・禁軍《きんぐん》にあって、それとの上下の関係を仮子《かし》・義児《ぎじ》といった擬制的な父子関係で強化することが多かった。国家機構内部におけるこのような私的な従属関係の優位の目立つ時代、いいかえると、唐朝の律令制による国家体制の崩壊以後、宋朝の文臣官僚制による国家体制が整備されるまでの、公的な秩序だった文官組織が私的な軍事体制の陰に隠れた時代といえる。私的関係が強力に作用するため君主の権力は、反面不安定であり、とくに代替わりのとき先代の君主の私的関係で結ばれた家臣団と新君主の家臣団の軋轢《あつれき》はまぬがれず、しばしば王朝は内部から崩壊した。華北の五代王朝は、後梁・後晋・後漢がそれぞれ一姓、後唐が三姓、後周が二姓のあわせて八姓、計一四人の皇帝が立ち、一代平均四年に満たない在位であるのも、仮子による継承や権力の不安定によるものである。

しかし、このように武人皇帝の政権が興亡するなかで、文臣官僚機構は維持されていた。五朝（後唐、後晋、遼、後漢、後周）八姓十一君に高官として仕えた馮道《ふうどう》をはじめとして、王朝が交代しても人員配置を含めて行政組織はそのまま継承されることが多かった。この行政組織は唐末以来形成されてきた律令官制外の使職（節度使のように官名に使がつくもの）が一層拡大・定着したものである。

五代十国の各王朝は自国の経済力を拡大するため領内の農業を振興した。とりわけのちの時代との関連でいえば、長江デルタを占めた呉越が大規模な水利施設を構築したことは、この地域がやがて農業生産の中心地となる基礎を築いたものと評価できる。また物流の発展にもめざましいものがある。州県城や鎮《ちん》には軍隊が駐屯し、大量の物資が流入したため、中唐以来ゆるみつつあった坊市制の解体が一層進み、城外には草市《そうし》といわれる小規模な商業集落も成長した。五代十国の政治的分裂は国別にみると通貨の分裂であり、各国独自の銘文をもつ貨幣を、金属素材を異にし、しかも大小さまざまに鋳造した。しかし中国全体を見渡せば、華北の王朝がおおむね銅銭の一文銭体制を継承したのにたいし、華中南の王朝は銅銭のほか、鉄銭や鉛銭を大小取り混ぜて鋳造した。華北の銅銭、華中南の鉄銭・鉛銭と大別できる。そして全国共通の通貨として唐代の開元通宝が通用した。つまり当時の通貨事情は三層になっていたのである。通貨の分裂、換言すると国境を超えて、共通の通貨(開元通宝)が物流を支えた。

節度使体制の解体

五代の割拠状態は、後周の世宗《せいそう》(在位九五四〜九五九)の登場により統一の気運が高まった。しかし世宗は志なかばにして病に倒れた。九六〇年、後周の禁軍の総司令官(殿前都点検《でんぜんとてんけん》)であった趙匡胤が部下の将兵に擁立されて即位した。宋の太祖(在位九六〇〜九七六)である。太祖は宰相趙普《ちょうふ》の計略に従って、強力に政治改革を推進した。政治課題は大きくいって二つある。一つは中国を再統一すること、二つは君主の権力の安定化である。中国の統一は南方諸国の攻略から着手し、北漢・呉越・福建の陳《ちん》氏を除いて平定に成功した。残った地域もつぎの太宗《たいそう》(在位九七六〜九九七)の初期にほぼ宋の支配下にはいることになる(九七九年)。ただし、統一をはたしたといっても宋の領域は中国歴代の統一国家のなかでは著しく遜色《そんしょく》する。遼は長城の南に深くはいりこみ(燕雲《えんうん》十六州)、西夏はオルドス・甘《かん》粛《しゅく》・陝西《せんせい》北部を占め、そして大理《だいり》が雲南・貴州を占めていた。その意味で、宋朝による中国の統一は主要部の統一にすぎない。

君主権力の安定強化は、軍事機構と行政組織の二面でおこなわれた。それは五代の政治体制の根幹であった節度使体制の解体をめざすものであったが、その過程を通じて、宋代の軍事体制・地方統治の原型が形成された。まず太祖は、石守信《せきしゅしん》ら禁軍の有力な将軍の兵権をといて節度使に転出させるとともに、禁軍を殿前司・侍衛《じえい》馬軍司・侍衛歩軍司の三系統に改組して権力の集中を防ぎ、自らが皇位についた過程を他者が踏襲する道を閉ざし、そのうえで節度使体制の解体に着手し、太宗のときこれにかわるあらたな地方行政の体系が整った。

この過程を追うとつぎのようになる。節度使をしばしば他所に移し、死亡・退職に際して文官に交代させたように人事面から節度使の権力の増殖を防止することはもちろん、行政・軍事・人事にわたる節度使の権限の縮小もはかった。これはおおむね節度使の配下にある属僚を中央が任命する方法をとった。州行政の文官への交代は節度使の支配下にある州県を直接、中央政府のもとにおくことを意味するが、さらに州には中央から通判《つうはん》を派遣した。通判は州の長官である知州より官位は低いとはいえ、ほぼ権限を同じくし、州の行政は知州と通判の連名の署名がなければ執行されない仕組みである。節度使の配下にあり、県鎮の軍・政・税・警察の業務を執行していた鎮将は、その権限を奪って、県には県令(または知県)・県尉《い》をおき、鎮は通商の要地のみに整理した。節度使の幕僚である節度判官・掌書記をはじめとする幕職官は、政府が科挙合格者のために用意する最初のポストとなった。また節度使配下の精兵は中央禁軍に編入し、更戍法《こうじゅほう》によって辺域に派遣して国防の任務にあてた。地方に配備される禁軍(屯駐禁軍・駐泊禁軍)を指揮するのは、知州がかねる都部署(のち都総管)が原則で、要地の場合は経略使《けいりゃくし》・安撫使《あんぶし》の肩書をおびた。こうして強大な勢力を有した節度使もついに実力を失った。しだいにあらたな官僚機構が整備されるにつれて、節度使は俸給と位階を示す武官階のトップを意味する名誉称号にすぎなくなるのである。

なお唐代の道・州に存在した地方官府の財政権は唐末五代のあいだにしだいに縮小され、宋にはいると、転運使《てんうんし》・通判の設置によって地方官府の会計はすべて中央政府の指揮監督のもとにおかれることになった。財政の一元化は宋代以後の専制国家体制の財政的基礎となる改革である。

宋代君主独裁政治の特徴

こうして節度使体制は解体された。つぎに宋代の君主独裁体制の特徴を述べてみよう。宋代政治の特徴はまず第一に文治主義あるいは文臣官僚制といわれる。文臣官僚の補給源の一つは科挙《かきょ》である。

宋代の科挙は解試《かいし》(地方試験)、省試《しょうし》(中央礼部《れいぶ》の試験)、殿試《でんし》(皇帝による試験)の三段階からなる。殿試は太祖がつけ加えた最終試験であり、とくに落第させず順位をつけるだけというものの、皇帝自身が受験者の一人ひとりの将来を決定するという点で専制君主体制にふさわしい特別な意義があった。試験のコースは多いが、そのうち詩賦《しふ》を重視する進士科《しんしか》がとくに重んじられ、高官をめざすものの登龍門となった。のち試験のコースは整理され、南宋では進士科のみとなる。合格者数は太祖のときは一〇名程度、その後急速に増加し四〇〇~五〇〇名となった。ただし当初は毎年おこなわれたのが、やがて間隔をおくようになり英宗《えいそう》(在位一〇六四~六七)のとき三年一貢に落ちついたこと、宋代の人口(北宋末で一億二〇〇〇万人)を考慮すると、科挙合格者はきわめて少数のエリートであった。

科挙は特殊な身分を除いて社会全体に開かれる。事実上、経済的に富裕な階層に限られるとはいえ、上下の社会的流動性を保証する制度であり、また彼らはたとえ科挙に落第したとしても、名望を担う知識人いわゆる士大夫《したいふ》として地域の指導者になりえた。彼らは自らの儒学的教養を証明することができると、軽微な罪なら刑法上の優待も受けた。政府のこうした処置は知識人を、国家秩序・社会秩序の担い手として位置づけたことを示している。それは宋代社会の一面を特徴づける。しかし、官僚社会全体に目を配ると、このような開放的な側面だけではない。官僚になる経路には、科挙、恩蔭《おんいん》(官僚の子弟の特別任用)、売官、胥吏《しょり》からの登用などがあり、そのなかでもっとも多いのは恩蔭であった。高位高官を獲得するためには科挙出身者のほうが遥かに優位であったようだが、すでに官僚をだした

永昌陵(宋太祖陵)の文官像　河南省鞏県。宋の皇帝陵はかなり質素である。これは墓道の両側にならぶ石像のひとつ。

家にとっては、合格のむずかしい科挙よりも、恩蔭によって代々官僚を送り出し、職役免除という官戸としての特権を享受するほうが重要であった。宋代官僚制は科挙によってその構成員をつねに民間から補充するとともに、恩蔭によって自己再生産の機構も備えていたのである。

官員数は宋初を除いて、文官は、京朝官《けいちょうかん》(高級官僚)三〇〇〇〜四〇〇〇人、選人《せんじん》(下級官僚)一万〜一万数千人ぐらいの合計一万数千人であり、武官も文官とほぼ同数いた。この文官一万数千人が国都および全国の行政を担う。行政区分の末端は県で、北宋では一二〇〇余あり、一県当りでは数万人の人口をかかえることになる。これにたいし県の官員は四名以下にすぎず、膨大な行政実務は無給の胥吏が担当するほか、さらに郷村戸《きょうそんこ》を無償の労働徴発である職役《しょくえき》に充当して執行する。数県を管轄下におく全国で三〇〇余の府州軍では官員はもう少し多い。このように宋代の行政は、人件費を最小におさえた安価な行政であるとともに、胥吏・職役戸ら被統治者である一般民戸を統治機構に組み込んだものであった。宋代文臣政治機構は、儒学的教養を身につけ皇帝支配のイデオロギーを体現する士大夫層とそこから輩出される文臣官僚、官と民のあいだにあって行政実務を担当する胥吏層、一般民戸から徴発される職役戸、という重層的構造を備えていたのである。

宋代文官政治の特徴の第二は、最終の意思決定はもちろん皇帝であるが、制度上意見の具申《ぐしん》は合議に基づくこと、しばしば職掌《しょくしょう》の近似した官職が設置され、さらに各官庁がそれぞれ独自に皇帝に直接上奏することができたことである。これは宋より前の王朝にあっても多かれ少なかれそうであったが、とくに宋朝は意識的にこの方法を採用した。中央における宰相(同中書門下平章事《どうちゅうしょもんかへいしょうじ》)や副宰相(参知政事《さんちせいじ》)の複数任命制、州における知州と通判の関係はその典型である。

宋初の中央官庁のおもなものは、民政を主とする中書省《ちゅうしょしょう》、監察《かんさつ》機関である御史台《ぎょしだい》、財政担当の三司、軍政担当の枢密院《すうみついん》であり、それらの下に多くの下部機関が付属して職掌も細かく分れていた。しかし現実には中書門下省の任務が国政一般におよぶのをはじめとして、各官庁の職掌の境界は明確でない面があった。地方では州県を監察する機関として監司《かんし》があった。監司には、財政・民政担当の転運司、軍事の経略司・安撫司、司法の提点刑獄司《ていてんけいごくし》(のちに専売担当の提挙茶塩公事司《ていきょちゃえんこうじし》もおかれる)があり、それぞれ監察対象の地域を巡歴した。しかし各監司はそれぞれ本来の監察だけでなく、しだいに行政にも深くかかわるようになり、監司とくに転運司の管轄区域＝路《ろ》は行政区域化していく。路州県は段階的な行政区分を構成すると同時に、それぞれの責任者である監司・知州通判・県令は、個別に皇帝にたいしてのみ責任を負った。極端にいえば中央でも地方でも、誰でも皇帝と直結することで国政全体にわたる意見を上奏することのできる体制であった。全体としてみると、宋代官僚制は、人事異動があっても自動装置のごとく作動すると同時に、個人の実力・見識をおおいに発揮することも可能だった。

皇帝は上奏《じょうそう》されるさまざまな意見を比較検討して採否を決定する。しかし個人の力量では膨大な政務を執行することは困難である。そこに皇帝と信頼関係の深い宰相がいると、皇帝をうしろだてに専権をふるうことになる。北宋の王安石《おうあんせき》・蔡京《さいけい》、南宋の秦檜《しんかい》・韓侂冑《かんたくちゅう》・史彌遠《しびえん》・賈似道《かじどう》はとくに有名である。専権宰相は、皇帝直属の官僚機構が整備された結果、外戚《がいせき》や宦官《かんがん》が他の時代と比べてわりあい政治に口がだせない一方、権限が不明確で個人の力量の発揮しやすい組織構造が生み出したものである。そのため宋代の政治闘争は、官僚が政治方針をめぐって党派的に争った。北宋仁宗《じんそう》期の欧陽脩《おうようしゅう》・范仲淹《はんちゅうえん》・韓琦《かんき》らと呂夷簡《りょいかん》らの争い（いわゆる慶暦《けいれき》の治）、北宋後半の新法派と旧法派の争い、南宋初期の講和派と主戦派の争いがそれであり、少し性格の違う面もあるが南宋中期の偽学《ぎがく》の禁もそれに類する。

2 宋代の社会と経済

農村と農業

中国農業は唐から宋にかけて、あらたな生産力段階に到達したようである。華北畑作(乾地農法)では、粟・麦・豆類を組み合わせる二年三毛作が、明末清初の本格的な展開には遠く及ばないものの、技術的基礎を確立させた。長江流域以南の江南水稲作農業では、扇状地・河谷平野部に展開する溜池灌漑下の農業がもっとも先進的であった。扇状地・河谷平野は六朝以来開発が進み、宋代になると、そこで展開する農法が陳旉《ちんふ》の『農書』に体系化された。それによると、一頭の牛を使った入念な耕起整地、肥培管理、中耕除草が実施され、稲麦二毛作も導入された。当時はもちろんこのような農法が広範囲に普及したわけではないが、経済先進地とくに浙東《せっとう》(浙江省)ではある程度実現していたと思われる。

一方、長江デルタの低湿地では、呉越以来開発が進み、大量の新田が出現した。長江デルタは海岸部が微高地を形成するため、全体が凹地状になっていて、排水がきわめて困難である。このため開発は、広大なデルタ全域を視野にいれた水利施設(クリーク)が必要であり、農田の形状も周囲を堤防で囲って干拓した囲田《いでん》・圩田《うでん》である。長江デルタの開発は、大規模な資本や労働の投入と土木技術の発達をまってはじめて可能であり、こうして呉越のもとで着手された開発は、北宋中期の王安石の農田

耕穫図　南宋の楊威の作品ともいわれる。1年にわたる農作業を描いたもの。労働の編成が知られる。

水利法によって急速に進展した。しかし排水の困難がつきまとうデルタ全域が短期間のうちに陳旉『農書』の農法を適用できる農田に変貌することはない。そこではむしろ粗放な農法がおこなわれた。冬季の冠水のため二毛作はできず、地力は河泥で維持し、ところによっては牛耕の導入も困難であったと思われる。降雨の多い年には耕作できない農田も大量に存在し、一カ所の農田は平均二年に一度の耕作であった(易田《えきでん》)。そこで政府は十一世紀初め、粗野ではあるが成長期間の短い占《せん》城《じょう》米《まい》を頒給したり、勧農使《かんのうし》を派遣して農業の振興につとめた。このように宋代の囲田・圩田はまだ開発途上の段階であるが、農田面積の広大さは圧倒的であり、南宋では「蘇湖(常)熟すれば天下

足る」といわれるほどに、国家財政に占める長江デルタの重要性は大きかった。

唐から宋にかけての農村社会の形成過程は、土地所有の規模が小さく基本的に家族労働をおこなう農民が、のちに陳旉『農書』に体系化される牛犂耕を基礎に経営を自立させる過程であり、同時に土地の自由な売買が一般化したため、所有の面では土地を集積した地主層、自己所有地を縮小・喪失した小作人層が形成される過程でもあった。経営の自立化と所有の分化による宋代農村社会の形成は、浙東を典型として数百年におよぶ開発史をもつ地域全般で普遍的にみられる。こうして全体として地主・自作・自小作・純小作から身分的に隷属性の強い農民まで、諸階層がまんべんなく分布する社会が成立した。諸階層は、土地集積と無産化、均分相続による家産の分割、自己の才覚による経営の拡大などによって、上下の社会的流動性が大きいが、全体の構成比は極端には変動しなかった。純小作その他の無所有農民の割合は、中国全体を平均すると三〇%以上いるが、経済先進地では約二〇%であり、大半の農民は自小作農民である。体系的な農法の水準を確保できる農民層は一〇%程を占める中産自作農である。なお長江デルタでは、地理的条件の特殊性から一円的な大土地を所有する開発地主型の社会、すなわちごく少数の大土地所有者と人口の圧倒的な大部分を占める小所有の自小作農民層からなって中産自作農層を欠く社会が形成された。

小作農民をさす当時の用語は佃戸《でんこ》であり、宋代農民の八割内外が地主と関係する佃戸であるといえる。しかし佃戸の大部分は、小土地所有の農民が家計を補完するために地主と小作契約を結ぶ自小作農であるから、この点に着目すると、宋代社会は本質的に自作農社会であり、主要な地主佃戸関係は身分的な支配隷属の関係ではなかった。たしかに一部には、事実上の人身売買によって地主に隷属する佃僕《でんぼく》のような農民もいたが、その場合でも宋代では良賤といった身分制がほぼ消滅していたから、雇傭契約という経済的契約の形式をとらざるをえなかった。

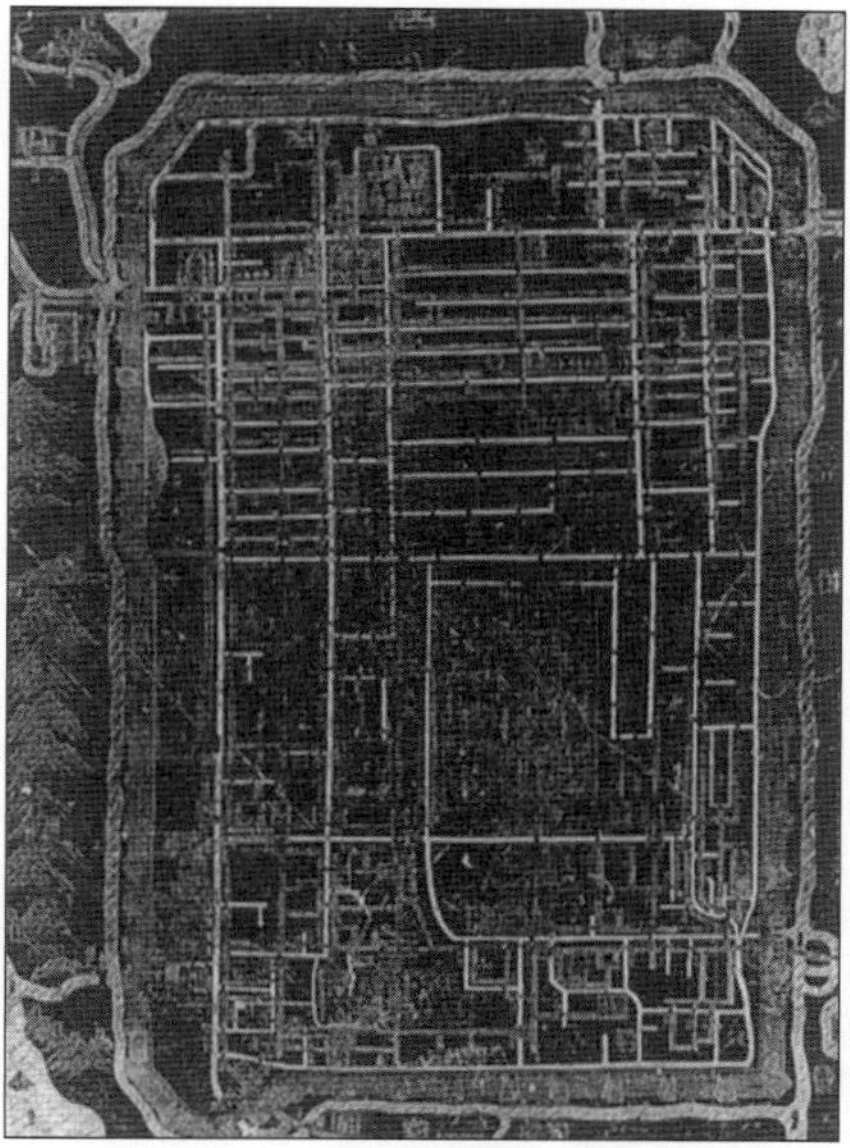

平江図拓本(部分)　南宋の蘇州城を刻したもの。城壁・道路・建物・河道・橋梁等が克明に描かれている。碑の高さ2.8メートル，幅1.4メートル。

もちろん地主の農民にたいする経済的支配はかなり強く、貸借関係をてこに自小作農は無産化の危険にさらされていた。宋朝にとって重大な農政問題のひとつは、国家の税役対象の喪失を意味する農民の無産化である。そこで宋朝はさまざまな面から地主佃戸関係の内部にまで支配力をおよぼし、農村の社会関係の維持をはかった。王安石の青苗法《せいびょうほう》は国家の低利金融によって、高利貸付をてことする地主の経済的支配に打撃を与えることが狙いのひとつであり、その廃止後は勧農等を通じて地主佃戸関係を調整することに主眼がおかれた。

都市と商業

農業生産力の発展と宋朝による全国統一、さらに貨幣の大量発行は、中国史上における流通史の新局面をもたらした。農業生産物の市場に投入される部分が拡大し、また各地で特産化した農業生産物は客商が全国に運んだ。拡大した商品流通にたいする税として、従価二%の過税(通過税)と三%の住税(販売税ないし入市税)からなる商税も成立した。都市周辺や交通の要衝には、草市・店・鎮などの商業集落・小商業都市もつぎつぎと発生し、都市では唐代の都市制度を特徴づけた空間的・時間的に商業活動を規制する市制が解体した。

都市とくに国都をはじめとする大都市は商人が集住し商品経済が展開する場としての性格を強めた。人口一〇〇万、一五〇万をかかえるといわれる北宋の開封《かいほう》、南宋の臨安《りんあん》は、それぞれ『東京夢華録《とうけいむかろく》』

『夢梁録《むりょうろく》』という都市繁盛記が残され、また北宋末の開封を描いた張択端《ちょうたくたん》の「清明上河図《せいめい》」もあって、都市生活の活況ぶりがうかがえる。ただし開封や臨安の人口構成は、中央政府の官僚・胥吏・軍人とその家族で大半を占めていたようであり、本質的には政治都市である。とくに軍人とその家族は、開封の場合では、周囲を壁で囲まれ夜間の外出も禁じられた軍営のなかに生活しており、いちがいに開放的な商業都市のイメージをいだくことはできない。

このような商品経済のありように対応する流通機構があった。全国をかけめぐって運送販売に従事する客商《きゃくしょう》、都市で店舗をかまえる坐賈《ざこ》(鋪戸《ほこ》)は古来よりいたが、宋代の大都市でとくに成長したのは卸売組織である。邸店《ていてん》は問屋として各種の商人をつなぎ、牙人《がじん》は仲買人としておもに近郊農村から都市への流通を担った。都市にはまた各種の手工業があり、これら都市定住の商人・手工業者は、行《こう》という組織に編成された。行は商人・手工業者が自ら共同の利害を守るために結成した団体ではなく、政府が各種の官用物品・労働を調達したり、粗悪な商品を取り締まったりするため、業種ごとに業者の一部を行籍《こうせき》に登録したものである。本来は、このような物品・労働の調達は有償であったが、やがて無償化し、行役《こうえき》と呼ばれるようになる。このように都市市場は行をとおして国家の規制下におかれたけれども、国法にふれないかぎり自由な営業が認められ、個人の才覚の発揮できる場であった。しかし自由競争は、しだいに経済的に優位な大商人の支配を招くようになった。

都市にも農村の主客戸・五等戸制と対応する十等の戸等制があり、課税も農村と同じく両税や役である。それらの課税は、都市居住民の土地所有や生業による収益をとらえた負担であるが、税役の内容は農村と同じではない。行役や屋税は税役の都市的形態であったのだろうが、現在のところ都市的課税について十分明らかになっていない。

では都市商業の繁栄の一方で、農村市場がどれだけ発展したかというと、きわめて疑わしい。都市近郊や交通の要衝にあたる農村では、農民は副業的に生産物を県鎮や村市で販売するほか、農民がときには邸店を経営し、また必要に応じて客商や牙人になることもあった。しかし、こうした農民の副業的な商業活動は規模としては零細で、家計の補完や納税のためにおこなわれるのであり、生活に余剰があるわけではなかった。さらに客商の活動は農村内部におよばないこと、一定額の銅銭を都市外にもちだしてはならないこと、稲単作地域や特産物生産地を除けば、男耕女織ということばが端的に示すように、農業と家内手工業の結合した自給生産が支配的であること、等々。都市から離れた農村生活で農民が貨幣を獲得し、支出する機会は意外と少ない。冠婚葬祭などまとまって貨幣の必要なときはもちろんあるが、恒常的に貨幣が動くのは、両税の銭納部分を支払い、国家の穀物買い付けで直接間接に獲得するぐらいである。このように全国的な流通の活発さと農村市場の孤立性、都市商業の盛況と農村経済の自給性とは際立った対照をなしている。

北宋の財政政策と社会編成

国家の財政と社会の編成は政治と社会の結節をなすものである。財政の大枠は先に述べたように、地方の財政主権は宋初に消滅し、中央政府が基本的に全領域に目を配りつつ執行した。収入の中核には、現物・見銭《げんせん》収入として両税・専売益金・商税があり、労働力の徴発として職役《しょくえき》があった。歳入の規模はかなり変動するが、新法実施の少し前の統計では、見銭三七〇〇万貫、穀物二七〇〇万石、絹布九〇〇万匹、馬草三〇〇〇万囲で、その他を合計するとおよそ一億二〇〇〇万（単位は貫石匹両……という複合単位）である。ここにいう複合単位とは、各品目固有の単位で示される数量をそのまま合計するときにつけられるもので、軍事的な使用価値の量を形式的に表現する方法として導入された。歳出の規模も歳入にほぼみあう。歳出は最高時で一四〇〇万人、通常一〇〇万人を擁した兵員の俸給を含む軍事経費が七割前後におよんで圧倒的部分を占める。宋朝財政は基本的に中国を外敵から防衛するための軍事財政であった。

両税・職役の徴収は国家による社会の編成と、専売・商税は流通政策と密接な関係がある。両税は土地所有額と地力《ちりょく》・地目《ちもく》を基準に決定され、夏税は布帛・銭が、秋糧は穀物が徴収される。唐代の租《そ》調役制《ちょうえきせい》（開元年間以後は租庸調制《そようちょうせい》）が人間の存在に課せられる人頭税であるのにたいし、両税は土地所有者（主戸）を対象とする所有税である。この両税は官戸《かんこ》（官僚をだしている戸）といえども負担しなければならず、その意味で一君万民を文字どおり表現するものである。

そして両税銭と成人男性数を基準に五段階に分け（五等戸制）、土地をもたないものを客戸として戸籍につけた（主客戸制）。五等戸制は職役等の国家的負担を担わせる基準であるから成人男性数（成丁）を勘案したので、必ずしも所有額と対応しないが、おおむね一・二等戸は地主、三等戸は自作農、四・五等戸は自小作農と考えられている。先述の農村諸階層の構成比は、この戸等に基づく算定である。南宋になると、戸等の基準は両税銭にかわって、家業銭・物力《ぶつりき》というのが普通になる。これらは農業以外の生業による収入を想定したもので、農民の副業的商業の収入を戸等に反映させるほか、農村居住の商業・手工業専従の者を制度的に主戸として位置づける意味をもった。

労働の無償徴発である職役は、五等の上から順に重い役にあてられる。たとえば、州の倉庫の管理・租税の国都への輸送は一等戸があてられ、徴税や行政文書の管理には二〜三等戸があてられ、度量衡の担当には三〜四等戸があてられるという具合である。五等戸に職役はない。両税額そのものはそれほど重くはないが、職役の負担は相当に厳しく、とくに地主層である一等戸の負担は、しばしば破産を招いた。ここに付言すると、職役は州県衙門の行政実務であり、土木工事等の力役は廂《しょう》軍や刑徒がおこなった。廂軍とは、軍事行動に従事する禁軍とは別に、老兵・弱兵を組織したもので、主として軍制上、兵士扱いされるが、現実には軍事とは関係のない雑役《ざつえき》を担った。廂軍にたいする給与は、その任務が土木事業等であることから、社会を維持するのに必要な公共事業費の性格をもつ。なお北宋の軍隊は禁軍・廂軍・郷兵・蕃兵の四種があり、いずれも募兵であるが、すべて逃亡を防ぐため入れ墨を施し軍籍につけられ、一般民戸と区別される存在であった。

塩・茶・酒・鉱冶《こうや》を対象とする専売制は宋朝の流通政策の要である。それには二つの側面がある。一つは生産者を市場から切り離すことで国家と生産者の直接的な交易を拡大し、国家の手で商品化をはかったことであり、二つはとくに塩茶専売を全国的な流通の起動力として利用したことである。後者の方法はつぎのようである。宋朝は遼や西夏に備える膨大な軍隊を維持するため軍糧の確保に迫られていた。軍糧を国境地帯で商人から買いつけるとき、支払い手段として用いたのが塩・茶・見銭・香薬・象牙の支払いを約束する各種の鈔引《しょういん》(引換証)である。塩なら塩鈔《えんしょう》、茶なら茶引《ちゃいん》という。たとえば、客商は代価として受け取った塩鈔を、産塩地で塩に交換したり、開封で茶引に交換し、さらに茶引を江南の産茶地で茶に交換する。そして塩茶を指定された地域に運んで販売し、見銭を獲得することになる。このほかいろいろなケースがあるが、いずれにせよ塩茶等の専売と辺境での軍糧確保が結びつけられ、その結果客商が全国を駆け回り、大量の商品が動くのである。とくに塩のもつ意味は大きく、塩専売の方式が変更されると、商税収入も変動した。

宋代には銅銭が大量に鋳造発行され、北宋一五〇年間に三億貫(一貫＝一〇〇〇文)、年平均二〇〇万貫である。この銅銭は四川を除いて全国に通用し、銅銭建て価格をもとに財政政策が展開された。銅銭の全国的な画一性が、宋朝が編成する全国的物流システムの基礎である。一方、発行された貨幣は徴税による回収を通じて、北宋末までに開封の国庫だけで一億貫が貯蓄され、地方在庫・海外流出・溶解を考慮すると、社会に流通する額はずっと下がり、一戸当り数貫にすぎない。しかもこれが都市と近郊農村に集中したから、農村全般に貨幣は浸透しなかった。前述のように、農村では貨幣は徴税等をとおして国家と農民のあいだを往復するだけであり、その意味で貨幣の役割は宋政府と農村社会を関係づける媒介物であった。統一的な銅銭の財政運用に、財政的に定める価格も大きな意義をもった。商人・手工業者・農民から物資を購入するときに使われる時估《じこ》(一〇日ごとに市価を基準に評定される価格)、辺境に客商を誘致するとき使われる虚估《きょこ》(市価の数倍の買取価格)、国家財政を統一的に処理するための省陌《しょうはく》(七七文を一〇〇文と計算する制度)、銅銭と鉄銭・紙幣の等価制などは、民間で地域的にも時間的にも独自の動きを示す市場価格を財政的に安定させる機能をはたした。このように財政運用で組織する全国的物流と、国家による社会の統合が、貨幣によってなされたのである。

3 王安石の新法と北宋末の政治

新法

宋朝による中国の統一後、しだいに国家の諸制度が定まり、四川で王小波《おうしょうは》・李順《りじゅん》の乱(九九三～九九五)もあったが、社会はおおむね安定した。また対外的にも一〇〇四年に遼とのあいだに澶淵《せんえん》の盟約が結ばれ、以後、平和的関係が維持された。しかし十一世紀なかばごろになると、国家の諸制度や社会に内在するさまざまな問題が表面化し、あらたな対外問題が発生して、宋朝は対応を迫られるようになる。改革の動きはすでに慶暦の治にみられるが、本格的には神宗《しんそう》(在位一〇六七～八五)が王安石を宰相に抜擢して実行させた。

王安石の新法は、行政・財政・貨幣・金融・教育・科挙・軍制・開発・対外関係など多方面にわたり、しかもそれぞれの政策が孤立したものでなく、全体構想の一部を占めるというように、総合的体系的である。ここではとくに有名な改革をみることにしよう。なお新法は王安石引退後も立案実行されたので、神宗の年号をとって熙豊《きほう》の変法とも呼ばれる。

農村社会を対象としたものに青苗法《せいびょうほう》・募役法《ぼえきほう》・保甲法がある。青苗法は原則として、見銭を貸しつけ、低利(年二割)で穀物で返済させるもので、その目的は、高利貸付による地主の農民にたいする経済的支配を低利金融で抑制すること、商人を介さずに穀物を直接農民から買いつけることである。募役法(免役法)は農村の重い負担である職役を廃止して雇傭制にかえたものである。しかしあらたな財政負担なしにおこなうため、財源として目的税である免役銭・助役銭を創設し、同時に官戸の免役特権を否定し、都市経済力をとらえて都市に負担を導入した。保甲法は、中唐以後くずれた隣保制を拡大して復活し、改めて自然村落に人為的な戸数による編成を加えたものであり、教練・犯罪告発・捕盗・連座制・人戸移動の報告義務を規定した。華北では民兵組織としての面ももつが、華南ではとくに効率的な行政のための組織という性格が強い。このほか農村関係の新法としては、生産の増進をはかる淤田法《おでんほう》・農田水利法、農地を測量し土地所有者の確認と課税の公平化をはかった方田均税法、軍馬の養育をうけおわせた保馬法、徴税組織を定めた催税甲頭制がある。

つぎに都市・商業にかんする新法をみる。市易法《しえきほう》は、市易務を設置して、客商と都市の小売商のあいだに立つ問屋としての機能をはたさせるものである。国家機関が都市内の商品流通を大きな資金と権力で統制し、大商人による市場支配を打破したものといえる。市易法は、のちに低利金融である抵当法をあわせ、さらに商人の営業許可の条件として行へ編入し免行役銭を納入させる免行法と連動して、都市の流通機構を国家のもとに編成した。王安石は辺境防衛のための全国的物流システムの充実もはかった。従来の方式のほか、河北・陝西の要地、大運河沿いの大都市、広東・四川の要所に、各種の経済官庁を設置し、開封の都提挙市易司《とていきょしえきし》が統括して、全国的物流を政府が直接に編成した。また貨幣を大量に鋳造発行し(最高で年六〇〇万貫)、銅銭の輸出を解禁するなど、青苗法・募役法などの新法を円滑に運用し、効率的な全国的物流と輸入の促進をはかった。このほか物流にかかわる新法には、中央財政を支える上供品目の合理的な調達をはかる均輸法、すでに廃止されていた茶の専売を四川で復活した榷茶法《かくちゃほう》がある。

官僚制関係では、胥吏による行政実務の不明瞭さを俸給を保証することで解決をはかった倉法、文学的教養よりも現実の政治問題を問う論策を重視し、さらに王安石の学説で経書の解釈を統一した科挙改革、司法官に専門的な法律試験をとりいれた試刑法、太学《たいがく》に実質的な教育を導入し政府自ら官僚を育成した三舎法《さんしゃほう》がある。これらは、国家の政治的意思を官僚社会に徹底させるとともに、新法の遂行の障害を除くという意味をもっている。また王安石主導の新法のほか、神宗自身が主導して官制を大整理し、一部に令外の官を残しながらおおむね唐の三省六部《りくぶ》制を復活し、さらに軍の組織系統を変更して将兵法を導入した。

このように神宗時代、王安石の新法を中心とした大改革の成果はどうであっただろうか。直接の課題とした財政再建はかなりの成功をおさめた。しかし神宗が没すると、新法は国政上必要と認められ維持されたものもあるが、大勢としては廃止されてしまう。たとえば保甲法は維持されたが、青苗法・市易法・募役法は廃止された。そこには司馬光《しばこう》を中心とする旧法派の反対があったわけだが、厳しい政治的対立を生み出すような新法の特質に目を向けなければならない。そこで新法の特徴をあげると、第一は、地主の農民にたいする経済的支配を弱めた青苗法、既存の卸売組織を排除し国家機関が問屋となった市易法、官と庶のあいだに立つ胥吏を官に近づけた倉法に典型的にみるように、唐宋間に形成されたさまざまな中間的存在の勢力を抑制し、同時に農村の保甲法や都市の免行法で直接に人民を国家のもとに組織し、国家の社会にたいする直接の支配を強化したことである。第二は、青苗法・募役法・市易法・免行法・倉法など、貨幣を媒介にした政策が多く、また貨幣で新法全体が相互に結びつけられたことである。第三は、全国的物流を財政的に商人を誘導して編成するだけでなく、国家が直接的に組織したことである。要地における経済官庁の設置のみならず、青苗法や淤田法のように一見関係ないようにみえる新法もじつは軍糧確保の具体策であった。

新法の特徴はそのまま新法の歴史的意義を決定する。第一の特徴は、中小の農民や商人の保全と組織化は専制国家体制を強化したが、反面、唐宋間に成長した中間的存在を体制に組み込むことができなかったのと同じである。第二の特徴は、農村に浸透していない貨幣を強制的にもちこんだことを意味する。これら第一・第二の点は、新法派と旧法派の対立点そのものであり、その後の北宋政治史において政見を異にする新旧両派の交代を生み出す一因となった。全国的物流の直接的編成という第三の特徴は、のちに金国によって華北が奪われ全国的流通のあり方が根本的に変更をよぎなくされたとき、新法の存続を無意味なものとした点で決定的な意味をもった。

新旧両派の争い

神宗の死後(一〇八五年)、幼少の哲宗《てっそう》(在位一〇八五〜一一〇〇)の後見となった宣仁《せんにん》太皇太后(神宗の母)は、新法に反対した人々を中央の要職に戻した。ただこのとき中央に戻ったすべての人が、あらゆる新法に反対したのではなく、たとえば蘇軾《そしょく》のように論議の対象となった新法について個別に是非を問う人もいた。しかし司馬光が宰相に任じられると、新旧両派の政治的配置は決定的に逆転し、王安石新法の中核をなした改革をつぎつぎと廃止し、改革以前の制度に復帰した。しかし旧法派内部も洛党《らくとう》(程頤《ていい》ら)・蜀《しょく》党(蘇軾ら)・朔《さく》党(劉摯《りゅうし》ら)に分れて争ったため政局は安定しなかった。

一〇九四年、哲宗の親政が始まると、新法派の章惇《しょうとん》・曾布《そうふ》が用いられ、旧法派は排斥され新法が復活した。このころ両派の対立は深刻さを増し、旧法派の人物を審査処分する看詳訴理局《かんしょうそりきょく》という機関すら設置された。一一〇〇年、徽宗《きそう》(在位一一〇〇~二五)が即位し向太后《しょうたいこう》(神宗の皇后)が後見となると、両派の和解を試み、それぞれから宰相を任じたが、まもなく死に徽宗の親政にかわった。徽宗のもと、宰相の蔡京《さいけい》は新法を推進するとともに、司馬光ら三〇九人の旧法派の人々の名を石にきざんで元祐党《げんゆうとう》籍碑《せきひ》とし全国に建てさせるなど、旧法派を徹底して弾圧した。こうして一一二五年、欽宗《きんそう》朝(在位一一二五~二七)で旧法派が登用されるまで、主として蔡京専権のもとで新法が実施された。

王安石の登用以来、北宋末まで断絶はあるが、あわせて五〇年近く新法がおこなわれたことになる。この間、たとえば青苗法は軍糧確保の面を失い、市易法は物価政策の面を強め、募役法の差役化が進行するなど新法もかなり変化して、王安石の体系的な構想とはかけ離れることになった。

そしてあくなき党争の結果、地方行政は混乱し、官僚社会の綱紀《こうき》は乱れた。芸術家として名高い徽宗や宰相蔡京が、江南から珍奇な木石を献上させるいわゆる花石綱《かせきこう》のような、文字どおりの収奪を率先して命じるありさまであった。新法によって国家財政が潤った反面、農村社会の不満は高まった。北宋末、華北で、のちに『水滸伝《すいこでん》』の題材となった宋江《そうこう》の乱が起こり、江南では圧政に抗して方臘《ほうろう》の乱が起こったのをはじめ、多数の反乱があった。ちょうどそのとき長城の北に金《きん》国が出現した。宋朝は二つの大乱を鎮圧すると、金の援助をえて遼《りょう》に奪われていた燕京《えんけい》の地を回復したが、結局は金に違約を重ねて滅ぼされることになる(一一二七年)。金の興隆時の武力もさることながら、宋は内部からくずれつつあったのである。

北宋の滅亡は、新法体制の終焉となった。それは南宋政権下で登用されたのが旧法派の官僚であったことや、北宋の弱体と滅亡を招いた原因は新法にあったと認識されたこと、さらに、前述したように、北辺防備のための全国的物流システムの構築を目標とした新法体系自体が、華北の喪失によって意味をなさなくなったことによる。十一世紀後半に実施された新法は唐宋間の社会変動にたいする国家の対応であり、もともと過渡的な性格をもっていた。南宋時代は王安石新法とは違ったかたちで行財政が展開する。

4 北方民族の台頭——遼と西夏

遼朝の興亡

中国社会が中唐以後宋初にかけて大きく揺れ動いたころ、中国周辺の諸民族・諸国家は強大な唐帝国の影響下から脱して、あらたな動きをみせ、中国とこれら諸民族・諸国家の関係は、それまでとは異なるかたちをとるようになる。ここでは宋朝ととくに関係の深い遼と西夏について述べよう。

さて東部モンゴリアの契丹族《きったん》は唐の力が衰えると勢力を増していた。九〇七年耶律阿保機《やりつあぼき》(太祖、在位九〇七~九二六)は契丹族の汗位につき、九一六年に皇帝を称し年号を定めるなど国家体制を整えた。契丹文字を制定したのもこのころである。その後、太祖は、西はタングート・吐谷渾《とよくこん》を、東は東海の盛国である渤海国《ぼっかい》を滅ぼして東丹国《とうたん》をつくり(国王は長子の倍)、またたくまに東西に広がる大勢力を築いた。第二代太宗《たいそう》(在位九二六~九四七)は華北に進入し、九三六年には石敬瑭《せきけいとう》の後晋《こうしん》建国を助けて燕雲十六州を獲得したのち、九四六年にはその後晋を滅ぼして、一時華北全域を領有した。大遼なる国号はこのとき定められた。しかし華北の支配は失敗に終わり、わずか四カ月で放棄した。

その後、三代のあいだ三十数年間は、内紛や異民族の反乱がたえず国勢はふるわなかった。しかし第六代聖宗《せいそう》(在位九八二~一〇三一)が即位してふたたび国号を大契丹に改め(九八三年)、国制を整えて以後、国力は充実した。聖宗・興宗《こうそう》(在位一〇三一~五五)・道宗《どうそう》(在位一〇五五~一一〇一)の三代一〇〇年は、遼の国威が盛んであった時期である。聖宗は国内を引き締めると、東は朝鮮半島に成立した高麗を攻めて属国化し、西はタングートと通好し李継遷《りけいせん》に夏国王の称号を与えた。こうして契丹は中国の北に位置する大帝国となった。

一方中国では、宋が太宗のもとで国内を統一したのち、燕雲地方の奪回をめざしたので、ここに契丹と宋のあいだに戦端が開かれた。一〇〇四年、黄河河畔の澶州《せんしゅう》まで契丹が攻め入ったところで、両国のあいだに講和が成立した。澶淵《せんえん》の盟約である。その内容は、宋は契丹に兄として交際し、国境は従来どおりとし、宋から契丹に銀一〇万両・絹二〇万匹の歳幣を贈る、というものである。契丹の武力がまさった結果、契丹に有利な盟約となった。銀絹合計三〇万という額そのものは、宋の国家財政からすると三パーミルにもおよばず、ほとんど問題にならない額であったが、遼にとってもつ意味は大きいものがあったと思われる。この盟約以後、両国の関係は平和が続き、国境付近に貿易場が設けられて経済交流もさかんにおこなわれた。

聖宗のとき整った契丹の国家体制は、遊牧民と農耕民にそれぞれ異なる体制をしいたことが特色である。契丹族を中心とする遊牧社会には軍政・民政の最高機関である北枢密院《ほくすうみついん》以下の官庁を設け、その下に民衆を四大帳族・太祖二十部・聖宗三十四部といった部族制度に編成した。漢人・高麗人等の農耕民にたいしては、軍政は同じく北枢密院が統括し、民政は南枢密院の下に唐制にならった三省六部の組織を設けて州県制のもとに統治した。また法律にも二元制をとりいれ、唐制のほか契丹の慣習を成文化したものを併存させた。

聖宗が中国の諸制度を導入して国力の充実をはかった政策は、一方で路線の違いによる対立を生じ、興宗・道宗の時代にゆっくりと増幅し、また諸部族の反乱も起きた。道宗は一〇六六年、再度国号を大遼と改め挽回をはかったが、国勢の衰退はとどめられなかった。十一世紀の末、道宗の晩年になると、女真《じょしん》の勢力はあなどりがたいものとなっており、一一二〇年には女真族の建てた金国の太祖完顔《ワンヤン》

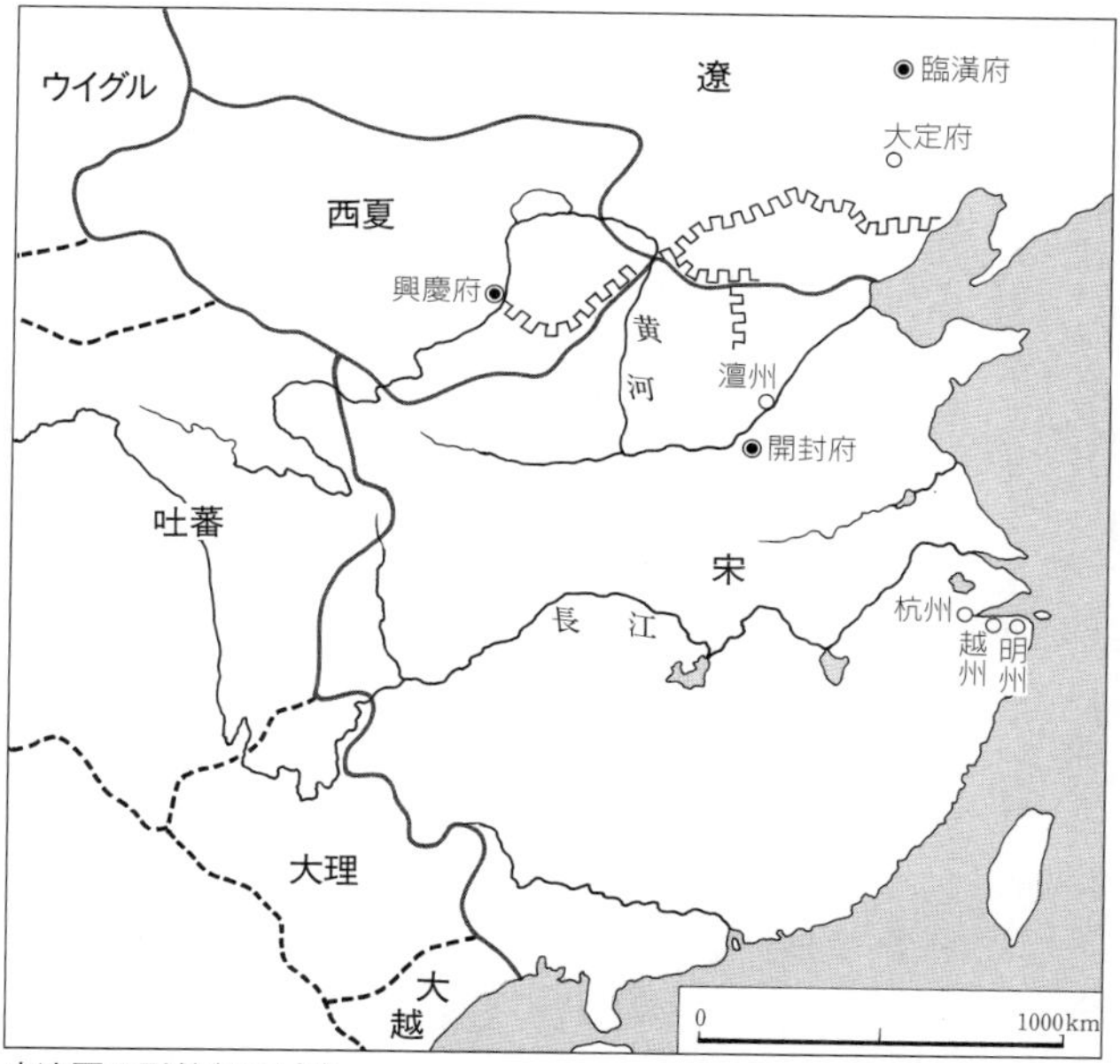

宋遼夏の形勢(1111年)

阿骨打《アグダ》によって、国都上京臨潢府《じょうけいりんこうふ》、ついで中京大定府《ちゅうけいだいていふ》もおとされた。さらに完顔阿骨打は燕雲の地の奪回の好機とみた宋と結んで遼を攻撃したため、遼の要地はつぎつぎに陥落し、この間西にはしった最後の皇帝天祚帝《てんそてい》(在位一一〇一～二五)もついに一一二五年捕えられ、ここに遼は滅亡した。なお一族の耶律大石《やりつだいせき》は逃れ、中央アジアに西遼(カラキタイ)を建国した。

遼は、内に異質の社会を含んだため、国制のうえでも中国的官僚制を導入した二元制をとったが、漢文化に対抗して契丹文字を制定したように民族的意識は高かった。しかし農耕社会がしだいに遊牧社会にはいりこみ、結局は民族存立の基盤を弱めたのである。

遼の文化遺産としては、聖宗・興宗・道宗の陵墓である慶陵《けいりょう》があり、その壁画と、契丹文字・漢字で書かれた哀冊碑《あいさくひ》が有名である。一九八六年発掘された陳国公主《ちんこくこうしゅ》(聖宗の姪)の墓からは、西アジアや宋からもたらされた財宝や、契丹独特の風俗を示す品々が出土し、その文化水準の高さをあらわしている。また遼は太祖以来、仏教をとりいれさかんに寺院を建設し大蔵経の彫印をおこなった。この「契丹大蔵経」は一九七四年に残巻が発見され貴重である。

西夏の興亡

チベット系タングート族の拓跋氏《たくばつ》は、唐末黄巣《こうそう》の乱で功を立てて以来、唐の国姓の李《り》姓を称し夏《か》州定難軍《ていなんぐん》節度使の肩書をおびて、黄河湾曲部のオルドス南部を本拠地にした。宋が北漢を滅ぼすと、李《り》継捧《けいほう》は所管の地域を宋に献じたが、その族弟李継遷《りけいせん》(太祖、在位九八二〜一〇〇四)はオルドス地方で独立し、九九〇年に契丹から夏国王の称号を受けた。あとを継いだ李徳明《りとくめい》(太宗、在位一〇〇四〜三二)のとき甘粛・寧夏・陝西北部・オルドスにまたがる勢力となり、遼のほか宋とも通好関係を結んで平西《へいせい》王《おう》を授けられた。一〇三八年、李徳明の子、元昊《げんこう》は皇帝を称し(景宗、在位一〇三八〜四八)、年号を定め、国号を大夏とした。宋人がこの国を呼んだ西夏という名称が今日でも通称となっている。国都は興慶府《こうけいふ》である。ここに、遼・夏・宋の三大国が長城を挟んで鼎立する状況がかたまった。

　李元昊は、官僚制を定め、十五歳以上の男子で軍行にたえるものはすべて兵員として軍事力を整えるとともに、西夏文字を制定するなど独自の文化の育成をめざした。そして青海の唃厮囉《かくしら》を長とする吐蕃《とばん》を圧迫して、後顧の憂いをなくしたあと、宋に侵入した。宋と夏の戦いは長引き、一〇四四年の和議によって終息した。和議の結果、李元昊は夏国主として宋帝に臣礼をとり、宋は絹一三万匹・銀五万両・茶二万斤を歳賜《さいし》として送り、国境を画定し貿易場を設けて互市《ごし》することとなった。

　しかし宋夏の平和関係は継続せず、夏はしばしば宋領内に侵入した。その原因のひとつは、夏の重要な輸出品が塩州で産する良質で安価な青白塩であることにあった。宋にとって塩の輸入は国内の専売制度を乱すものであるから、太宗以来の輸入の禁止は一〇四四年の和議以降も解かれることはなかった。塩の貿易は密売のかたちをとらざるをえなかった。宋の神宗は、夏に対する強硬な対外政策を打ち出し、そのための条件づくりとして黄河支流の湟水《こうすい》(青海省)の吐蕃を討ち、ここに熙河路《きかろ》をおいた。しかしこの経略は政局の変化とともに放棄され、その後また試みられたが、ついに定着することはなかった。宋遼関係が平和的に継続したのにたいし、宋夏関係は断続的な交戦状態であった。宋朝は遼との国境付近に大量の軍を常置して国家財政の大きな負担をなしたが、西夏とは一層大きな軍事的緊張をともない財政を圧迫した。

宋・遼・夏の三国鼎立の国際状況は、十一世紀末以来、女真族が急速に勢力を拡大したため大きく変化した。国家を形成してまもない金が宋と結んで遼を挟撃すると、西夏は遼との通好を破棄し、金の藩と称して宋を攻撃した(一一二四年)。このとき南方に領土を広げ西夏最大の版図を実現した。遼が滅び宋が南渡すると、西夏と宋は領土を接しなくなり、宋夏戦争はやっと終息した。また夏と金の関係も良好に維持されたため、以後約九〇年のあいだ西夏統治下の中国西北部は平穏であり、社会経済は安定し、文化は発達した。しかし十三世紀初めモンゴルが登場したことにより、夏・金・宋の三国関係はくずれ、一二二七年チンギス・カンの攻撃を受けて西夏はあっけなく滅亡し、金もその後ほどなく滅ぼされた。

西夏の経済を支えたものには、とくに馬で有名な牧畜がある。このほかオアシスや漢人の住む地方では農業もおこなわれたが、とりわけ重要なのは、中国と西方を結ぶ東西交通路の要衝に位置して中継貿易の利益を享受したことである。この豊かな経済を背景に西夏特有の文化を発展させた。その文化の基調は仏教文化である。西夏文字によって仏典がさかんに翻訳され、寺院が建設され、名僧も少なからずあらわれた。

5　南宋と金の抗争

金朝の成立と華北の獲得

遼帝国の東北には狩猟・農耕を生業とするツングース系の女真族（女直ともいう）が住んでいた。女真は遼の太祖耶律阿保機《やりつあぼき》の政策によって、南部に移民し遼の戸籍につけられた熟女真と、北部の森林地帯に住み単に羈縻《きび》されただけの生女真の二つに分けられていた。十一世紀後半、生女真のなかから完顔部が台頭し生女真を統合したが、一一一三年完顔阿骨打が首長につくと遼に反旗をひるがえした。阿骨打は熟女真を臣伏させ、寧江州《ねいこう》の戦いに遼軍を破って大勢力となった。一一一五年、彼は皇帝を称し（在位一一一五～二三）、年号を定め、国号を大金とし、都を上京会寧府《じょうけいかいねいふ》に定めた。そしてただちに遼の要地をつぎつぎと攻撃し、遼の天祚《てんそ》帝の軍も破って遼に致命的な打撃を与えた。その後、阿骨打は宋と同盟して遼を挟撃し、ついに遼の勢力を一掃することに成功した。阿骨打の病死後、宋は金にたいしてたび重なる背信行為をおこなったため、両国の関係は悪化し、金の太宗（完顔晟《せい》、在位一一二三～三五）は大軍を南下させ開封を囲んだ。いったん和議が成立して金軍は退去したが、またもや宋の背信のため金軍が南下し、今度は徽宗・欽宗ほか皇族・官僚ら数千人を北方へ拉致しさった。いわゆる靖康《せいこう》の変(一一二七年)である。

北宋の滅亡後、欽宗の弟の趙構《ちょうこう》が南京応天府《なんけいおうてんふ》で即位し(高宗《こうそう》、在位一一二七〜六二)、宋を再興した。中国の情勢がかたまるのは、もう少しのちのことであるが、再興された宋が確実に華中南の地を占めると、中国には南宋と金と西夏の三国が鼎立した。中国がつぎに統一されるのは、一二七六年のモンゴルによる臨安《りんあん》占領のときである。

さて金朝は完顔阿骨打の即位以来、わずか一二年で華北を領有するほどに、急激に版図を広げた。この膨張を支えた国制は、勃極烈《ボギレ》制度と猛安《もうあん》・謀克《ぼうこく》制度である。勃極烈とは皇帝のもとで国務を担当する最高の官職で、諳班《あんばん》・国論《こくろん》・国論阿買《あばい》・国論昃《そく》の四つの勃極烈からなる。のち拡大され、また華北領有後、三省の設置にともない全廃されたが、この間、女真族固有の合議制を生かしつつ民族の意思を統一し、君主専制政治の効率化の役割をはたした。猛安・謀克とは、女真族固有の部族組織をもとに階層的に編成した社会的かつ軍事的な組織で、女真族の力を結集させたものである。一猛安は一〇謀克から、一謀克は三〇〇戸からなり、それぞれの長も猛安・謀克といい世襲であった。戦時には一謀克から一〇〇人の兵士をだして軍隊の基礎単位とするとともに、猛安・謀克がそれぞれ上下の行政単位をなしていた。

しかし、このような民族固有の組織・体制では、華北の領有を維持できない。そこで黄河以北は宋

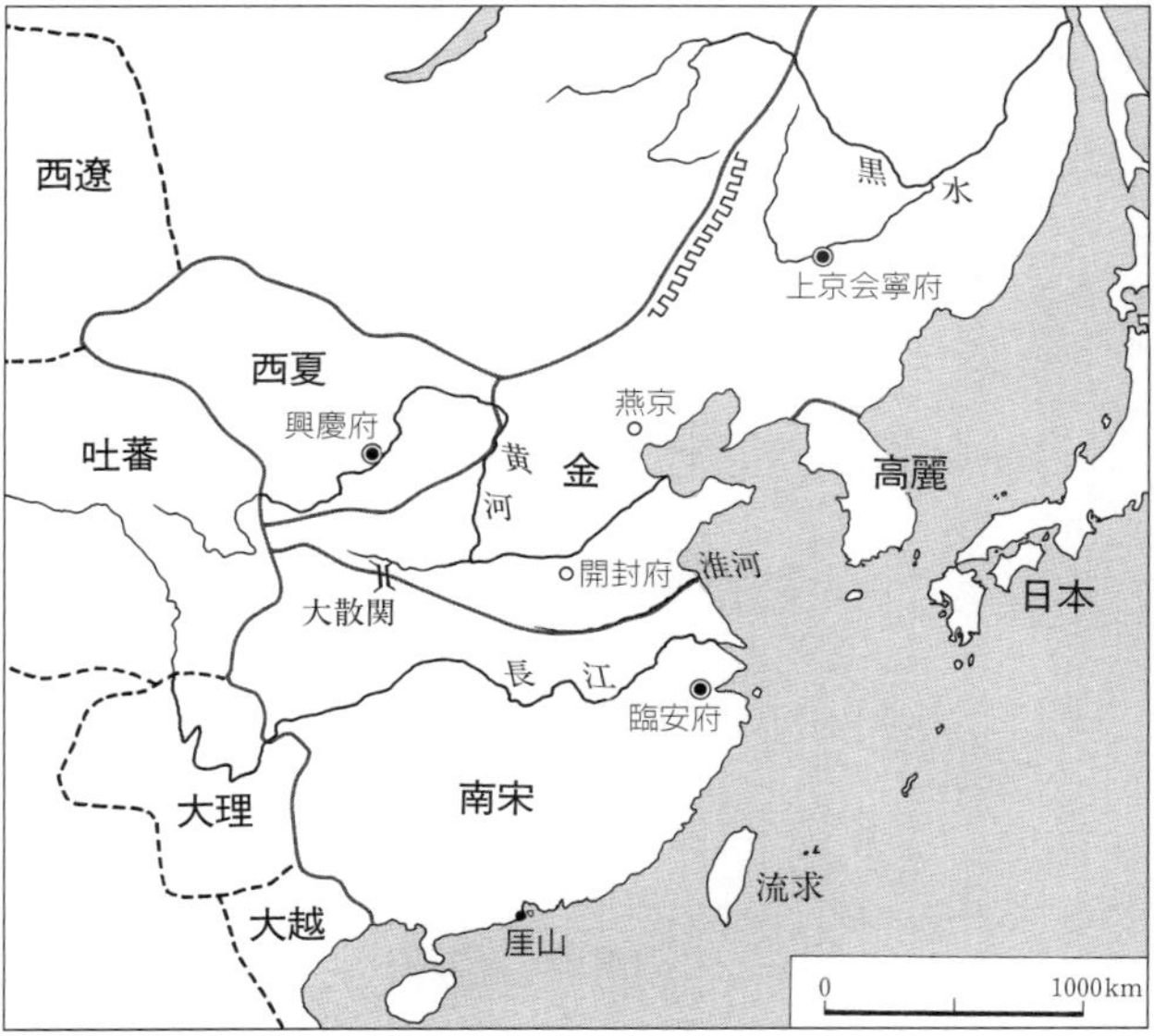

宋金夏の形勢(1142年)

の州県制を継承し、科挙も実施するなど直接統治をする一方、河南の地には傀儡国家をつくって間接的に支配することをはかり、北宋の前宰相で北に連行されていた張邦昌《ちょうほうしょう》を楚《そ》国の皇帝位につけた。だが金軍が河南から引き上げると、張邦昌は、もと哲宗の皇后で廃されたため民間にいて拉致《らち》をまぬがれた孟《もう》氏を太后にすえ、わずか三二日間で退位した。こうして金の傀儡国はたちまち消滅するとともに、華北の各地に漢人の抗金軍が組織されたから、金の華北支配は、とくに河南では実質をともなわない状況であった。

金の太宗は、楚国を滅ぼした罪を問うという名目でふたたび南征の軍を起こし、宋の高宗が江南に逃れたのを追跡し明州《めいしゅう》にまでおよんで引き上げた。そして、華北支配のためふたたび傀儡国家をつくることとし、一一三〇年、今度は宋のもと知斉南府《ちさいなんふ》であった劉豫《りゅうよ》を斉《せい》国の皇帝(在位一一三〇～三七)につけ、山東・河南さらに陝西を統治させた。斉は八年間存続したのち、金の直接統治への方針の変更によって廃された。

さて江南半壁の地に追いやられた南宋は、初め越州を根拠地に立て直しをはかった。しかし金にとらわれていた秦檜《しんかい》が帰国し講和を主張してからは、主戦派と講和派の対立が激しく政局は安定しなかった。このころ韓世忠《かんせいちゅう》・劉光世《りゅうこうせい》・張俊《ちょうしゅん》・岳飛《がくひ》らの軍隊が防衛体制をしき、とくに岳飛の軍は国内の反乱を鎮圧するとともに、金への北伐を主張した。

一一三八年、高宗は臨安を行在《あんざい》(仮の国都)とし、ついで秦檜の手で第一次和議が成立した。この和議は廃止されてまもない旧斉国の領地を宋へ返還するなど金にとって不利であったため、金内部の政変によって破棄され戦端が開かれた。この度の戦争では岳飛軍の活躍がめざましかったが、秦檜は高宗の支持を受けてあくまで講和を追求し、結局一一四二年両国の和議が確定した。その内容は、淮河《わいが》を国境とすること、宋は金に臣礼をとること、銀二五万両・絹二五万匹を歳貢とすることなどである。このとき金で生存していた欽宗は、宋の要求がなかったため帰還することなく、またもっとも強硬な主戦派の岳飛は講和後まもなく処刑された。岳飛の処刑は主戦派を封じるためであるが、そもそも講和締結以後の国家体制の整備にあたって皇帝の意思に従わない軍閥の存在は不要であった。それから十数年、南宋は秦檜の強大な権力のもとで体制が整えられる。

南宋政権の推移

秦檜の政治構想でもっとも重要なのは総領所の設置と軍制の改革である。一一四一年対金講和に先立ち、講和後の国防・財政の整備をはかって、淮東《わいとう》・湖広《ここう》・淮西《わいせい》の三総領所をおき、のちに設置した四川《しせん》総領所とあわせて四総領所とした。総領所は金との国境地帯におかれ、軍糧の補給を最大の目的として各種経済官庁・倉庫を統括して幅広い業務を担当し、南宋地方財政の中心機関となった。もちろん総領所は中央戸部の統括下にあって、その指令で活動したのであるが、独自の裁量で行動することもあった。総領所の設置は、北宋の全国的物流システムとはまったく異なり、二重の物流を生み出した。一つは南宋全域から主として長江を西から東へとくだって国都臨安に向かう物流であり、二つは各総領所が南宋全域をいくつかに分割した経済ブロックのなかで北上する物流である。この二重の物流は南宋の貨幣政策にも影響する。一一六〇年、東南会子《とうなんかいし》という紙幣を南宋政府は発行した。東南会子は四川を除く全域で通用し、銅銭とともに全国的な物流を担ったが、そのほか地方ごとに通用する各種の紙幣も発行された。これら南宋の紙幣の発行額は銅銭よりも遥かに巨額に達した。しかし通用期限を設けた結果、銅銭と比較して貯蓄の機能を発揮することができなかった。また財政は銅銭建て、すなわち価格表示機能は銅銭が、流通手段・支払手段としては紙幣が主として機能するというように、貨幣機能の分担があった。

対金講和は国防組織のあり方を変えた。開封の陥落以後、講和まで金と戦った主力は、北宋の禁軍組織ではなく、岳飛に代表されるように有力武将が組織した私兵軍団を政府が正規軍と認めた軍団であった。そして講和が成立する直前、三大軍閥の韓世忠・張俊・岳飛をはじめとする将軍の兵権を奪って、その軍団を駐箚御前諸軍《ちゅうさつぎょぜんしょぐん》に編成しなおし、陝西・四川から長江沿いに一〇の軍団として配置した。これがいわゆる屯駐大軍であり、北宋の禁軍にかわって正規軍となり、南宋軍制の中核をなした。そしてこの国防体制を維持するために設置されたのが、総領所だったのである。

秦檜は講和後、戦争で混乱し実態を反映しない徴税を正すため、一一四二年経界法を実施した。これは李椿年《りちんねん》が計画し、農民の土地を測量や申告をへて土地台帳を整備し、税役の負担を公平にしたものである。経界法は方法は異にするものの、目的は王安石の方田均税法《ほうでんきんぜいほう》と同類である。ついでにいうと、王安石の新法の多くがほぼ南宋極初期に廃止されたなかで、保甲法の組織は徴税・治安の職役と化し、都保《とほ》制として郷村に定着した。

さて一一六一年、金は海陵《かいりょう》王のもとで突如、講和を無視して南宋攻撃に乗り出した。ここにふたたび両国のあいだに戦端が開かれた。しかし金国内で政変が起きて世宗《せいそう》が即位し、海陵王も暗殺されたため、一一六四年に講和が成立した。このときの内容は、歳幣を銀絹各二〇万に減額、両国関係を君臣から叔姪にするなど、前の講和より宋にとって有利なものとなった。

この講和の前に高宗が退位し、太祖七代の子孫である孝宗《こうそう》(在位一一六二～八九)が即位していた。孝宗の政治姿勢について、熱心であるとか、あるいは無為であるとか評価は分れる。しかし、その治世は対外関係では金との貿易がさかんにおこなわれ、政局も社会も南宋でもっとも安定した時代であった。当時南宋の戸数は約一二〇〇万戸で、一戸当り六人前後を想定すると約七〇〇〇万人の人口となる。この数値は南宋最末期を除いて標準的なものである。

十三世紀にはいると、南宋の政局はまた変動し、専権宰相がつぎつぎと出現したほか、また対外戦争が起こった。まず寧宗《ねいそう》(在位一一九四～一二二四)擁立に功績のあった韓侂冑《かんたくちゅう》があらわれ、慶元《けいげん》(一一九五～一二〇〇)の党禁を起こし、開禧用兵《かいきようへい》を起こした。慶元の党禁とは、韓侂冑が宰相の趙汝愚《ちょうじょぐ》を失脚させたとき、同時に趙汝愚を支持する朱熹《しゅき》をはじめとする道学の徒を偽学として弾圧した事件である。開禧用兵とは四〇年の通好を破り宋が一方的に始めた戦争である。しかし四川で強大な軍事力を誇った呉曦《ごぎ》の寝返り、韓侂冑の暗殺をへて宋の敗戦に終わった。一二〇八年の和議では金宋を伯姪の関係に改め、歳幣を増加するなどを定めた。

一四年にわたり権力の座にあった韓侂冑を暗殺した功によって宰相となった史彌遠《しびえん》は、今度は二六年にわたって専権をふるった。この間、宋金関係は不安定でしばしば戦争があり、軍費を捻出するための重税によって社会の不安も増し、反乱も起きた。南宋社会は沈滞していた。史彌遠の死後、ときの皇帝理宗《りそう》(在位一二二四〜六四)は韓侂冑に弾圧された朱子学の大学者、真徳秀《しんとくしゅう》と魏了翁《ぎりょうおう》を登用して政治の刷新をはかった。しかし端平《たんぺい》(一二三四〜三六)の更化《こうか》といわれるこの転換は、みるべき成果もなく失敗に帰した。

一二三四年、金がモンゴルに滅ぼされると、河南の回復をめざした宋とモンゴルのあいだに戦争が起こり、以後南宋の滅亡まで、波状的にモンゴル軍が来襲した。波状的にというのは、モンゴル帝国の大カアンであるオゴデイ、モンケが重大な局面で死亡し、対宋戦争に全力をあげえない事態が起きたからである。さて一二五九年モンケの死でモンゴル軍が退却すると、南宋軍の司令官であった賈似道《かじどう》は、モンゴル軍撃退の功によって一二六〇年宰相となり、それから一六年専権をふるった。

しかし財政はすでに破綻していた。とくに一二四〇年代以後、紙幣の価値は年とともに暴落し、物価はうなぎのぼりの状態となっていた。宰相となった賈似道は財政建て直しをはかった。長江デルタの民田を強制的に買い上げて公田とし、その小作料を軍糧にあてたほか（公田法）、紙屑と化した会子にかえて、見銭関子・金銀見銭関子という新しい紙幣を発行し、また農地を測量して課税の実をあげた（経界推排法）。これらの政策はある程度の成功をもたらしたが、結局はモンゴルの来攻の前に、国都臨安はなすすべもなく無血開城した（一二七六年）。これが南宋の滅亡である。そして臨安を脱出した幼帝をいただく宋軍も一二七九年厓山《がいざん》で大敗し宋朝の系統はたえた。

宋の文化

宋代の文化は、思想・文学・芸術・工芸・諸学問・科学技術等あらゆる方面に新しい展開がみられる。それは、一言でいうと、唐宋間の社会変動、周辺民族の台頭によって、文化の担い手がかわり文化を貫く理念や形式がかわったためということができる。宋代の主要な文化の担い手は、官僚制の母体となる士大夫層と都市に基盤をもつ庶民層である。両者の文化はたがいにからみあいながらも、異質の内容も備えている。おおまかにまとめると、士大夫の文化は、一方で政治と深くかかわるため、宋朝の政治体制・国際環境・社会構造に対応した内省的体系的な学術・思想の営みを展開するとともに、一方で個人の自由な芸術活動を生み出した。都市の庶民は活発な商業活動を背景に演劇等の世俗的な遊びの世界を開拓し、生産力の高まりを背景に高度な工芸作品を生み出した。

まず宋代文化の発展を象徴する思想の展開をみてみよう。新しい儒学、いわゆる宋学は経典の解釈を中心とする訓詁学ではなく、宇宙の原理から人間の本性まで探究しつつ、一方で政治・社会にも対応して実践の方法をさぐる、まことに壮大な体系をもつ儒学である。宋学の形成にあずかったのは、北宋五子といわれる邵雍《しょうよう》、周敦頤《しゅうとんい》、張載《ちょうさい》、程顥《ていこう》、程頤《ていい》の五人であり、大成者は南宋の朱熹《しゅき》である。宋学は狭義には、伝統的に道学あるいは理学ともいい、朱熹にちなんで朱子学ともいうが、広義には、朱熹の批判者、陳亮《ちんりょう》・葉適《ようてき》らの事功学派、陸九淵《りくきゅうえん》の陸学も含めていう。

宋学の思想は突如としてあらわれたのでなく、そこには経書の伝統的解釈を疑い自由に批判できる時代の雰囲気があったことが重要である。その点で、自ら経書に通じ民間の学者を登用した范仲淹《はんちゅうえん》や、経典の新しい解釈を示した欧陽脩《おうようしゅう》、王安石《おうあんせき》ら北宋の高官がはたした役割は大きなものがあり、また北宋王朝の宗教政策が儒教だけでなく仏教や道教をも保護し、仏教や道教にある世界性・普遍性・哲学的論理が儒学者にも刺激を与えたことが一役かっている。

宋学のキーワードに気および理がある。気は形而下的な物質世界の究極の要素、理はその対極にある形而上的・法則的な要素というべきもので、宋学は気と理から出発して、宇宙論から人間論まで全体系を構成するのであるから、もっとも根本的な概念である。宋学の展開のなかで気と理の相互関連・位置づけがどのようになされたかをみると、張載《ちょうさい》の気の哲学から程頤・朱熹の理の気にたいする優位を説く哲学へとしだいに移っていく。これを朱熹の人間論にみると、人間本来の性は理であるが(性即理)、気に由来する人欲のため発現が妨げられており、本来の性を発現するためには精神の集中

（居敬《きょけい》）による理の把握（窮理《きゅうり》）という実践が必要になる。邵雍や周敦頤の段階にあっては宇宙の法則の把握がまず追求されたが、その後、人間を論じることが重要なテーマとなり、朱熹にいたって人間の実践行為も含む哲学体系として大成したのである。朱熹は地方官として活躍したが、その政治家としてのあり方は、自身の実践哲学に裏づけられていた。朱熹の学問を典型とし、朱熹に反対する事功学派も含め、宋の新儒学は政治の場での実践を重んじる。ここに中央の大官はもちろん地方在住の士大夫も、それぞれの場で新しい儒教イデオロギーの体現者として活動する根拠をもち、政府も士大夫にある程度の特権を与えて、積極的に地域社会の指導者であることを期待したのである。ただし国政のレヴェルで朱子学が指導理念となったのは、宋代では理宗のときのごく短い期間だけであり、本格的には元代をまたなければならなかった。

宋代士大夫の文学・芸術・学問も新しい展開をみせた。まず文学では唐の韓愈《かんゆ》・柳宗元《りゅうそうげん》の古文復興運動を継承した欧陽脩によって四六文にかわる散文が大成され、つづいて蘇洵《そじゅん》・曾鞏《そうきょう》・蘇軾《そしょく》・蘇轍《そてつ》・王安石らの文豪があらわれた（唐宋八大家）。詩の世界では、宋詩は唐詩よりも理性的で議論が多く、これにふさわしい詩形として古体詩がよく使われた。蘇軾は宋代を代表する詩人である。理知的な詩にたいして感性的な詞が発達したのも宋代文学の特徴である。詞は民間の歌曲が文学に昇華したもので、旋律をともなって吟じられた。欧陽脩や蘇軾が名高い。

絵画では唐代に流行した人物画にかわって山水画が主流となり、南唐・蜀の職業画家が多く宋の宮廷にはいって活躍した。十一世紀にあらわれた郭熙《かくき》は高度な技法を駆使する山水画の大成者である。しかしこのころから宮廷の職業画家の精緻な創作活動のほかに、士大夫層の個人的で様式にとらわれない山水画の創作が活発になった。文人画である。

学問の分野でもあらたな動きが多方面にあらわれる。ここでは歴史学の新しい思潮をみよう。『新《しん》

鉄塔　開封城内東北角にある磚造の塔。宋代の代表的な建造物のひとつである。鉄色をしているためこの名がある。皇祐年間(1049～54)の建造。高さ約55メートル。

唐書《とうじょ》』『五代史記(新五代史)』は欧陽脩の著作であるが、それは自己の歴史観を強く打ち出し、政府史料の集成の域を脱している。このほか編年体の史書『資治通鑑《しじつがん》』は司馬光《しばこう》の歴史観、正統論の大勢を決めた『資治通鑑綱目《こうもく》』は朱熹の歴史観に立脚して書かれ、袁枢《えんすう》の『通鑑紀事本末』は新しい歴史書のスタイル、紀事本末体を創始したものである。『資治通鑑』は書名のとおり皇帝の政治の参考に供するための書であるが、宋初に編纂された『冊府元亀《さっぷげんき》』『太平御覧《たいへいぎょらん》』『文苑英華《ぶんえんえいか》』『太平広記《たいへいこうき》』の大部な類書(百科全書)も同じ目的をもっている。このように帝王学が成立したのも君主権が強力になった宋代にふさわしい歴史学の特徴である。

一方都市庶民の文化は、開封や臨安など大都市の盛り場(瓦市《がし》ないし瓦子)で展開した。瓦市には瓦《が》肆《し》という演芸場があり、そこでは雑劇(芝居)・傀儡《かいらい》(人形劇)・影戯《えいぎ》(影絵)ほかじつにさまざまな出し物がみられた。人情・怪談・歴史などに題材をとった説話(講釈)も盛んで、その台本である話本も刊行された。それは白話《はくわ》(話しことば)で書かれており、後代に本格的な通俗小説に発展する。宋代の民間文芸には語り物と同時に読み物が普及するという時代の流れがある。ただし臨安の瓦市が直接には国都に駐屯する軍隊の娯楽のために設置され官庁の統制下にあったように、民間の自由な施設でなかったことは注意する必要がある。

工芸では陶磁器生産の発展が一時代を画す。宋の陶磁器といえば、白磁・青磁が有名である。高温で焼成する技術の発展と、飲茶の普及によって、大型の瓶・壺から日常的に使用する茶碗まで、全国各地で生産された。なかでも北方の定窯《ていよう》・汝窯《じょよう》・鈞窯《きんよう》・磁州窯《じしゅうよう》、南方の龍泉窯《りゅうせんよう》・越州窯・景徳鎮《けいとくちん》などが名高い。唐の色鮮やかな三彩と比べると、宋磁は単色で清楚・整斉、その奥に精神性があるというように明確な相違がある。

また宋代は科学技術が前代と比べ著しく発展した。木版印刷が盛んとなり、経典、史書、個人の文集のほか、医学・薬学・数学等の科学書もつぎつぎに出版され、知識の普及・水準の上昇に貢献した。鉄や銅の精錬技術の発達と産出量の増大、火薬の兵器への利用、囲田《いでん》・圩田《うでん》を開発する土木技術などみるべきものは多い。沈括《しんかつ》は宋を代表する科学者で、その著『夢渓筆談《むけいひつだん》』は有名である。

宋代の文化は、哲学・歴史学・文学・美術工芸と見渡して、いずれもそこに宋代という時代を貫く雰囲気・精神がある。それは訓詁学と道学、唐詩と宋詩、唐三彩と宋磁という対比にとくに際立つ情より理の優先であり、一方で、詩にたいする詞、院体画にたいする文人画にみられるような自由・感性を表現したものの存在である。これらの特徴はともに個々の創作者の自由で批判的な精神活動の生み出したものであり、そのような個性的な精神活動が可能になった背景に、唐よりも個人の実力が発揮しやすい宋代社会があった。宋代文化の担い手は、士大夫層と都市の庶民層であるが、庶民層の文化が形成途上にあるのにたいし、士大夫層の文化はあらゆる方面全体を覆う体系性がある。その意味で宋代文化を代表するのは、やはり士大夫文化である。

金の政治と社会

阿骨太の死後、まだ創業期の金朝は、宗室の有力者がそれぞれ自己の勢力の拡大をはかって対立した。そのため皇位継承も華北統治の方針も、宗室有力者の思惑によって左右された。こうしたなか太宗を継いだ第三代熙宗《きそう》(在位一一三五～四九)は、宗室最有力者の宗翰《そうかん》を兵権からきりはなす一方、一一三七年傀儡国家である劉豫《りゅうよ》の斉を廃止し、華北を直接統治する方針をとり、さらに一一四二年、宋と和議を結んだ。君主権の確立をめざす熙宗の方針、華北の直接統治への転換、戦争の終結によって、金は急速に中国的な国家体制を整備することとなった。熙宗は太宗の最晩年、勃極烈《ボギレ》制度を廃止してあらたに制定した中書《ちゅうしょ》・門下《もんか》・尚書《しょうしょ》の三省を中核に官僚体系を整え、皇帝の尊厳を高める儀制・禁衛組織等を定め、皇統制条を発布した。この法令は、それまでの中国の律令を参照してつくられたものである。また遼東の猛安《もうあん》・謀克《ぼうこく》の制度を女真人のみに限定して強化し、この女真人を華北に移住させた。こうして華北の漢人は州県制のもとで一元的に統治し、この漢人を猛安・謀克に編成した女真人が監視するという体制ができた。熙宗はまた太祖時代につくられた民族固有の女真文字に加えて女真小字も制定した。

しかし一一四九年熙宗の治世は突然終わりを告げた。従弟の海陵王《かいりょうおう》(在位一一四九～六一)が熙宗を殺して即位したからである。海陵王は自分に反対する者は徹底的に殺したうえ、女真の故地上京会寧府をすてて中都《ちゅうと》大興府《だいこうふ》に遷都を断行し、それまでの北選(遼制)・南選(宋制)の科挙を一本化し、さらに中書・門下の二省を廃して国政を尚書省に統合した。こうした反対派の弾圧と政治の革新で絶対的な独裁体制を築いたのち、海陵王は南宋を討って全中国の皇帝になろうとし、一一六一年大軍を率いて南征した。

ところが海陵王が南征すると、反対派が海陵王の従弟を即位させた。これが世宗《せいそう》(在位一一六一～八九)である。金にはこのとき二人の君主がいたわけである。しかし、初め優勢であった金軍も宋の水軍に敗北し、海陵王自身、配下の将軍に殺されて、金は世宗一人が君主となった。世宗は不利な条件で宋と講和し(一一六四年)、以後内政に力をいれた。金世宗の治世は二九年におよび、ほとんど宋孝宗の治世と重なる。十二世紀の終わり三分の一は、宋金関係は良好に保たれた。

金朝の盛期といわれるこの時期、一一八七年の戸数は七〇〇万弱、口数四五〇〇万人で、宋の六割弱に相当する国勢である。世宗即位の当初が三〇〇余万戸といわれるから、世宗治世二十数年間に二倍以上の戸が戸籍につけられたことになる。また一一八三年の猛安・謀克の戸数は約六〇万、口数は奴婢一三五万をいれて約六〇〇万であるから、一割弱の女真人が漢人社会にまざっていた。なお猛安・謀克戸に給与し耕作させる官田は約一七〇万頃《けい》で、一戸当り三頃(約一七ヘクタール)となりかなり広い。しかし彼らの生活はしだいに貧窮化した。その原因は、海陵王のときの外征への徴発、猛安・謀克戸間相互の階層分化、給与地の生産性の低さなどが主要なものである。

金の税制の基本は北宋を継承し両税法であるが、世宗は海陵王の南征によって深刻化した財政難を解決するため、物力銭《ぶつりきせん》という税法を設けた。これは猛安・謀克戸を除き、通検推排と称して官僚・庶民を問わず所有の財産をすべて調査して課税した財産税である。全国一三路で約三〇〇〇万貫にのぼった物力銭は財政再建に重要な役割をはたした。しかし金朝の漢人統治の基盤であった猛安・謀克戸の貧窮化など、社会的問題は根本的に解決することはできなかった。

十二世紀末章宗《しょうそう》（在位一一八九～一二〇八）が立つと、金朝の衰運ははっきりしてきた。社会問題だけでなく、黄河の氾濫、モンゴルの侵入、宋の侵入（開禧用兵）があいつぎ、財政難に陥った。章宗はこのような状況を打開すべく幣制を改革し、皇統制条を改修して泰和律令を制定したが、国力を回復することはできなかった。幣制の改革とは、本来送金手段として用いる証券であったが、貨幣機能を増していた交鈔《こうしょう》の通用期限の撤廃をさす。もともと金は北宋を滅ぼしたとき、巨額にのぼる宋の銅銭・金銀を獲得し、財政的には豊かであった。しかし銭財政はしだいに行きづまり、一一五四年はじめて交鈔の本格的運用の制度を定めた。通用期限を定めたのは宋と同じである。この交鈔は世宗治世下において順調に流通した。章宗は、財政難の打開のため交鈔発行額をふやす一方、それでは交鈔の信用失墜をもたらすので、通用期限を撤廃していつでも通用する信用ある証券にしようとしたのである。通用期限を設けない制度はのちの元朝に継承される。しかし発行額の増大の結果、交鈔の流通はとどこおり、社会では交鈔よりも銀を貨幣として使用することが広まった。金代の貨幣史は、中国史上では、宋元間にあって紙幣制度の転換点をなすとともに、銀の貨幣機能が拡大した点で、重要な位置を占める。

一二一四年、金の国都中都はモンゴルの攻撃を受けた。時あたかも南は宋の、西は夏の侵入を受け、中都は簡単に落ちた。モンゴル軍が引き上げると、金は開封に遷都する。しかしこれはモンゴルの怒りをかい、ふたたびその脅威を受けることになった。モンゴル内部の事情から二〇年の命脈を保ったものの、一二三四年ついに滅亡した。

金代の文化は、国勢の衰えた章宗のときがむしろもっとも盛んであった。章宗自身が書画に傑出した存在である。元好問《げんこうもん》は金末の大詩人で、その著『中州集《ちゅうしゅうしゅう》』は金代文学の粋を集めたものである。金の宗教界は宋代からの三教融合の傾向が継承され、道教で王重陽《おうちょうよう》の全真教が開かれた。

6 大元ウルスの出現

元代中国史をどうみるか

一二六〇年、出現してからすでに半世紀以上の時がすぎ、ユーラシアの東西にまたがる文字どおりの世界帝国となっていたモンゴルは、クビライとアリク・ブケという兄弟二人の皇帝がならびたち、足かけ五年にわたる巨大な帝位継承戦争の嵐にみまわれる。

それは、中国の歴史にとっても、大きな事件であり、画期となった。この紛争をとおして唯一のモンゴル大カアンとなったクビライが、権力の直接の基盤を、それまでの外モンゴリアから内モンゴリアと華北にまたがる地域に移し、中華文明地域により接近したかたちで、新しいタイプのモンゴル世界帝国を建設していくからである。

クビライの治世およそ三五年を通じて、いわゆる中国本土は、王朝断代史風にいえば、九〇七年の唐王室の消滅から数えて三七〇年ぶりに真の意味で政治統一される。さらに、安史《あんし》の乱以後の唐代中国は、実際には分裂割拠の状態となったという現実面からいえば、じつに五二〇年ぶりに単一の政権のもとに覆われたのである。そしてこれ以後は、統一中国のかたちが続くことになる。

モンゴルの前とあとでは、分裂から統一ということだけでなく、「小さな中国」から「大きな中国」へ、という巨大な変化が、はっきりとみられる。さらに、黄河流域の「中原《ちゅうげん》」から、長江以南の江南へ、中国の社会・経済・文化の重心が移り出すのも、モンゴル治下において、一層顕著にあらわれだすことでもある。十三・十四世紀のモンゴル世界帝国の出現という、世界史上かつてない新事態のなかで、中国も外枠の拡大と内側の変容を、ともどもにとげるのである。「モンゴル時代」の元代中国は、中国史のなかでも特別な意義をもつ大きな画期なのであった。

一二六〇年という時は、かつてない歴史状況が直接に開始される転回点であった。その一方、すでにモンゴルは中国方面についても、華北とマンチュリア(現在の東北三省)を領有していた女真族王朝

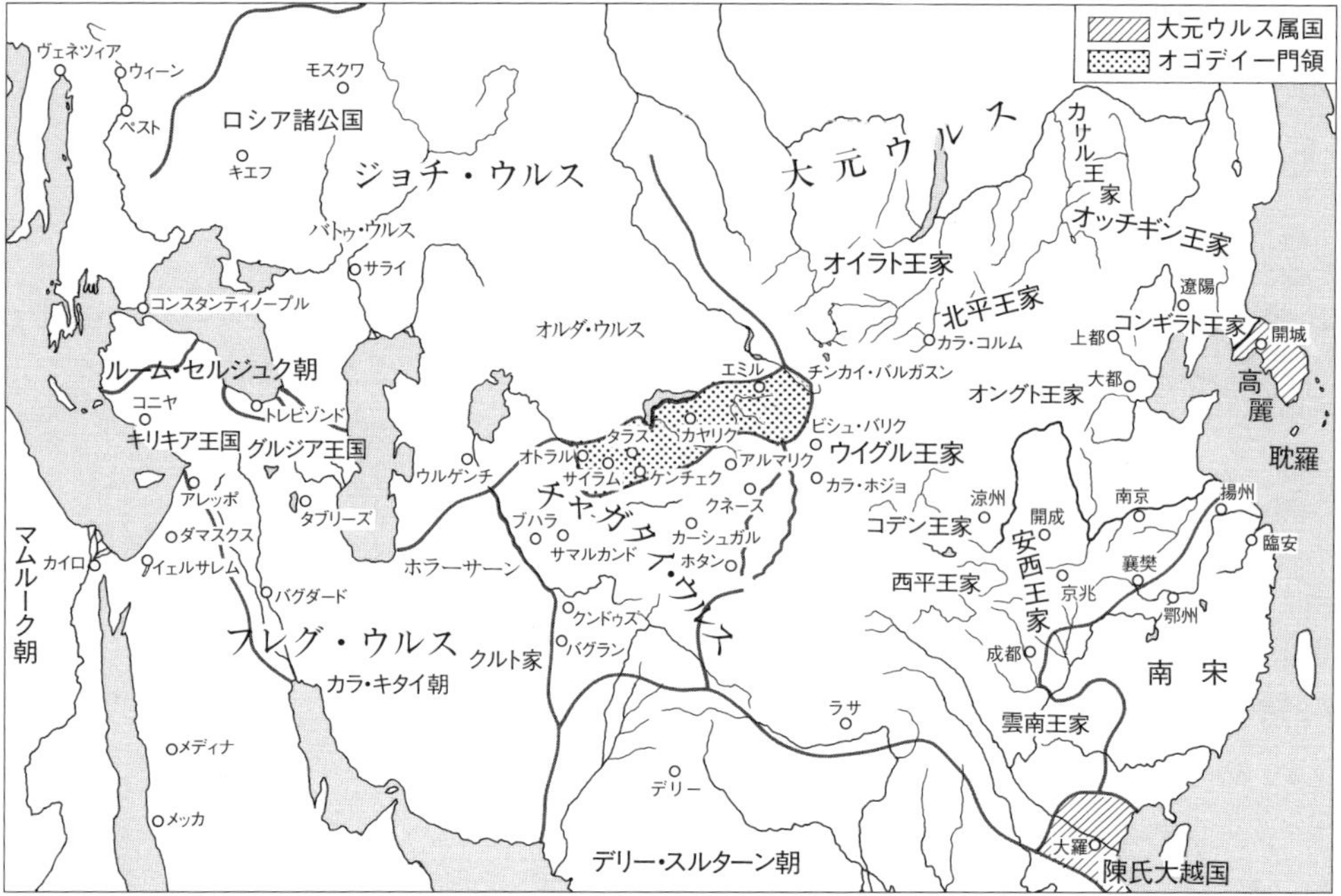

1260年代のモンゴル帝国

の金帝国を、一二一一～一五年と一二三一～三四年の二次にわたる「モンゴル・金戦争」で倒していた。金朝が一二〇年ほど積み重ねてきた中華地域と北アジアの二つの世界の統治システムを、それなりに取り入れだして四分の一世紀がすぎたころでもあった。

さて、従来の中国史の理解では、ややもすればクビライの治世をもって、元代史の始まりとみなしがちであった。さらにはしばしば、まったくの名目上のことであるのにもかかわらず、一二七一(至元八)年に正式な国号として「大元大《だいげんだい》モンゴル国《こく》(ダイ・オン・イェケ・モンゴル・ウルス)」と称したときから、「元朝」が成立したとする。ひどい場合は、一二七九年に広州湾の入口の厓山《がいざん》で、南宋の一部の逃亡集団が海中に没したときをもって、「元朝」の始まりとすることさえある。まことに、古めかしい王朝史観のなせるわざである。そうした現実の歴史を無視した正統史観が、いずれもナンセンスなことは、いうまでもない。

やや振り返って、現実の中国史は、十二世紀の最初の四分の一世紀がすぎたころから、北に金朝、南に南宋がならびたち、南北分裂の時代が、まずあった。それが、十三世紀の初めにモンゴルが出現し、一二一五年の金朝の首都中都《ちゅうと》の陥落と華北の放棄、ついで一二三四年の河南における金朝の滅亡、さらに一二七六年のモンゴルによる南宋の首都杭州の無血開城と南宋国の全面降伏という三段階をへて、分裂から統一への道程をたどったといっていい。

したがって、どこからが「元代史」なのかは、はっきりとは決めることができないというのが率直なところである。ようするに、六〇年ほどの移行期間があったのである。少なくとも、南宋王朝をもって、北宋から連続した「宋代」だとして、北の「中原王朝」の金朝を無視する時代区分は、現実にあわず不適切である。しかし、ここではひとまず、中国史には金宋対峙からモンゴル一元支配への移り変わりがあったことを確認したうえで、やはり世界史にとっても、中国史にとっても、画期性の高いクビライ政権の誕生からを中国史上のひとつの「時代」だとみなして扱いたい。もとより、あくまで便宜上のめやすにとどまるものではあるが。

クビライのクーデタ

一二五九年、皇帝モンケが強引に親征にでたうえ、最前線で急死してしまったため、モンゴル帝国は甚大な危機をむかえた。モンゴル中央・右翼(西方)に属する諸王・諸将の多くは、モンケ本隊として四川地方におり、そのほか帝国の有力者はみな、モンゴル本土を出払って、本土には留守をあずかる末弟アリク・ブケだけがいた。情勢は、旧モンケ政府首脳が支持するアリク・ブケが遥かに有利であった。

兄モンケとの対立でいったん南宋遠征からはずされたのち再起用されてまもないクビライは、南伐軍の左軍を率いて中華本土の中央部にいたが、後継争いのうえで、名目・兵力ともに劣勢であった。クビライは賭にでた。北に帰らず、長江を押し渡って南宋側の鄂州《がくしゅう》を包囲したのである。鄂州は、雲南を発して南宋の敵中を突破してくるウリャンカダイ軍との約束の会合地点であった。

形勢は逆転した。淮水《わいすい》下流に陣取るタガチャルの率いる左翼(東方)諸王の大部隊が、クビライ軍への合流を決意した。それを契機に、情勢のゆくえをながめていた中国方面の諸勢力がなだれを打ってクビライ側についた。四川方面のモンケ本隊でも、モンケの遺骸を守ってモンゴル本土に向かった部隊のほかは、予想外にも、多くの者がクビライ側になびいた。

クビライ陣営は、膨れあがり、ウリャンカダイ軍を救出したクビライは、急いで北上して中都(金朝の旧都)東北郊外にある以前からの自分の冬営地にはいり、諸軍に終結を呼びかけた。クビライとその与党は、一二五九年から翌年にかけての冬をこの駐営地に大集団で過ごしたのち、一二六〇年四月、内蒙草原の本拠地開平府《かいへいふ》に自派のクリルタイ(モンゴルの国会)を開催した。来会した主要な顔ぶれは、タガチャルをはじめとする左翼諸王と五投下《ごとうか》などの左翼諸将であり、西方の右翼王家からは少数の傍系の者たちだけであった。名目でも実力のうえからも、クビライ派は明らかに帝国東方の左翼勢力を基盤としていた。会議は、ともに帝国の左翼に属する実力者のタガチャルと帝国最長老のイェスンゲが主導して進められ、クビライが即位した(在位一二六〇~九四)。彼は四十六歳であった。

かたや、アリク・ブケもモンケの葬儀とクリルタイの開催を呼びかけ、多数派工作と軍隊徴発を続けた。クビライ派の敵対姿勢が明らかになると、クビライが即位した翌月、カラ・コルム西郊のアルタン河畔で即位式を挙行した。

アリク・ブケ側には、帝国中央部と右翼の有力者が顔をそろえた。西北ユーラシアをおさえる遠方のジョチ家も、当主ベルケがアリク・ブケの名を刻したコインを発行しており、アリク・ブケの宗主権を認めていた。名分上では、アリク・ブケが正統の大カアンであった。

しかし、帝位のゆくえは実力しだいとなった。開戦まもなく、クビライ軍はアリク・ブケ軍をけ散らしてカラ・コルムに進駐し、いったんはモンゴル本土を制圧した。もうひとつの主要戦場となった陝西・甘粛方面でも、クビライの名参謀、ウイグル人の廉希憲《れんきけん》の活躍で、京兆《けいちょう》(かつての長安。現在の西安)と六盤山《ろくばんざん》の二大拠点をたちまちおさえた。クビライ派の軍事力の優位は、緒戦から明らかであった。

モンゴル高原の西北部に退却していたアリク・ブケは降伏の意志を表明したので、クビライはカラ・コルムにイェスンゲ指揮下の一軍を残して、開平府に引きあげた。ところが、アリク・ブケは強力なオイラト部の支援を受けて戦力を回復すると、降伏と偽ってカラ・コルムに接近し、イェスンゲ軍を奇襲で破った。そして、一気にゴビを強行突破してクビライの本拠である開平府に急接近した。しかし、左翼諸王や五投下などが緊急発進し、二度にわたる大会戦でもついに勝利をえることができなかったアリク・ブケ軍は退き、その後、ゴビを挟んでにらみあいが続いた。

モンケ時代までの首都カラ・コルムはおもに華北からの食糧供給で支えられていたが、クビライが輸送を禁止してからは、しだいに食糧が底をつき、アリク・ブケ軍の戦意は低下した。そのため、アリク・ブケはチャガタイ家の傍流アルグに当主の位を餌に糧秣輸送を約束させて送り出したが、アルグはイリ渓谷のチャガタイ家の本営に着いて当主となるとアリク・ブケに叛旗をひるがえした。

驚いたアリク・ブケは、カラ・コルムを放棄してイリ渓谷に向かい、アルグの軍隊を撃破して冬営した。しかし、アリク・ブケは心がおごり、投降してきたアルグ側の兵士を皆殺しにしてしまった。同族の「モンゴル」にたいする残虐な行為は、致命傷となった。しかも翌春、イリ渓谷を飢饉が襲った。アリク・ブケ軍は解体し、アリク・ブケと旧モンケ政権以来の将官たちは、一二六四年にクビライの軍門にくだった。

ここに、足かけ五年にわたり帝国をゆるがした内戦は終わり、クビライはただ一人のモンゴル大カアンとなった。彼が樹立した政権は、正式には、「大元ウルス」、中華風には元朝と通称する。それは、モンゴル帝国の東半に属する左翼勢力が中核となって起こした軍事クーデタであり、それがモンゴル帝国とユーラシア世界、そして中国の進路を大きく決定づけた。

李璮の挙兵

クビライは、即位のときに中統《ちゅうとう》と中華風の年号を建てた。帝位継承戦争が三年目にはいった一二六二(中統三)年二月、山東の益都《えきと》を中心に沿海地方に勢力を張った漢人軍閥の李璮《りたん》が蜂起した。

李璮は駐留していた前線の漣《れん》・海など三城を南宋に差し出して臣従を誓い、その他のモンゴル駐屯軍を皆殺しにすると、軍を益都に返した。益都では、一帯に駐していたモンゴル兵とその家族をなぎ倒して気勢をあげ、周辺地方を攻略したが、意外に応じる者は少なかった。気落ちした李壇は、益都は堅固でないのを気にして、西隣の漢人軍閥張宏《ちょうこう》の本拠地済南《さいなん》を占領し、そこに一万たらずの手勢とともに籠城した。

クビライとしては、両面に敵をかかえるかたちとなったが、帝位のゆくえが決まらないこの時点では、敵正面はアリク・ブケ軍であったので、李壇にたいしては、少数のモンゴル軍のほか、おもに華北の漢人軍閥の力に期待するしかなかった。クビライ側は、王磐《おうばん》や謀臣の姚枢《ようすう》の意見で、漢人軍閥勢力を総動員し、李壇のこもる済南を中心にして山東地方の全域に広がる幾重もの防御線を張りめぐらしたうえ、一二六二年四月、済南城のまわりに柵を建て塹濠を掘って環城とし、李壇軍を完全に封鎖した。

これにたいして、南宋側も、水軍を幾度も出撃させ、クビライ側の漢人軍団にゆさぶりをかける陽動作戦をとった。しかし、すべてクビライ側の周到な防御線に撃退されたため、南宋は夏貴《かき》を主将とする両淮制置使《りょうわいせいちし》の大部隊を陸路から一挙に北進させ、直接に李壇軍と応じようとした。しかし、クビライ側の防御線が固く、夏貴はそうそうに撤退した。済南にこもる李壇は、まったく孤立無援となり、四カ月におよぶ籠城ののち、食糧がつきて李壇は捕えられ、首をはねられた。

こうして、事変そのものは、あっけなく終了した。しかし、波紋は大きな広がりをみせた。事変が勃発してまもなく、山西の太原地方のダルガチと総管《そうかん》が捕えられ、李璮がアリク・ブケと連絡していたことが判明した。太原を主邑とする山西北半は、全域が中央アジアにウルスを構えるチャガタイ家の所領であり、ダルガチと総管といえば、領主側と現地側それぞれの代表責任者であった。李璮の挙兵には、山東以外でも応じる者がいたわけであり、また彼はただ南宋とだけ通謀していたわけでもなかったのである。

一斉蜂起の誘いは、ひそやかながらも、かなり広範囲におこなわれたらしい。当時の客観情勢からすれば、アリク・ブケこそ正統の皇帝であった。漢人軍閥たちにとっても、先ゆき不安なクビライのクーデタ政権に肩入れすること自体が危険な行為であった。その意味で、従来この事変を「李璮の乱」などと呼んでいるのは、ちょうど「アリク・ブケの乱」というのと同じように、結果からさかか立ちしてクビライ政権を当然視する安易な見方といわざるをえない。

李璮の蜂起とその波紋は、クビライに漢人軍閥への疑念と警戒心を起こさせた。クビライは、姚枢と漢人軍閥の史天沢《してんたく》の意見に従って、大小の軍閥たちの世襲の兵権を取り上げて、行政職かケシク(モンゴル大カアンの親衛隊)への転出を求めた。また、軍職にとどまることを望む者は、対南宋国境線へ移らせた。

こうして華北における漢人軍閥たちの在地勢力は影が薄くなり、漢人軍閥に自分の権益地(投下領《とうかりょう》)を委ねていたモンゴル分地領主たちは、直接にその支配・経営に乗り出さなくてはならなくなった。

彼らの立場は、これを機会に中国伝統の中央集権風な州県官体制をかたちだけでも採用したいとするクビライ政府の漢人ブレーンたちの考えと、必ずしも矛盾するものではなかった。両方の妥協の産物が、後述する「都《と》ダルガチ総管府」という地方官庁の出現となり、一方で、地方行政区画の大幅な見直しもおこなわれた。モンゴル投下領の区画をもとにした新しい行政区画が設定され、行政単位も路・府・州・県の体系に変わった。それらは金代までの中国歴代の行政区画とはかかわりのない大変動のようにみえるが、じつは一二三六年の「丙申年分撥《へいしんねんぶんぱつ》」以来およそ三〇年間にわたってモンゴルの傘のもと、直接には漢人軍閥の統治下で進行してきた現実の姿を追認・公式化したものにすぎなかった。

ようするに、世襲の在地軍閥という中間項が吹き払われて、モンゴル分地領主と中央政府という二極に単純化したのである。なお、モンゴル時代における華北の地方行政が、それなりに州県官による中央集権支配といえるような状態になるのは、地域によって違いはあるが、投下領主の力が衰える元代末期のことである。

多元化への道

一二六四年、アリク・ブケ派が全面降伏をしたとき、モンゴル帝国の全領域を見渡すと、東半を直接おさえたクビライ以外に、三つの大きな政治勢力が中・西部に鼎立《ていりつ》する状況が生まれていた。それはジョチ家のベルケ、イラン方面のフレグ、そして中央アジアの実力者にのし上がりつつあったチャガタイ家のアルグである。このうち、ベルケはかねてよりモンケ－アリク・ブケ体制を支持し、フレグとアルグは非合法のうちに自立したため、クビライに近い立場にあった。

しかし、まったく予期せぬことが起こった。なんと、西方の三人があいついで他界してしまったのである。一二六五年、まずフレグが没すると、翌六六年、フレグ・ウルスの混乱につけこもうとしたベルケもまた、カフカズをこえて南下する途中、軍営で急死、さらにアルグまでもが病死してしまう。三人の巨頭の死によって、各ウルスの内部では後継者の選出をめぐって混乱が生じ、統一クリルタイどころではなくなってしまった。

一二六九年の春、バラクとオゴデイ家のカイドゥ、およびジョチ家の新当主モンケ・テムルは、天山北麓のタラス河上流のケンチェクの草原に会盟し、マー・ワラー・アンナフル(アム河とシル河に挟まれた大オアシス地帯のこと)の三分の二をバラクが握り、残りをカイドゥとモンケ・テムルで分割することを取り決めた。占領地の処分は、大カアンが決めるものであり、これは新帝クビライを無視した行為であった。

しだいに、クビライ家対カイドゥ家・チャガタイ家の連合、そして、フレグ家対ジョチ家の図式が姿をあらわし、モンゴル帝国は内部対立と多極化の時代へ大きく方向を変える。その後も、クビライはずっと西方の直接支配をあきらめなかったが、結果として彼の直属の政権は事実上の東方帝国とならざるをえなかった。とはいえ、クビライが全モンゴルにただ一人の大カアンであることにはまちがいなく、その宗主権は、フレグ・ウルスだけでなく、ジョチ・ウルスやカイドゥ・ウルスも否定することはできなかった。

従来、しばしばカイドゥが、クビライとならぶもう一人の大カアンとなったかのようにいうのは誤りである。モンゴル帝国が「分裂」したとか、「解体」したとかいわれているのもおかしい。モンゴル帝国は、もともと連合体であり、多重構造を本質としていた。内部対立といっても、異種の国家間の対立とは違い、全体として「世界連邦」に近いひとつのシステムに包まれたなかでの内輪もめにすぎなかった。ただし、大カアンとしてクビライがふるえる力が、モンケまでの時代とは大きく性格を変えたのである。

7 中華の再統合と陸海の巨大帝国

襄樊の攻防

アリク・ブケ降伏の直後、クビライは年号を至元《しげん》と改めた。一二六七(至元四)年、クビライと謀臣たちは、南宋進攻作戦に着手した。南宋征討は、すでにオゴデイ時代(一二二九〜四一)とモンケ時代

（一二五一～五九）に二度試みて、二度とも失敗していた。堅固な城濠に守られた南中国の城郭都市は、ユーラシア各地の攻城戦を経験したモンゴル軍にとっても、強力な相手であった。

クビライは李璮《りたん》鎮圧の前例をいかして、この戦役の主力には、漢人部隊と華北の要地に分駐する蒙漢混成の特殊部隊を用いることに決した。純モンゴル軍は、主将に起用されたアジュ（アジュル）直属の二〇〇〇にも満たない督戦《とくせん》部隊だけにとどめた。

クビライは、開封を兵站《へいたん》基地として水陸あわせた補給網をつくらせ、厖大な食糧・武器・資材を集中した。万全の準備と支援体制を整えたのち、一二六八（至元五）年、南宋作戦を漢水《かんすい》中流の襄陽《じょうよう》とその対岸の樊城《はんじょう》の双子都市にたいする攻撃から開始した。かたや南宋側も、襄陽・樊城を重視し、有力軍閥の呂文煥《りょぶんかん》がおもに私兵からなる精鋭部隊を率いて鎮将となっていた。

襄陽・樊城での戦いは、モンゴル・南宋両国の攻防の焦点となった。アジュ、史天沢、劉整らに率いられたモンゴル軍は初めから力ずくの攻城戦を避け、襄陽・樊城のまわりを取り巻いて一〇〇キロ以上におよぶ巨大な環城を築き、両城を完全封鎖して兵糧攻めにする戦術をとった。さらに、戦艦五〇〇〇艘をつくり、これを漢水に浮かべて七万にもおよぶ水軍をあらたに養成した。

南宋側も、従来のモンゴルの戦いぶりとはまったく異なる長期戦の構えが判明するにつれて驚き、呂文煥の籠城も三年たった一二七一（至元八）年五月、ようやく范文虎《はんぶんこ》を主将に一〇万の大軍を発進させ、襄・樊両城の救援に赴かせた。南宋軍は水陸から迫ったが、この日に備え十分に訓練と演習を繰り返していたモンゴル軍は、想定されたとおりの作戦行動をとってこれを迎撃し、水陸両軍の連携で南宋軍を粉砕した。

呂文煥の籠城軍は、まったく孤立してしまったが、それでもなお二年のあいだ耐えに耐えた。しかし、一二七三(至元十)年一月、モンゴル軍は中国語で「回回砲《かいかいほう》」、ペルシア語でマンジャニーク(語源はギリシア語のメカニコス)と呼ばれるカタパルト式の投石機をもって樊城の城壁を破り、ついに樊城を占領した。回回砲は対岸の襄陽に向けられ、城楼をつぎつぎと巨大な石弾で破壊したので、襄陽の城兵は戦意を失った。呂文煥は翌二月、全軍をあげて投降した。クビライは六年にわたる籠城にたえた呂文煥とその部下をねんごろにもてなすよう命じ、軍の主力にはクビライ直属の侍衛親軍《じえいしんぐん》の肩書を与え、文煥には襄樊および漢水地方の最高軍司令官を意味する襄漢大都督《じょうかんだいととく》の位を与えてねぎらった。この措置は、当然呂文煥とその将士を感激させずにはおかなかった。彼らはクビライの殊遇にこたえるため、南宋征討への全面協力を申し出た。

南宋の吸収

ここに南宋征討作戦は急展開をむかえた。このころすでに中央アジア情勢が混沌としてきていた。クビライは襄樊の陥落をもって南宋作戦をしばらく停止しようと慎重に考えた。しかし、モンゴル側の前線の諸将は一気に南宋を滅ぼすべきであると主張した。姚枢、許衡《きょこう》ら漢人ブレーンも、今こそ南北中国を統合する絶好機であることを熱心に説いた。クビライは熟慮のすえ、断をくだした。改めて、戦線を再編成して全軍の総司令官として左丞相バヤンを任命した。また、李璮配下の旧軍団や投獄中の囚人までも編入し、華北・河南の兵を総ざらいするほどの大兵団を組織した。

翌一二七四(至元十一)年、南宋への大進攻が始められた。バヤン、アジュらの率いる本隊に二〇万は漢水をくだり、ボルコン指揮下の別働隊は東路から揚州《ようしゅう》をめざした。長らく戦線が膠着していた四川でも各部隊がいっせいに攻撃を加え、南宋の北部国境線の全域でモンゴル軍の総進撃が開始された。モンゴル本隊が長江を強行突破すると、南宋にとっての最大の頼みの綱であった「長江の天険」は、もはや意味がなくなった。南宋はモンゴル軍をくいとめる最後の機会を失い、鄂州の守将張晏然《ちょうあんぜん》と程鵬飛《ていほうひ》は戦わずに守備部隊をあげて投降した。モンゴル軍は作戦のポイントであった長江中流域の制圧にやすやすと成功し、重大な足場をえた。

長江中流の最大の要衝である鄂州の降伏は、南宋側の将士に衝撃をもって伝わった。もはや抵抗は無益であるとの諦めがはしり、各地の守備部隊がつぎつぎと降伏するなだれ現象を生んだ。また、主将バヤンもクビライと史天沢の指示をよく守ってモンゴル軍の暴行・略奪を厳禁し、南宋の降将を優遇してほとんど現職のままにとどめたので、江南の城市や士民は安心して開城・帰付した。

投降してくる南宋部隊をそのつどに編入したモンゴル軍は、おそるべき大軍に膨れあがり、水陸ならびあって長江をくだった。南宋宮廷を牛耳る賈似道《かじどう》は、やむなく出陣し、一二七五(至元十二)年三月、大軍を蕪湖《ぶこ》に集結させた。彼はこの時点にいたって一六年前の停戦協定をバヤンに再提案したが、一笑にふされて会戦となった。南宋軍は、なお軍馬一三万、戦艦二五〇〇艘を保有していたが、まったくの寄せ集めで丁家洲《ていかしゅう》という長江中の小島において先鋒の小部隊が破れると、たちまち全軍壊滅した。

この一戦で南宋の命運はつきた。一二七六(至元十三)年二月、南宋の首都臨安は無血開城し、七歳の恭宗《きょうそう》(趙㬎《ちょうけん》)と摂政皇太后の謝《しゃ》氏は伝国の璽《でんこくのじ》と降表をささげて降伏した。幼少の皇帝は帝室一族や高官たちとともに、バヤンに連れられて北行した。クビライは、恭宗を一族・高官とともに厚遇した。臨安の開城ののち、江南の各地は、またたくまにモンゴルの支配を受け入れ、ここに、中華の南北は唐代以来の統合をむかえた。

なお、臨安の開城の際、一部の者は、恭宗の兄の益王(趙昰《ちょうせい》)と弟の広王(趙昺《ちょうへい》)の幼少の二人の皇子を連れて福州へ脱出し、宋朝の再興をはかった。文天祥《ぶんてんしょう》も、北に送られる途上で脱出し、各地に挙兵を呼びかけた。モンゴル側は主将のバヤンが北還して、北方戦線にそのまま赴いてしまい、総司令官と主力部隊を欠いたまま、残留部隊がバラバラに掃討戦を展開していたのであったが、江南の士民はモンゴルの治下に安定して、流亡宮廷にも文天祥にも応ずる者は、畲《しゃ》族などの特定の山岳民を除いてほとんどいなかった。長年の暗闘・内紛で腐敗しきった南宋の宮廷政府を、民衆は完全に見放していたのである。

一二七九(至元十六)年二月、流亡宮廷が広州湾内の厓山《がいざん》に逃げ込んだところを、漢人軍閥張柔《ちょうじゅう》の子の張弘範《ちょうこうはん》と西夏王子の後裔の李恒《りこう》が率いるモンゴル軍に攻撃されて大敗した。ならず者あがりの陸《りく》秀夫《しゅうふ》は幼帝の昺を背負って海中に身を投じた。ここに、宋王室はまったく滅亡した。文天祥は、厓山の戦いの前に失敗を重ねて捕虜となり、クビライのもとに送られたのち、自らの名声を意識して斬死を熱望し、望みどおりに後世の称賛を受けることになった。

アジア各地への進攻

襄陽・樊城の攻防が続けられているころ、朝鮮半島の高麗ではモンゴル駐留軍と高麗政府軍の協同で三別抄《さんべつしょう》の征討作戦が展開され、襄陽の開城とほぼ同時期に完全に制圧された。高麗の王氏は、モンゴル駐留軍の力を背景に「王政復古」した。高麗国はクビライ王朝にもっとも忠実な付属国となり、歴代国王はクビライ家と通婚してモンゴル化し、ほとんどクビライ皇族の一員となった。

クビライ政府は、高麗を介して日本と接触をはかった。一二六六(至元三)年、黒的《ヒズル》、殷弘《いんこう》を使者として巨済島《きょさいとう》までいたったが、「風濤険阻《ふうとうけんそ》」におそれをなして帰還した。それより一二七三(至元十)年まで、前後四回の使節が大宰府にいたり、国書が京都朝廷と鎌倉幕府にもたらされたが、日本は返書を発しなかった。

一二七四(至元十一)年、クビライ政権はついに日本に向け、高麗駐留モンゴル軍と高麗の連合軍二万七〇〇〇を発進させた。モンゴル側の集団戦法は個人戦闘を主とする鎌倉武士たちを圧したが、日本側も善戦した。博多湾の兵船にいったん後退したところを暴風が襲い、モンゴル・高麗連合軍は戦闘継続を無益とみて、高麗へ帰投した。日本でいう「文永《ぶんえい》の役《えき》」である。

さらに、七年後の一二八一(至元十八)年、第二回の日本遠征が実施され、高麗から発する東路軍四万、江南から発する江南軍一〇万という、おそらく世界史上で最大の船団が送られた。しかし、日本側は石築地《いしついじ》などの周到な準備により上陸を許さず、海上に浮かんだ大船団は八月一日の台風によって大半を失った。いわゆる「弘安《こうあん》の役《えき》」である。

第一回目の日本遠征は、対南宋大進攻作戦の一環であった。モンゴルとしては、日本が南宋と連動しなければ、それで十分なのであった。二回目は事情が異なる。南宋国をほとんど無傷のまま接収したクビライ政権にとって、その戦後処理のうち頭を痛めた問題のひとつは、四〇万以上にのぼる旧南宋の職業軍人たちであった。失職したまま放置すれば、社会不安の原因となる。少しでも実戦にたえるものは西方・北方戦線や広東・広西の鎮定に振り向けた。残った老弱兵については、本人の希望によって海外派兵にあてた。江南軍一〇万はその最初のケースであった。彼らがおもに携えていたのは、日本入植用の農器具と種籾であった。江南軍は移民船団に近かった。東路軍が先着して戦ったのは当然であった。こちらは水手《かこ》や給仕兵を考えれば、人数も内容も第一回目とほとんど変わりがない。日本軍が優秀だったのは、むしろあたりまえだったのだろう。

第三回目の日本遠征も、幾度か企画されたが、ついに実現しなかった。その最大の原因はのちに述べるナヤンを中心とする左翼諸王たちの大反乱であった。最大のパトロンの反逆に、クビライ政権は存亡の危機にたたされ、日本遠征用の諸軍団をすべて北方戦線に投入せざるをえなかったからである。

クビライの大元ウルス政権は、陳朝安南《あんなん》国、チャンパー、緬《めん》国（現ミャンマー）、ジャワにも数次にわたって遠征部隊を送った。しかし、陸上進攻だけでかたづいた緬国遠征のほかは、炎暑と疫病などのため、いずれも軍事上は撤退するかたちで終わった。だが、これらの遠征は、征服・支配よりも、服属や来貢をうながしたり、通商ルートを把握することを主目的としていた。実際には、遠征の企画から兵員・糧秣・武器・艦船などの準備にいたるまで、ムスリム商人団が陰に陽に介在していた。ジャワ遠征軍などは、ほとんど貿易船団に近く、こうした遠征活動そのものがムスリム商人たちにとって営利事業であった。

モンゴル進攻を退けた東南アジア諸国からシンハラ・ドゥヴィーパ（現スリランカ）、インド西南端のマラバール海岸までの港湾国家も、一二八七年ころまでには、入貢してクビライ政権と正式の経済・政治関係を取り結んだ。日本と琉球を除くアジアの海域諸国は、モンゴルの傘のなかにはいった。これまで、この点に注意していないのは、いぶかしい。沿岸各地の主要港市には、クビライ政権側の貿易担当官も駐在し、ここにフレグ・ウルスがおさえるイランのホルムズやペルシア湾にいたる海上ルートがモンゴルの統制下にはいった。インド洋上ルートの東西通商は、モンゴルの誘導もあって非常に活発化した。内陸と海洋の両ルートがついに結合し、ユーラシアを循環する交通体系と「世界通商圏」が出現する。クビライ政権の末期には、モンゴルの勢力圏は頂点に達し、まさに陸と海の巨大帝国となった。

シリギの乱とナヤンの乱

一二七六(至元十三)年の夏、上都のクビライ宮廷に南宋皇室の降人と珍宝がとどき、戦勝気分にわきかえっていたころ、中央アジアに進駐していたクビライの第四子ノムガンの陣営では従軍していたモンケの子シリギ、アリク・ブケの遺児メリク・テムルとヨブクルらの帝室諸王がトルイ庶系のトク・テムルの先導で反乱を起こした。彼らはシリギを盟主とし、ノムガンを捕えてジョチ家のモンケ・テムルのもとに送り、補佐役の右丞相ジャライル国王家のアントンをカイドゥのもとに送った。中央アジアを威圧していた強大なクビライ政府軍は一瞬のうちに消滅し、クビライ政権は重大な危機にみまわれた。

シリギらは、カイドゥとの連合を求めたが、カイドゥは動かなかった。クビライは反乱軍にたいして、バヤン以下の南宋作戦の主力を引き上げて北征させた。バヤンはカラ・コルム方面のシリギ軍を連破し、モンゴル本土を回復した。シリギらは内部抗争を始めて自滅した。

シリギらの反乱そのものは失敗したが、その影響は大きかった。中央アジアではノムガン軍という最大の軍事力が突然消滅したため、クビライ政権の絶対優勢がくずれ、あやうかったカイドゥがよみがえった。そのうえ、反乱軍のうち、アリク・ブケ王家の代表者であるメリク・テムルとヨブクルがカイドゥ側に身を寄せた。アリク・ブケ領は、旧トルイ領の大半を引き継ぎ、アルタイ山方面に大きく広がっていた。この結果、カイドゥの陣営にはカイドゥ自身が率いるオゴデイ家の西方部分とイリ渓谷を回復したチャガタイ家、そしてアルタイ地方を握るアリク・ブケ家が属することになり、これらの三つのウルスが連合して「カイドゥ王国」を形成することとなった。

さらに、一二八四(至元二十一)年、ノムガンとアントンが釈放されクビライのもとに帰還し、シリギの反乱の余燼《よじん》もようやくおさまったかにみえたころ、今度は左翼諸王とクビライ政権の仲が険悪となってきた。そしてついに、一二八七(至元二十四)年四月、オッチギン家のナヤンを盟主にカサル家当主のシクドル、カチウン家当主のシンナカルは、クビライの打倒と政権の奪取を宣言して兵を起こした。モンゴル高原中央部に所領をもつコルゲン家当主のエブゲンもこれに応じ、さらにカイドゥらもナヤンからの提携の申し出を受諾した。左右両翼ウルスの大部分が反クビライでいっせいに決起したわけであり、クビライ政権は最大の危機をむかえた。

しかし、ナヤン蜂起を知らされたクビライは、七十三歳とは思えない素早い行動をとった。

翌五月、クビライは上都よりナヤン追討に親征し政権獲得後に新編成したキプチャク、アス、カンクリ、カルルクなどの遊牧系の常備軍団の活躍によって、ついに勝利をおさめ、ナヤンを敗滅させた。

カチウン家の老王カダアンは抵抗を続け、東北アジアの各地から高麗にまで戦火が拡大した。クビライはチンキムの第三子テムルを総司令官とする追討軍を派遣してカダアン軍と転戦を重ね、五年後の一二九二(至元二十九)年に鎮定した。

乱後、東方の諸王家はクビライ政権との仲を回復し、クビライの直接勢力圏内にとどまった。ナヤンの敗滅の結果、帝国内でクビライに対立姿勢をみせるのは「カイドゥ王国」だけとなり、内紛の舞台は中央アジア方面に移った。そのさなかの一二九四(至元三十一)年、クビライが八十歳をもって世を去った。

8 ユーラシア大交流と変わりゆく中華

新型の国家建設

クビライは、三五年の治世のあいだに、つぎつぎと新政策を打ち出し、新型の国家建設の事業を強力に推し進めた。それは、帝室諸王の内乱などによって計画を変更せざるをえない場合も少なくなかったが、それでもユーラシア世界を史上はじめて一個の全体像にまとめあげ、中華の歩みも大きく変えた。

クビライによる新国家建設のポイントは、中央ユーラシアの遊牧国家の伝統と中華世界の中華帝国の方式を合体させたうえ、さらに海域世界をも取り込んで、きわめてゆるやかではあったものの政治・経済の「システム」といってよいものを出現させたことにある。

まず、クビライは政権の中心地を草原世界と農耕世界の接壌地《せつじょうち》にあたる内蒙地区と中都地区に移した。長径《ちょうけい》およそ三〇〇キロにわたる長楕円形の地域全体が、軍事・統治・物流・通信などの機能を集中させた一種の「首都圏」となり、そのなかをクビライ以下の歴代皇帝は宮廷・政府・軍団を引き連れて夏期・冬期に季節移動した。遊牧軍事力を維持しながらも、中華の経済力を掌握する新方式であった。

首都としては、開平府を改めて上都《じょうと》と名づけ、中都の郊外に大都《だいと》を建設して、それぞれ夏と冬の都とした。とくに、巨大計画都市の大都は、大元ウルスという新型国家のかなめとなった。カラ・コルムと上都をサブ・ターミナルとする内陸の交通路だけでなく、東アジア全域にわたる交通・運輸網が大都を中心としてつくられた。さらに、大都の中央部には積水潭《せきすいたん》と呼ばれる都市内港が設けられ、通《つう》恵河《けいが》という人工の運河によって内陸水運の北の終着点にあたる通州《つうしゅう》につながれたうえ、天然河川を改造した白河《はくが》をへて海港の直沽《ちょくこ》にも連結した。直沽からは、中国史上はじめて華北と江南をつなぐ南北航路が開かれて、江南の百万都市の杭州をはじめ、慶元《けいげん》(明代では寧波《ニンポー》)・上海・温州・福州・泉州・広州などの港湾都市とも直接にリンクすることとなった。四世紀以上もへてよみがえった大運河とともに、中国南北を貫く交通・運輸システムは、中国社会の再統合を急速に推し進める役割をはたした。

なお、大都と直沽は現在の北京と天津の直接の前身であり、首都とその外港という役回りも同じである。上海の出現とあわせ、近代中国を代表する三つの都市がそれぞれにかかわりあいながら揃ってモンゴル時代に浮上した事実は、中華の統合・巨大化とともにまことに意味深いものがある。

ここで重要なことは、陸・水・海の三つの面による交通網のシステム化は、中華地域とその周辺だけにとどまらなかったことである。振り返って、すでに唐末から北宋時代にかけて、江南の沿岸地域では中東からのムスリム海商たちが来航し、「蕃坊《ばんぼう》」などと呼ばれる居留地に幾代も暮らしながら、海洋貿易を中心とする広汎な活動を展開しており、その波は南宋時代にはますます高まっていた。かたや、内陸世界では古くからの交通網と商業網がモンゴル政権のもとでいちだんと組織化・体系化されて半世紀以上がすぎていた。その海陸両方の動きが、大元ウルスによってついに連結した結果、すでに述べたユーラシアを循環する通商圏が成立し、中華地域の立場でみれば中国史上ではじめて中国の土地・人・ものが真の意味で陸海両面で文字どおり世界に向かって開かれることとなったのである。このことは、いわゆる華僑の本格出現とあわせ、近現代における世界各地の「華人世界」のもとを考える際にも見逃せない点である。

ようするに、クビライ時代に二十数年をかけて建設された大都という巨大都市は、モンゴル時代に著しく巨大化したかたちでよみがえった中華の枠をさえも遥かにこえる超広域の「交流圏」のすべての起点として、しつらえられたのである。それは、たんに交通・輸送・流通のハード面の大整備だけにとどまらず、大元ウルスという新型国家の根幹にかかわるものであった。

経済立国と重商主義

クビライ以後の大元ウルス政権は、国家支配の基盤として、軍事力の保持をはかるのと同時に、経済コントロールをもって国家運営のもうひとつの柱とした。遠距離商人の保護・育成と経由地での中間関税の撤廃を眼目とする自由貿易主義・通商振興政策を掲げて、中華をこえるユーラシア規模での流通と通商を国家がすすんで巻き起こそうとした。そして現実には流通の要衝やかなめをおさえ、そこに課税した収入をもって国家財政の大部分を組み立てた。農業生産物に頼るところがはなはだ希薄であった点で、従来の中華王朝風の政権とは大きく性格を異にした。

そうした「経済立国」の担い手として、前面に押し立てられたのが、ひとつは銀であり、もうひとつは「オルトク」と呼ばれる組合・会社組織の商業資本家・企業家集団であった。

大元ウルスを中心に超広域の「世界連邦」となったモンゴル治下の全域では、銀を共通の価値基準とする通貨・税収体制がしかれたが、膨張する通貨需要にたいして、当時のアフロ・ユーラシア世界に流通する銀の絶対量は不足していた。そこでクビライ以降の大元ウルス政権では銀を基軸としつつも、交鈔《こうしょう》(もしくは鈔)と呼ばれる有名な紙幣制度や塩引《えんいん》という潮の引換券を事実上の高額紙幣として

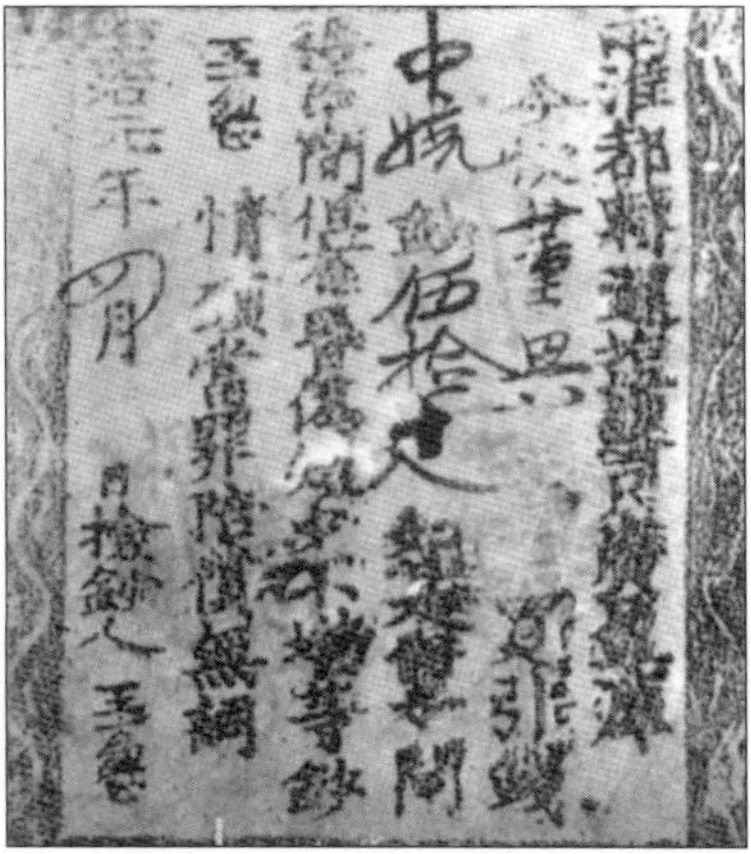

元代の塩引　カラ・ホト遺跡から発見された1321（至治元）年４月発行のもの。中統鈔で50錠に相当することが記されている。

補助通貨の役目をおわせた。交鈔も塩引もすでに中華地域に存在していたものではあったが、それを銀とリンクしたかたちで全面展開した点にユニークさがあった。近代世界における銀本位制と紙幣制度の先駆けとして、世界史上できわめて注目されるものである。

かたや、おそらくはテュルク語に発する「オルトク」という組織は、当時の国際語《リンガフランカ》であったペルシア語では「オルターク」、漢語では斡脱《あつだつ》（音はオルトク）と呼ばれ、内陸世界で発達してきていたものであった。モンゴル時代までの内陸商業においては、ソグド商人の系譜を引くと思われるイラン系のムスリム商人群と東部天山を根拠地とするウイグル商人群の二つが際立った存在であった。それぞれがモンゴル権力と早くから密接な関係をもっていたが、イラン系のムスリム商業勢力のほうが資本・経営の規模において上回っており、しだいにムスリム商人を頂点とする系列化が進み出していた。そうしたオルトク組織を大元ウルス政権は一層、国家経営のなかに取り込み、主要人物を財務高官にすえて、官民タイアップした経済活動を繰り広げた。しかも、南宋接収後は陸と海のムスリム商人たちは、明らかに一体化した。

モンゴル権力と結びついたオルトク商人たちは一種の特許会社と化し、モンゴルが整備した交通・運輸網を利用して、ときにはモンゴルの武力を楯にさえしたうえで、ユーラシアの各地に出向いて多

パスパ文字で記されたモンゴル語の命令文　山西省交城県の玄中寺は，日中両国にわたる浄土教の祖庭として名高いが，「ウシの年」(1277年ないし1289年にだされた皇帝クビライの保護勅令書を刻するこの碑のほか，数多くの碑文が残り，じつはモンゴル時代に大きく復興・繁栄したことがわかる。

面の商業・金融・開発などの事業をおこない広汎な物流を巻き起こした。そして、結果として大都を中心とする大元ウルスの経済拠点に莫大な経済利潤をもたらした。

大元ウルス政権の財政運営は、著しく重商主義に近いものであった。政治・軍事支配の面では点と点をつないだ拠点支配の色彩が濃かったが、各地の拠点都市や交通・物流の要衝にはムスリム経済官僚がおかれ、中央とはむしろきわめて緊密な連携を保った。史上に有名な行省《こうしょう》の大官たちも、おおむねはイラン系ムスリムかウイグル、ないしユダヤ系、ネストリウス派キリスト教徒で占められ、国家歳入の柱をなす塩専売や商税、さらには紙幣運営にかかわる経済担当官もムスリムが大半であった。

中華風の官僚機構とその中身

そうした一方、中統・至元をはじめとする元号導入を皮切りに、新国号「大元《だいげん》」の採用、立后・立太子制の施行など、一見すると中華風にみえる一連の国制整備もつぎつぎとおこなわれた。いわゆる「漢化」政策のうち、とりわけ目立つのは、中華王朝に伝統の中央集権体制の官僚機構と統治組織を大幅に取り入れたことである。

中央政府機構としては、ひとまず中書省《ちゅうしょしょう》（行政）、枢密院《すうみついん》（軍事）、御史台《ぎょしだい》（監察）の三大系に分れ、六部《りくぶ》も中書省に属する従来どおりのかたちをとった。地方機関については、中央の中書省が直轄する腹裏《ふくり》（中央、中心を意味するモンゴル語「コル」の訳）のほか、後述するように、各地を一一もしくは一二の大地域に分け、それぞれに行中書省《こうちゅうしょしょう》（行省）という中央の出張機関をおいて、中央と各地域との連絡を緊密にするやり方を採用した。腹裏や各省の下には路・府・州・県の行政組織をしいたが、それまでは監察や漕運などの便宜上の地域区分であった路が、恒常の行政単位として従来までの府・州・県の上にのったこともユニークな点であった。

広域の省と中規模の路とは、モンゴル支配を特徴づける新方式であったものの、それ以外は宋金時代までの中華帝国の形式を基本において踏襲するものではあった。ただし、みかけと中身は、必ずしも一致しなかった。たとえば、本来は軍事部門ではないはずの中書省や御史台、その出張機関である行省・行台《こうだい》（行御史台《こうぎょしだい》）。江南の南台《なんだい》と陝西・四川方面の西台《せいだい》の二つがあった）においても、その長官はじつは自前の軍団をもつ世襲のモンゴル貴族であった。また、その下の次官クラスにはウイグル、キタイ、タングト、ムスリム、漢人などの多種族出身者があてられたが、その多くは門閥化した軍事貴族や有力家系の者たちであった。中華王朝風の官僚構成・職能分担は、それぞれの中・下部組織が支える仕組みになっていた。

そうした二重構造は随所に認められる。たとえば、多くがモンゴル王族・貴族に分与された「投下領」をもとに設けられた路では、モンゴル領主側の代官にあたる都《と》ダルガチと中央政府派遣の行政責任者である総管とがだきあわせで存在した。路に属する府・州・県にも、ダルガチと知府・知州・知県がならびおかれ、それぞれ路の都ダルガチと総管に統轄された。

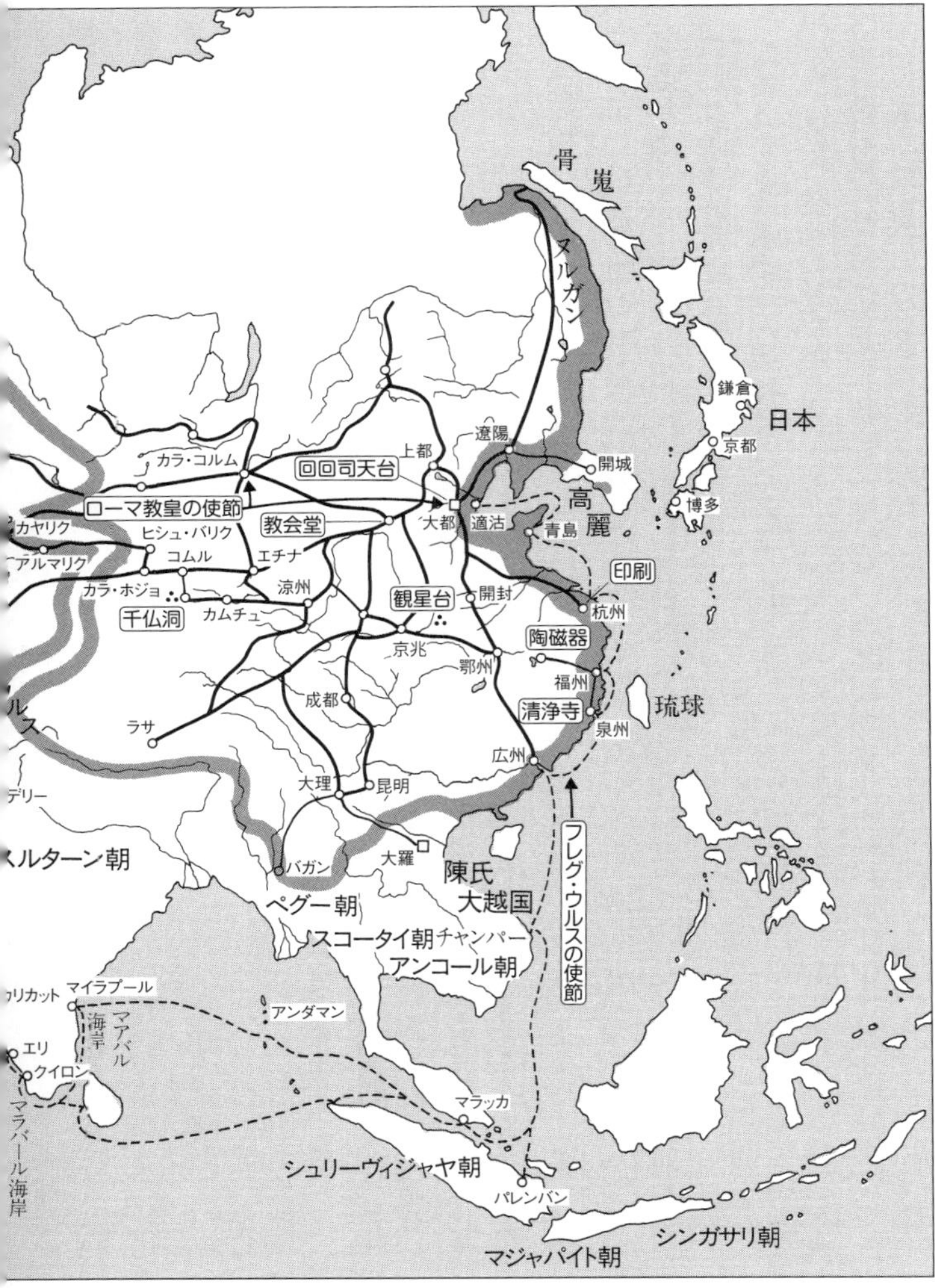
骨嵬
ヌルガン
日本
鎌倉
京都
博多
開城
高麗
遼陽
上都
回回司天台
カラ・コルム
ローマ教皇の使節
大都
適沽
青島
教会堂
カヤリク
ヒシュ・バリク
アルマリク
コムル
エチナ
カラ・ホジョ
涼州
千仏洞
カムチュ
観星台
開封
印刷
杭州
陶磁器
京兆
鄂州
福州
琉球
清浄寺
泉州
成都
ラサ
広州
大理
昆明
デリー
スルターン朝
大羅
バガン
陳氏
大越国
ペグー朝
スコータイ朝
チャンパー
アンコール朝
フレグ・ウルスの使節
カリカット
マイラプール
マアバル海岸
アンダマン
エリ
クイロン
マラバール海岸
マラッカ
シュリーヴィジャヤ朝
パレンバン
マジャパイト朝
シンガサリ朝

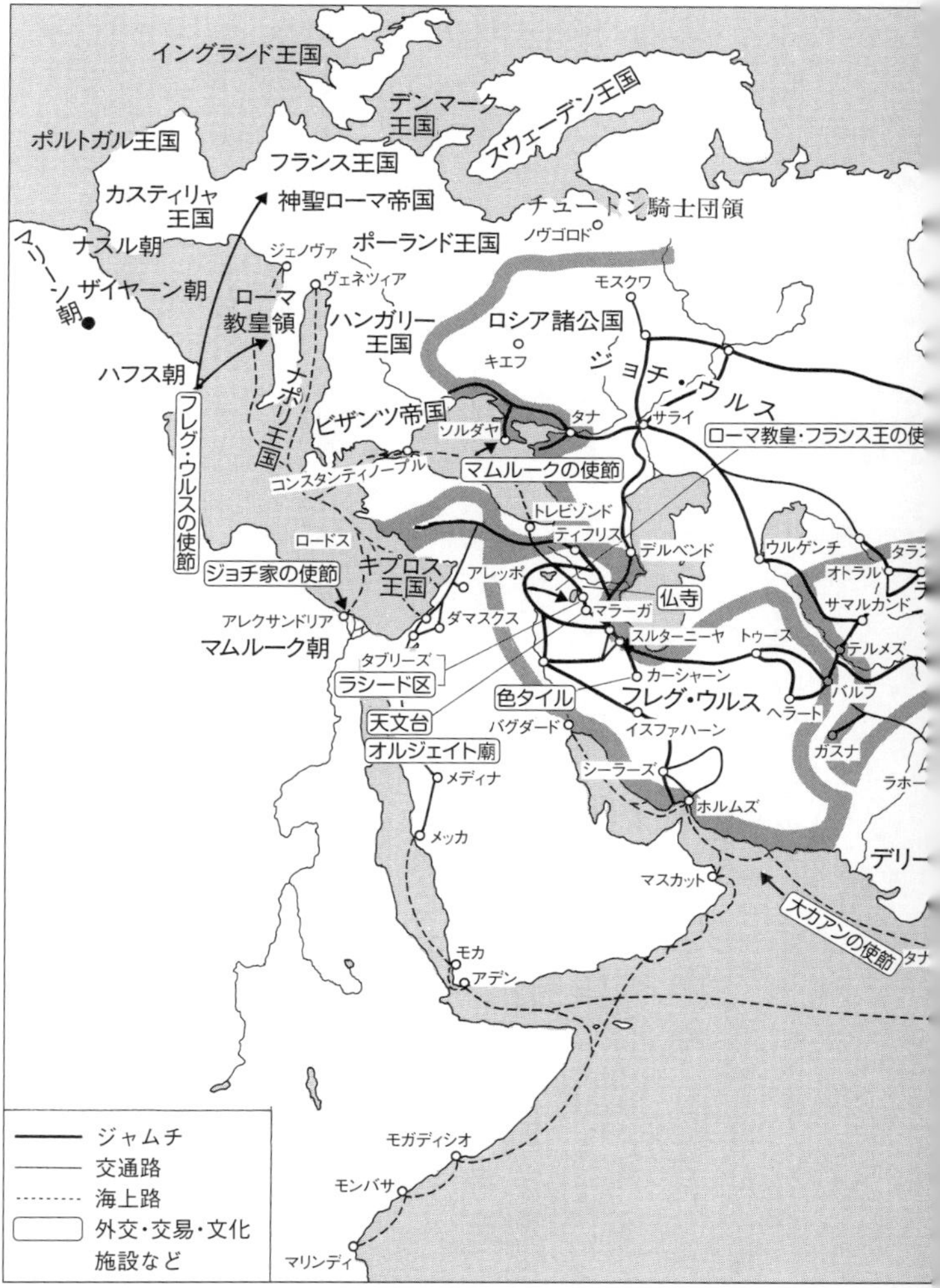

モンゴル時代後半のユーラシア

ようするに、中央機構から地方組織まで、モンゴルの軍事支配と中華王朝型の行政統治という二つの要素で貫かれていたのである。みかけにおける中華方式、中身におけるモンゴル軍事国家の両面性は、遊牧国家と中華帝国という二種の国家パターンの融合物であった。

大型の地域ユニットと多種族複合社会

モンゴル治下の統治システムで見逃せないのは、超広域の版図にたいしてモンゴル以前の旧金国領、旧西夏領、旧南宋領、旧大理国領といった大型の地域ユニットごとに仕切ったうえで、それを一〜二個から場合によっては四〜五個の行省という空前の大型地方機関によって統治したことである。かたや、中央政府には領域内の主要な地域・人種ごとに、それぞれにワン・セットずつの官僚・書記・吏員が採用され、どのような事柄にも対応できる多種族・多言語のスタッフがひととおり揃えられた。とはいえ、在地社会そのものには深くかかわることはなく、旧来の慣行や統治方法を遵守して、いわばあるがままにまかせた。その結果、モンゴル治下にあっては複数の社会が並存することとなった。

モンゴルの支配を貫いて顕著にみられる現象として、チンギス・カン以来の縁故や家系が尊重された一方、個々の人間の能力・実力による人材登用もさかんにおこなわれ、そこには人種や宗教による差別はあまり認められないことである。これまでともすれば、モンゴル治下の中華地域では、モンゴル、色目《しきもく》(いろいろな種類の人という意味)、漢人(旧金朝治下の人々)、南人(旧南宋治下の人々)という四階級の身分制度が厳重に維持されたといわれてきた。しかし、それは誤解である。現実には、モンゴルでも奴隷となることもあったし、南人で支配層に属した人間も数多い。客観の歴史事実としては、人種・宗教・言語・文化の枠をこえて、実力主義と実質重視の状況が生まれていたというほかはない。これに限らず、モンゴル時代の中華地域については、独特の中華主義による偏見と曲解が、不思議なことに日本においてとくにおこなわれており、注意を要する。

大元ウルス政権のオープンな性格や自由貿易政策もあって、中国史としてはまれにみる国際通商や人事往来がユーラシア規模で成立した。そうした状態を、ときに「パクス・モンゴリカ(モンゴルの平和)」などと表現するむきもある。それが適正な評価かどうかはさておき、空前の東西交流がボーダーレスに展開したことは確かである。それは、十九世紀末にいたるまでは、中国史上でとびぬけた状況であったことは否定しようがないだろう。

地球規模の天災と大元ウルスの解体

カイドゥを盟主とする中央アジアの紛争も一三〇一年のカイドゥの死を境に沈静化し、一三〇四年にはモンゴルの全版図に融和とゆるやかな一体化がおとずれた。ユーラシア世界はモンゴルのもとで、かつてない平和共存と経済・文化の繁栄をむかえだしていた。ところがほぼ時を同じくして異様な長期の天候不順、天災の連続がユーラシア各地を襲い続けることになった。中華地域も連年、異常気象・天災・飢饉・地震などの自然災害に苦しんだ。それは結局、アジア各地やヨーロッパと同様に一三一〇年代から八〇年代くらいまで、およそ七〇年間ほど続いた。おそらく、中国史上でも最大・最長の災害であった。この長い嵐のなかで、モンゴル支配はしだいにゆらぎくずれていった。

大天災に加えて、大元ウルスの中央政局の混乱も帝国解体の誘因となった。まず、一三〇七年にクビライの孫で後継者となった成宗《せいそう》テムルが他界すると、二転三転した奪権闘争のあげくに、中央アジアの駐留地から進軍したテムルの甥の武宗《ぶそう》カイシャンが帝位についた(在位一三〇七〜一一)。しかし、カイシャンは曾祖父クビライの盛時を再現する政治・経済政策を推進しだした途端に在位三年半で急逝した。カイシャンの実母ダギと実弟アユルバルワダを中心とする暗殺とクーデタであった可能性が濃密である。

かわって皇帝となった仁宗《じんそう》アユルバルワダ(在位一三一一〜二〇)は、伝統中華史観では科挙を再開した名君などとされるが、実際は無能なうえ精神衰弱に陥り、事実上は皇太后ダギとその近臣による垂簾《すいれん》政治となった。老女ダギによる専権時代は前後一二年続き、チベット仏教(ラマ教)への盲信と放縦な浪費とによって国家財政は破綻した。拡大する天災への対応にも苦慮したまま、大元ウルス中央政府のゆらぎとともにモンゴル帝国全体の一体性もふたたび失われていった。

アユルバルワダを継いだその子英宗《えいそう》シディバラ(在位一三二〇〜二三)が、祖母ダギの他界を受けて諸弊刷新の親政を開始した矢先の一三二三年、上都から大都へ戻る途上の南坡《なんは》で暗殺された。これを境に帝室紛争は一層混迷し、傍系の晋王イスン・テムルが擁立されて泰定帝《たいていき》となった(在位一三二三〜二八)ものの、わずか五年で上都にて不可解な死をとげ、一三二八年秋から翌秋まで「天暦《てんれき》の内乱」と呼ばれる帝位継承戦争が二段階で繰り広げられた。最終の帝位獲得者はカイシャンの次子文宗《ぶんそう》トク・テムル(在位一三二九〜三二)ではあったが、彼はまったくの傀儡《かいらい》にすぎず、大元ウルス中央政権はキプチャク、アス、カンクリなど非モンゴル系の近衛軍団の手に握られた。

中央政局の紛乱のあいだも、天災と飢饉はおさまらなかったが、一三四二年からほぼ連年に黄河が大氾濫し、河南・山東・淮北は壊滅状態となった。水害と飢餓に加え、無償の治水工事に徴発された農民たちは、武装狂信集団の白蓮教《びゃくれんきょう》のもとに組織され暴動を起こした。紅い巾を頭につけたので紅巾《こうきん》軍《ぐん》と呼ばれた反乱は、一時期は大勢力に膨れあがったが、互いの統制はなく、いったん鎮圧された。だが一三五五年、大元ウルスの実権者トクトが江北《こうほく》の製塩地と陸・海・水の南北ルートをおさえる張《ちょう》士誠《しせい》の討伐に自ら異常な大軍を率いて南下したことが裏目にでて、大都宮廷からの逆クーデタにあい南伐軍は崩壊した。これ以後、大元ウルスの中央政局はふたたび内紛が続き、江北・江南の反乱勢力に余裕を与えることとなった。

紅巾軍の流れをくむ朱元璋《しゅげんしょう》が、ささやかな勢力ながらついに明朝を樹立できたのは、異常な長期の天災による政治・社会の混乱に加え、モンゴル側の内部抗争の賜物であった。そのことは明末の歴史家談遷《だんせん》や王世貞《おうせいてい》をはじめ明代士人たちでさえも明言するところである。中国史では普通一三六八年の明朝成立をもって大元ウルスの滅亡とするが、事実においては二〇年後の一三八八年、熾烈《しれつ》な明朝との生き残り戦争のあげく、大元ウルス皇帝トクス・テムルが外蒙フルン・ブユルの地で藍玉《らんぎょく》率いる明の奇襲部隊に襲われて敗死したときとするのが妥当だろう。

なお、クビライ王朝の正裔はこのとき消滅したと考えられるが、大元ウルスという考え方と名称は、その後も内陸アジアに生き続けた。明代モンゴルも、自分たちは大元ウルスだとみなし、その皇帝はダヤン(大元)・カアンと称した。大元ウルスが名実ともに消えるのは、一六三六年、大元ウルス宗家とされたチャハル部を制圧した大清国《ダイチングルン》の太宗ホンタイジが、大元ウルス王室の「伝国の璽《でんこくのじ》」を奉呈されたときであった。この玉璽そのものの信憑性は疑わしいが、その奉呈という政治行為を通じて清朝はモンゴル帝国の後継者としての資格と名分をえたのであり、以後の清朝皇帝は中華皇帝にして草原世界の王たるカアンという二つの顔をもつことになるのである。

■索　　引

人名索引

● タート

●ナ—ノ

●ハ—ホ

●マ―モ

●ヤ―ヨ

●ラーロ

●ワ

事項索引

●サーソ

●ター卜

●ナ―ノ

●ハ―ホ

●マーモ

●ヤーヨ

■ 写真引用一覧

p.6———ユニフォトプレス提供
p.7———斯波義信撮影
p.30上—中国科学院考古研究所・陝西省西安半坡博物館『西安半坡』 1963, 口絵7
p.30下—ＣＰＣ提供
p.34上—浙江省文物考古研究所・上海市文物管理委員会・南京博物院編著『良渚文化玉器』文物出版社 1989, p.2
p.41右—李濟・萬家保『古器物研究専刊4 殷墟出土青銅鼎形器之研究』中央研究院歴史言語研究所 1970, p.6
p.46——ＣＰＣ提供
p.57——東京大学東洋文化研究所所蔵(鈴木昭夫撮影)
p.77——尾形勇撮影
p.97——尾形勇撮影
p.120——尾形勇撮影
p.134——尾形勇撮影
p.143——金子修一撮影
p.180——陝西省博物館編『隋唐文化』学林出版社 1990, p.275
p.195——『書道全集』8 中国8 唐Ⅲ 平凡社 1957, 図66
p.205——宮澤知之撮影
p.209——『宋人畫冊』北京故宮博物院 1955
p.211——宮澤知之撮影
p.242——宮澤知之撮影
カバー—ユニフォトプレス提供

■ 図表資料一覧

p.32上——白寿彝編『中国通史』2, 上海上民出版社, 1994, p.86をもとに作成
p.32下——白寿彝編『中国通史』2, 上海上民出版社, 1994, p.284をもとに作成
p.34下右—中国科学院考古研究所・陝西省西安半坡博物館『西安半坡』, 1963, p.197
p.34下左—白寿彝編『中国通史』3, 上海人民出版社, 1994, p.277
p.36———白寿彝主編『中国通史』2, 上海人民出版社, 1994, p.84をもとに作成
p.41左——李濟・萬家保『古器物研究専刊4 殷墟出土青銅鼎形器之研究』中央研究院歴史言語研究所, 1970, p.5
p.163———厳耕望「論唐代尚書省之職権与地位」(『唐史研究叢稿』所収 新亜研究所出版, 1969〈初出は1952〉, p.59をもとに一部改変)

杉山 正明　すぎやま まさあき

1952年生まれ。京都大学大学院文学研究科博士課程単位取得退学
京都大学名誉教授
主要著書：『大モンゴルの世界——陸と海の巨大帝国』(角川選書227，角川書店 1992)，『クビライの挑戦——モンゴル海上帝国への道』(朝日選書525，朝日新聞社 1995)，『遊牧民から見た世界史——民族も国境もこえて』(日本経済新聞社 1997)

故並木 頼寿　なみき よりひさ

1948年生まれ。東京大学大学院人文科学研究科博士課程中退
元東京大学大学院総合文化研究科教授
主要著書・論文：『世界の歴史19　中華帝国の危機』(共著，中央公論社 1997)，『近代中国研究案内』(共編著，岩波書店 1993)，「中国の近代史と歴史意識——洋務運動・曾国藩の評価をめぐって」(『岩波講座現代中国　第4巻　歴史と近代化』岩波書店 1989)

久保 亨　くぼ とおる

1953年生まれ。一橋大学社会学研究科博士課程中退
現在，信州大学人文学部特任教授
主要著書：『戦間期中国〈自立への模索〉——関税通貨政策と経済発展』(東京大学出版会 1999)，『統計でみる中国近現代経済史』(共著，東京大学出版会 2016)，『日本で生まれた中国国歌——「義勇軍行進曲」の時代』(岩波書店 2019)

石井 明　いしい あきら

1945年生まれ。東京大学大学院社会学研究科国際関係論専門課程博士課程中退
東京大学名誉教授
主要著書：『中ソ関係史の研究1945—1950』(東京大学出版会 1990)，『記録と考証——日中国交正常化・日中平和友好条約締結交渉』(共編，岩波書店 2003)，『中国国境——熱戦の跡を歩く』(岩波現代全書41，岩波書店 2014)

執筆者紹介(執筆順)

尾形 勇　おがた いさむ

1938年生まれ。東京大学大学院人文科学研究科博士課程中退
東京大学名誉教授
主要著書：『中国古代の「家」と国家』(岩波書店 1979),『東アジアの世界帝国』(講談社 1985),『中国歴史紀行』(角川書店 1993),『世界の歴史2　中華文明の誕生』(共著, 中央公論社 1998)

岸本 美緒　きしもと みお

1952年生まれ。東京大学大学院人文科学研究科博士課程中退
お茶の水女子大学名誉教授
主要著書：『清代中国の物価と経済変動』(研文出版 1997),『世界の歴史12　明清と李朝の時代』(共著, 中央公論社 1998),『明清交替と江南社会――17世紀中国の秩序問題』(東京大学出版会 1999)

平勢 隆郎　ひらせ たかお

1954年生まれ。東京大学大学院人文科学研究科修士課程修了
現在, 東京大学東洋文化研究所教授
主要著書：『中国古代紀年の研究』(東京大学東洋文化研究所, 汲古書院 1996),『新編史記東周年表』(東京大学東洋文化研究所, 東京大学出版会 1995),『「仁」の原義と古代の数理――二十四史の「仁」評価「天理」観を基礎として』(東京大学東洋文化研究所, 雄山閣 2016)

金子 修一　かねこ しゅういち

1949年生まれ。東京大学大学院人文科学研究科修士課程修了
現在, 國學院大学文学部教授
主要著書：『世界歴史大系中国史2(三国～唐)』(共著, 山川出版社 1996),『古代中国と皇帝祭祀』(汲古選書26, 汲古書院 2001),『中国古代皇帝祭祀の研究』(岩波書店 2006),『古代東アジア世界史論考――改訂増補 隋唐の国際秩序と東アジア』(八木書店古書出版部 2019)

宮澤 知之　みやざわ ともゆき

1952年生まれ。京都大学大学院文学研究科博士後期課程指導認定退学
現在, 佛教大学歴史学部教授
主要著書：『宋代中国の国家と経済――財政・市場・貨幣』(創文社 1998),『中国銅銭の世界――銭貨から経済史へ』(思文閣出版 2007)

新版世界各国史三『中国史』
一九九八年六月　山川出版社刊

YAMAKAWA SELECTION

中国史《ちゅうごくし》　上

2019年７月20日　第１版１刷　印刷
2019年７月30日　第１版１刷　発行

編者　尾形《おがた》　勇《いさむ》・岸本美緒《きしもとみお》

発行者　野澤伸平

発行所　株式会社山川出版社
〒101-0047 東京都千代田区内神田1-13-13
電話03(3293)8131(営業)8134(編集)
https://www.yamakawa.co.jp/
振替 00120-9-43993

印刷所　株式会社加藤文明社

製本所　株式会社ブロケード
装幀　菊地信義

Printed in Japan ISBN978-4-634-42383-1